Philosophy of Human Evolutionary Studies

人間進化の科学哲学

行動・心・文化

Hisashi Nakao
中尾 央 ………【著】

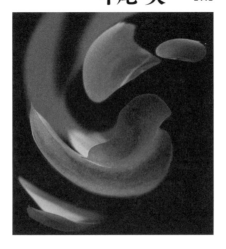

名古屋大学出版会

人間進化の科学哲学

目　次

はじめに 1

第 I 部　人間行動進化学の研究プログラム

第 1 章　進化心理学 …………………………………………………… 10

1　進化心理学の歴史的経緯　10
2　進化心理学の基本構造とそれへの批判　14
3　進化心理学批判への応答　23
4　結　語　33

第 2 章　人間行動生態学 ………………………………………………… 35

1　人間行動生態学の歴史的経緯　36
2　現在の人間行動生態学　44
3　進化人類学としての人間行動生態学　55
4　結　語　56

第 3 章　遺伝子と文化の二重継承説 …………………………………… 58

1　二重継承説の基礎　58
2　二重継承説の検討（1）：模倣バイアスの進化　70
3　二重継承説の検討（2）：信頼性判断研究による拡張　73
4　結　語　77

第 II 部　文化進化研究へのアプローチ

第 4 章　文化進化のプロセス研究 ……………………………………… 82

1　いくつかの準備　82
2　文化進化のプロセス研究　91

3　文化進化プロセス研究の今後：
　　文化進化のプロセスに影響を与えるその他の要因　106
4　結　語　110

第5章　文化進化のパターン研究……………………………………… 111
1　系統学の基礎　112
2　文化系統学の歴史的経緯　115
3　方法論的問題　125
4　結　語　129

第III部　人間行動進化の実例を検討する

第6章　罰の進化………………………………………………………… 132
1　概念の整理　133
2　罰の進化に関する二つの仮説　139
3　植物や昆虫における罰　147
4　脊椎動物における罰　152
5　人間の系統における罰　158
6　反論への応答　173
7　結　語　175

第7章　教育の進化……………………………………………………… 177
1　ヒト以外の動物における教育の進化　178
2　ナチュラル・ペダゴジー説　183
3　ナチュラル・ペダゴジー説への反論（1）：矛盾する証拠　189
4　ナチュラル・ペダゴジー説への反論（2）：経験的証拠への批判　194
5　結　語　203

おわりに　205

参考文献　209
あとがき　237
図表一覧　241
索　　引　242

はじめに

　本書では，人間進化の探究，特に人間行動進化学（evolutionary studies of human behavior）を科学哲学の観点から考察する．人間行動進化学は近年急速に発展してきた，かなり若い分野である．もちろん，人間行動の進化的考察自体は特に Darwin 以来，さまざまな形で行なわれてきたが，現在主流となっている研究の直接の発端は 1970 年代頃にさかのぼる．実際，人間行動進化学に特化した学会も非常に歴史が浅く，この分野の国際学会である Human Behavior and Evolutionary Society（HBES）が創立されたのは 1988 年である．また HBES の日本版である Human Behavior and Evolutionary Society of Japan（HBES-J）は，前身となる人間行動進化学研究会が 1999 年に開始され，2008 年に学会となった．アメリカでも，NorthEastern Evolutionary Psychology Society のような HBES の下位学会が組織されるようになってきているが，やはりこれも 2007 年とごく最近のことである．

　こうして近年急速に発展しつつある人間行動進化学とは，その言葉の通り，人間行動の進化を研究する分野である．ここでの人間行動には実にさまざまなものが含まれている．研究対象としては，たとえば協力行動，配偶者選択行動などといったこの分野での王道的なもの（第 1 章などを参照）に始まり，罰，殺人，レイプ（e.g., Buss 2005a; Daly and Wilson 1988; Nakao and Machery 2012; Thornhill and Thornhill 1989）といったかなりネガティブに思われる行動まで，多様なものが扱われている．また，後述するように文化もまた人間行動の産物であり，またその進化過程は人間行動が大きく関わってくるため，人間行動進化学の対象となる．こうした人間行動の進化的考察に関して，現在いくつかの研究プログラム（詳細は後述）が提案され，その中で具体的な研究が進められている．

では，進化的考察もしくは進化とは何だろうか．これを定義するのはそれほど容易なことではないが，ここでは何らかの形態・行動・心的形質が（遺伝的情報や，個体が学習などによって得た情報などを通じて）先祖から子孫へと受け継がれ，また何らかの理由（たとえばその形質を有することがその個体に有利であるなど）によって，世代を経てその形質が数を増やしていったり，減らしていったりする歴史的変遷を進化と定義しておこう．たとえば生物進化研究の場合，典型的には，特定の形質（あるいはその形質を有する個体）が高い適応度（すなわち，より高い生存可能性や繁殖可能性）に貢献し，また遺伝子や発生プロセスに含まれた，その形質に関わる情報がある世代から次の世代へ継承されることで，形質そのものも継承され，世代を経て徐々に集団内で広まっていくという過程が考察される．人間行動進化学の場合も，人間行動あるいはその背後にある心理メカニズム，そしてその行動が生み出す文化などに関して，それらがどのような理由によって，集団内で頻度を増やし，また受け継がれてきたのかを考察している．

次に，こうした若い分野を見ることにどういう価値があるのかについて触れておこう．これまでの科学哲学では物理学や（人間行動に特化しない，よりさまざまな生物を見る一般的な）生物学といった，確立され成熟した分野に焦点を合わせてきた．確かに，こうした分野には，科学の模範と言えるような方法論や理論，あるいは実験手法などを見ることができるかもしれない．そうした意味では，こうした分野が科学哲学にとって重要な分析対象となることは言うまでもない．しかし他方で，発展途上の分野にこそ，概念的・方法論的問題が数多く残されているのも確かである（実際，成熟したと考えられる分野でも，発展途上の領域においては，同様の問題が見られる．Smolin 2007 などを参照）．したがって，これらの問題に科学哲学者が目を向けないのは非常にもったいないことだと言えるだろうし，こうした問題にこそ，科学哲学からのより直接的な貢献が可能であると考えられる．筆者自身が科学哲学のより伝統的なテーマではなく，こうした分野に関心を持った理由の一つは，上記のような概念的・方法論的問題を考察することで，科学哲学と科学そのものがより密接かつ生産的に関わっていけるはずだと考えたからである．

また，人間行動進化学の知見は人文学・社会科学に対しても大きな影響を持つ可能性があり，その意味でも科学哲学の分析は重要になってくる．たとえば，われわれが当たり前だと思い込んできた人間の道徳性に関して，人間行動進化学は"No"を突きつけることがあるし (e.g., Joyce 2006 ; Kitcher 2011)，人間とはいかなる存在であるのか，すなわち「人間とは何か」を考えようとすれば，その歴史を知らないわけにはいかない．歴史といっても，もちろん有史以来のものだけでなく，ヒトの系統がチンパンジーなどの系統と分岐して以降の歴史もまた，ヒトを知る上で重要になってくるはずである．多様な文化こそがヒトを形作ったと考える人がいるならば，そういった人こそ有史以前のさまざまな文化にも目を向けるべきだろう．ヒトの文化はそれほど新しいものではなく，古いものでは数百万年もさかのぼれる．人間行動進化学（特に文化進化研究）では，こうした文化がいかに（たとえばどのような心的・環境要因によって）生まれ，拡大・継承され，ヒトの進化にとってどれほど重要で，またどのような影響を与えてきたのかを考察しようとしているのである．

　本書では，上記のような問題意識を念頭に置き，一貫して認識論的・方法論的考察を行なっているものの，各部で多少異なる観点から人間行動進化学を分析している．具体的には，以下のような三つの観点から分析を進める．すなわち，人間行動進化学の研究プログラムというやや大きめの枠組みからの考察（第 I 部），また文化という人間行動の一側面に焦点を合わせた文化進化研究の考察（第 II 部），最後にいくつかの人間行動の進化の実例を取り上げ，その詳細な内容の検討（第 III 部）を行う．

　第 I 部は，人間行動進化学を推進する代表的な研究プログラム，すなわち，進化心理学 (evolutionary psychology)，人間行動生態学 (human behavioral ecology)，遺伝子と文化の二重継承説 (dual inheritance theory of genes and cultures) を取り扱う．ここでいう研究プログラムとは，科学哲学の概念の一つであり，人間行動の進化プロセスに関するある特定の仮説的・理論的前提を中心に持ち，具体的な現象に関してこの前提から導かれたモデルによる説明や予測が行われるような，前提や理論・モデルの集合体を指している．たとえば，進化心理学という研究プログラムは，人間の心がある時期における小集団での狩猟採集生活に対

する適応である，という仮説的・理論的前提に立っている．その上で，たとえば文化に関しては，模倣以上にこの時期に獲得された適応としての心理メカニズムが大きな影響を与えているのだ，というモデル（すなわち，文化の疫学モデル，epidemiological model，詳細は第II部第4章を参照）が提唱され，一部の文化に関してはこのモデルによって説明が試みられている．また，同じ分野の中に複数の研究プログラムが存在することも可能だし，こうした状態は人間行動進化学に特有のものでもない．人間行動進化学だけでなく，たとえば進化生物学における適応主義もまた，ある種の研究プログラムであると言われるし（e.g., Sterelny and Griffiths 1999），適応主義以外の立場，たとえば徹底した中立説の立場から進化を研究することも不可能ではない．つまり，進化生物学にも複数の研究プログラムが存在していると言える．

　人間行動進化学におけるこれら三つの研究プログラムは，これまでさまざまな形で議論がなされてきた．進化心理学は多くの哲学者から批判されてきたし，人間行動生態学もまた，その前身となる研究プログラム（人間社会生物学，human sociobiology）には非常に激しい批判があびせられてきた．二重継承説にはあまり大きな批判がなされてこなかったが，だからといってこの研究プログラムのみが正しいとも言えないし，問題がないわけでもない．さらには，現在の人間行動進化学以前にも，人間行動の進化を考察しようという試みがいくつかなされ，論争を引き起こしてきたが，これらの研究プログラムの妥当性を考察するには，そうした歴史的背景も念頭に置きながら考察を進める必要があるだろう．第I部の目的は，これまでなされてきた批判を踏まえた上で，上記研究プログラムの妥当性を検討することである．これは，いわば人間行動進化学に関する認識論的・方法論的考察である．

　上記の考察は，人間行動進化学に対する科学哲学的考察としてはかなり一般的なものである．実際，第I部の各章で取り上げるように，実にさまざまな科学哲学者が人間行動進化学の研究プログラムに対して批判的考察を展開してきた．こうした認識論的・方法論的考察は，もちろん科学研究内部の議論に根ざしながらも，科学研究にメタレベルの視点を持ち込むものであり，通常の科学研究ではあまり考察の対象とならないような問題意識のもとで考察が展開され

ている．しかしそれでも，研究プログラムの妥当性を考察するという，実際の科学研究にとっても少なからず重要性を持った考察・問題意識であると考えられる．

このような形で研究プログラムの妥当性を論じる際，一般的な基準として考えられるのは，（現時点で得られている証拠から判断して）有望かつ新奇な仮説・モデルなどをどれだけ提出できそうか，またこれまで提出されてきた仮説・モデルが，検証の結果どれほどもっともらしいものであったか，という点だろう（e.g., Lakatos 1978）．研究プログラムは第一に，これまでの証拠の蓄積により，正しいことがほぼ確実視されているような理論・法則の集合体ではなく，いわば検証過程の中途にある仮説・モデルの集まりだと考えられる．したがって，まずは今後どれほど有望かつ新奇な仮説を提出できそうか，という原理的な可能性を考察しておかねばならないし，その上で，これまで提出されてきた仮説・モデルのもっともらしさを検討することにより，その研究プログラムを今後も遂行していくことが，どれほど妥当であるかを考察できるのである．本書では主に第I部で，各研究プログラムの歴史的背景・展開もある程度踏まえながら，今後の原理的な可能性を検討し，その後に（特に進化心理学については第II部などで）さまざまな具体例を通じて，これまでにどれだけ有望な仮説・モデルを提唱してきたのかを考察する．

第II部は文化進化研究に焦点を合わせる．近年文化進化研究もかなりの盛り上がりを見せてきており（e.g., Mesoudi 2011），人間行動進化学の一部として，文化進化研究に目を向けないわけにはいかない．文化進化研究と人間行動進化学の詳細な関係については第4章を参照してほしいが，本書では文化進化研究が人間行動進化学の一部であると考えている．具体的には，第4章において少し下準備を行なった後，文化のプロセス研究とパターン研究（後者は第5章）を概観し，第I部と同様，主に認識論的・方法論的側面から検討する．ここでの下準備では，文化に対する過去の進化論的アプローチ（特に社会進化論など）と現在のアプローチがどのように異なるのか，そしてどのような利点を持つのかについて論じていく．また，文化のプロセス研究は，第I部で検討する人間行動進化学の研究プログラムを基礎に進められている（あるいはその枠内で理

解できる）研究も多いので，基本はこの研究プログラムに即した形で考察を進める．この考察により，文化の歴史を考察するにあたって，進化生物学で採用されている枠組みがある程度有効であること，さらには第 I 部で検討した各研究プログラムもまた有効に機能していることが示されるだろう．第 5 章では，文化系統学という文化における歴史的な系統パターンの推定研究を対象にする．これも大きく発展したのは 1990 年代以降であり，具体的な研究を概観した後，いくつかの方法論的問題を検討する．

　第 III 部は，人間行動の進化の実例，具体的には，罰の進化と教育の進化を取り上げる．罰はこれまで，行動修正戦略（behavioral-modification strategy）として進化してきたという議論が主流であったが，本書では代替仮説として，罰が損失削減戦略（loss-cutting strategy）もしくは損失負荷戦略（cost-imposing strategy）として進化してきたのではないか，という仮説を提唱する．植物から人間に至るまでのさまざまな具体例を通じてこの仮説を擁護するのが，第 6 章である．第 7 章では，教育の進化に関して比較的最近提案された仮説であるナチュラル・ペダゴジー説（the theory of natural pedagogy）を検討する．この説によれば，教育に特化し，それによってある種のシグナルから非常に効率よく学習が可能になるような，ナチュラル・ペダゴジーという認知的適応をわれわれは備えているという．第 7 章では，この仮説に対してさまざまな実験・データからの反論を試みる．

　このように科学で得られた経験的知見を批判的に考察しながら，自然界における人間の位置づけや，人間とはどのような生物であるのかについて考えるという認識論的作業は，たとえば心の哲学などでは伝統的なアプローチの一つであるし（e.g., Andrews 2012 ; Goldman 2006 ; Machery 2009 ; Nichols and Stich 2003），このような考察は，Hume などの古典的な哲学者の研究にもさかのぼることができる（e.g., Hume 1739-40/1978）．近年の研究で最も顕著な例の一つは，心の理論（theory of mind，詳細は第 7 章を参照）の研究だろう．心の理論で現在主流となっている誤信念課題がこれほど広く用いられるようになったのは，ある実験に対する哲学者の批判的な議論が発端であったし（e.g., Dennett 1978 ; Harman 1978 ; Bennett 1978），われわれがどのように相手の心を理解しているのかにつ

いて，経験的知見を総合しながら，さまざまな哲学者が考察を展開してきている．やはり人間行動の進化に関しても，特に心の哲学にも関心のある科学哲学者が中心となって上記のようなアプローチで，人間の進化そのものに関する考察を進めてきている (e.g., Dennett 1995 ; Sterelny 2003, 2012)．

以上のように，また本書を読み進めてもらえばすぐに分かるように，本書は基本的に科学における経験的知見をベースに議論を進めている．実際，本書の記述のほとんどで，実験やフィールドでの観察，あるいはモデルの話など，一見すると「哲学」には見えないような話の詳細が続く．どうしてこれが「哲学」なのか？ なぜ哲学者がこんなことをするのか？ 「哲学」はもっと「文系的」な問いを探究すべきではないのか？ こうした疑問を持つ読者も少なくないだろう．ここではまず，Machery (2009, p. 6) を引用して，哲学に対する，こうしたいささか偏狭な先入観に対する反論を行なっておこう．

> 科学的な問いは科学者に任せ，哲学者は厳密に哲学的な問題に専心した方がいいだろうか？ 私はそうは思わない．もしかすると，純粋に形式的な（たとえば論理学の）理論を除けば，その正しさが間接的にでも，事実に即して判断できないような哲学的主張は空虚なだけかもしれない．私の考えでは，哲学は（別の探究法もあるとはいえ，典型的には）概念的手法で経験的知識を探究する営みである．科学者による発見・理論・方法を検討・批判・改善し，世界の理解や世界におけるわれわれの位置付けに関して，科学がいかなる含意を持つかを理解することが哲学の仕事なのである．

上記の引用に対して，筆者自身の見解を少し付け加えておこう．本書での作業は科学の認識論的・方法論的考察である．伝統的認識論においては，どういった手段で正しい知識が得られるのか，また正しいと思われている知識が本当に妥当なものなのかどうか，といった問いが考察されてきた．本書の考察は，こうした伝統的認識論の問いを科学，それも人間行動進化学という分野に即して考察するものであり，文脈が異なるだけで，考察されている問いはまさに伝統的認識論のものと同じである．たとえば，研究プログラムの妥当性を考察することは，先述した前者の問い，すなわち妥当な科学的知識を得るための方法

(すなわち,「科学はいかにあるべきか」という問いの一部)を考察するものである.また人間行動進化学におけるより具体的な問いの考察は,後者の問いにより関連している.すなわち,人間の進化史という世界の一側面に関して,現在得られている証拠から判断すれば,どのような仮説がもっともらしいと考えられるか,といった問いの考察である.さらに,先述したように,この考察は世界の中における人間の位置付け(すなわち,「人間とは何か」)を考える,という哲学の問いに対する貢献でもある.このように,認識論という側面に話を限れば,哲学の考察は科学研究とかなり共通した目的(もちろん,方法は異なる場合が多いとはいえ)を持っていると筆者は考えている.したがって,各部において,研究プログラムの妥当性の考察,そして特定の仮説の考察という若干異なった目的を持っているように見えても,これらの考察は大きく見れば,哲学に,そして望むべくは,実際の科学研究に対しても何らかの形で貢献するものなのである.

第 I 部
人間行動進化学の研究プログラム

第 1 章

進化心理学

　第1章から第3章までの第I部では，人間行動進化学の研究プログラムの妥当性を検討する．研究プログラムの検討は人間行動進化学の哲学の中でも中心的なテーマの一つであったが，その対象は特に，本章で扱う進化心理学に限られてきた．本書では進化心理学だけでなく，人間行動進化学の代表的な研究プログラムのすべてを検討する．

　とはいえ，まず本章では，これまでたびたび論じられてきた進化心理学を対象とし，それが人間行動の進化的研究に関する妥当な研究プログラムであるかどうかを考察する．この研究プログラムに関しては非常にさまざまな形で批判がなされてきたが，本章はこれらの批判のうち，原理的な批判を検討しながら，進化心理学の方法論を擁護することを第一の目的とする．

　具体的には以下のような形で議論を進める．第一に進化心理学の歴史的経緯を簡単に確認し，進化心理学がいくつか複数の起源を持ち，それらが合流したものであることを確認する（第1節）．次に進化心理学の基本的な方法論を確認し（第2節），それに対する原理的な批判を検討してこの方法論を擁護する（第3節）．

1 進化心理学の歴史的経緯

　進化心理学が論じられる際，最も多く引用されている文献の一つが Barkow et al. (1992)，あるいは Cosmides と Tooby による四枚カード問題を用いた裏切り者検知モジュールに関する研究（Cosmides and Tooby 1989 ; Tooby and Cosmides

1989, 実験の詳細は次節を参照), または Buss (1989) による配偶者選択の研究などであり, これ以前の歴史が振り返られることはほとんどない. しかし, 実際の歴史を見てみると, 現在進化心理学の中心に立つ研究者 (Tooby, Cosmides, Buss など) が進化に目を向け始めたのは 1980 年代半ばであること, また進化心理学の起源が彼らだけにさかのぼるものではなく, もう少し複雑なものであったことがわかる. 本節ではまず, この進化心理学の歴史的起源について簡単に確認しておくことにしよう (三つの研究プログラムにおける特に重要な文献の年代の比較については, 図 1.1 を参照).

まず, Cosmides と Tooby は 1990 年頃にカリフォルニア大学サンタバーバラ校に異動して後に進化心理学センターを設立するが, 心理学に進化的視点を持ち込み, なおかつ認知メカニズムを領域特異性やモジュール性といった観点から考察し直すというアイディアの基礎は, 以下のような経緯から 1980 年代半ば頃に得られていたことがわかる. Cosmides と Tooby は両者ともハーヴァード大学の出身であるが, 前者は認知心理学, 後者は生物人類学を専門にしていた. Cosmides は自身の履歴書 (CV) にも記載している通り, 学部時代に Robert Trivers (彼は 1973 年から 1987 年の間, 進化に強い関心を持った人類学者である Irven DeVore の下でポスドクをしていた) の指導を受けていたと思われる. 1985 年に提出された彼女の学位論文は内容的には 1989 年に出版された論文と同じもの, すなわち四枚カード問題を題材にして人間の推論能力が領域特異的なものであることを論じたものである. Tooby も「進化心理学の登場 (Emergence of evolutionary psychology)」という論文を 1986 年に執筆し (もちろん, 本論文でのアイディアは 1989 年や 1992 年のものほど洗練されていないが), また 1987 年には Irven DeVore と共著で, 進化的適応環境という進化心理学にとって重要な時代に関して, 論文を書いている (Tooby and DeVore 1987). さらに, Tooby と Cosmides は二人ともスタンフォード大学の Roger Shepard の下でポスドク時代を過ごしている. Shepard は視覚などを専門にしていた認知心理学者だが, 進化にも関心を持ち続けており, 進化心理学におけるモジュール性の議論などはこうした Shepard の仕事にも影響を受けているようだ (e.g., Tooby and Cosmides 1989, pp. 31, 33; Shepard 1984, 1987).

	進化心理学	人間行動生態学	二重継承説
1975	Wilson, E. O. 1975. *Sociobiology: A new synthesis.*		
1980		Alexander. R. 1979. *Darwinism and human affairs.* Chagnon. N. & Irons, W.(eds.) 1979. *Evolutionary biology and human social behaviors.*	Cavalli-Sforza, L. L. & Feldman, M. 1981. *Cultural transmission & evolution.*
1985			Boyd, R. & Richerson, P. 1985. *Culture & the evolutionary process.*
1990	Cosmides, L. & Tooby, J. 1989. "Evolutionary psychology & the generation of culture Part I & II."		
1995	Barkow, J., Cosmides, L., & Tooby, J.(eds.) 1992. *The adapted mind.*	Winterhalder, B. & Smith, E. A.(eds.) 1992. *Evolutionary ecology & human behavior.*	
2000		Cronk, L., Irons, W., & Chagnon, N. (eds.) 2000. *Adaptation and human behavior.*	
2005	Buss, D.(ed.) 2005. *The handbook of evolutionary psychology.*		Richerson, P. & Boyd, R. 2005. *Not by genes alone.*

図 1.1 三つのプログラムのそれぞれの重要文献の出版年代を比較したもの．その直接の起源を考えれば，進化心理学が最も新しい研究プログラムである．

　また，進化心理学のアイディア（すなわち心を領域特異的なモジュールから構成されたものだと見なすアイディア．詳しくは次節を参照）は，Cosmides や Tooby だけに由来するものではない．1992 年の論文集と並んで進化心理学の重要な文献の一つだと見なされているのが Hirschfeld and Gelman（1994）であるが，この論文集は 1990 年の Cultural knowledge and domain specificity というカンファレンスの内容に基づいている（同上，p. xiii）．ここでは Tooby と Cosmides だ

けでなく，Dan Sperber や Scott Atran といった文化の疫学モデル（第4章を参照）を提唱した人々も参加し，認知メカニズムの領域特異性について議論を行っている．Sperber や Atran といった人たちはもともと人類学を専門にしており，人類学に心理学の観点を持ち込もうという動機から領域特異的な心というアイディアに行き着いたようだ（e.g., Sperber 1985; Atran 1990）．すなわち，さまざまな地域差を生みだす心理メカニズムとは何なのか，その心理メカニズムに基づいてどのようにして地域差が生みだされるのだろうか，といった点が彼らの出発点であった．

最後に触れておくべきなのが，パーソナリティ心理学や社会心理学と進化心理学の関係である．Cosmides と Tooby は 1992 年の論文において，進化心理学が目指すものは個人差ではなくすべての人間に共通する普遍的な心理メカニズムであると述べているが（Tooby and Cosmides 1992, p. 35），進化心理学のアイディアが形成されようとしていた 1980 年代半ばにおいては，パーソナリティ心理学などで研究の対象とされてきた個人差（individual difference）の進化も重要なテーマの一つであった．たとえば現在配偶者選択に関する心理メカニズムを研究している David Buss や Douglas Kenrick などは，1980 年代半ばにパーソナリティにおける個人差の研究と進化生物学の関係について論文を発表している（Buss 1983, 1984; Kenrick et al. 1983）．興味深いのは，これらの論文では普遍的な形質を求めようとする立場が，進化生物学で忌避されてきた類型思考（typological thinking, e.g., Mayr 1963）と呼ばれる立場に近く，他方で個人差や集団内の差異の進化を研究する立場が集団思考（population thinking）と呼ばれる立場に近いと考えられている点である．類型思考とは，ある生物種に属する個体すべてに共通するような本質（essence）を考察しようとする立場であり，この類型思考と集団思考という区別を提案した進化生物学者の Ernst Mayr は，これが Darwin 以前の形態学・発生学などに顕著なものだと考えていた．他方，Mayr の進化生物学の特徴付けによれば，集団における形質や遺伝子の頻度変化を統計的に考察しようという集団思考こそが，Darwin 以降の進化生物学にとって最も重要な考え方の一つであるという（Mayr 1963）．Buss (1984) では類型思考的な研究手法，すなわちヒトという種に特有な形質を探究しようという姿勢

も重要なものであると認めつつ，個人差の探究は集団思考に属し，進化的な視点からはやはりこちらも同様に研究がなされていくべきだと論じられている．このように，1980年代における（萌芽的な）進化心理学はもう少し多様な姿を見せていた．ただし，こうした個人差の進化研究は，BussやKenrickたちが徐々に配偶者選択の問題へ中心的な関心を移していくにつれ（配偶者選択の研究で特に重要なのはやはりBuss 1989である），あまり取り上げられなくなっていく．もちろん，Bussは個人差の研究も一方で続けており（e.g., Buss and Hawley 2011），また1990年代以降におけるSteven Gangestadなどの研究（e.g., Gangestad and Simpson 1990, 2000）からもわかるように，中心的なテーマでないとはいえ，進化心理学内部で個人差の研究は継続されている．

　以上の概観からは次のことがわかる．第一に，進化心理学における領域特異性，モジュール性，進化的適応環境などといったアイディアは1980年代半ば頃より萌芽的な形で存在していたこと，また必ずしもこれらのアイディアだけが進化心理学を特徴付けるものではなく，むしろパーソナリティにおける個人差などのように，普遍的でない形質をも考察の対象にしていたということである．とはいえ，CosmidesとToobyたちのアイディアが大きな影響を持ったことや，Bussなどの配偶者選択の研究が広く注目を浴びることにより，進化心理学＝彼らのアイディア（すなわち，われわれは配偶者選択や社会的交換に特化した，領域特異的なモジュールを持ち，それらが進化的適応環境において進化した普遍的な形質である）という印象が広まっていったのは事実である．しかし，後述するように，現在の進化心理学では，一度は失われたかのようにも見える多様性が，徐々に回復しつつあると考えられる．

2　進化心理学の基本構造とそれへの批判

　以上のような歴史的経緯を経た進化心理学について，本節ではその基本的な構造と重要な概念を確認しておく．すなわち，前節でも登場した進化的適応環境や，心的モジュール，モジュール集合体仮説（Massive modularity hypothesis）

である．さらに，それらの基本的な概念や議論に関する批判として，三つを取り上げる．

まず，進化心理学は基本的に次のような仮説的・理論的前提から出発している．すなわち，われわれの心は進化的適応環境において適応した形質，モジュールから構成されており，このようなモジュールの集合体がわれわれの心である（モジュール集合体仮説，e.g., Cosmides et al. 1992）．以下ではまず，この前提について詳しく見ていこう．

進化的適応環境という言葉で想定されているのは，180万年前頃から1万年前頃までの更新世（Pleistocene）である．この時期はヒト属が大きく進化したと考えられており，なおかつ農業が導入されて拡大していったおおよそ1万年前以降の人間生活のように，変動がそこまで大きなものではないと考えられている．したがって，この変動の少ない時期には安定した適応課題が多く存在し，その課題に特化した適応形質としての心理メカニズムが多く進化したという．逆に，農業が導入されて以降は環境の変化がきわめて激しく，また1万年という時間は適応形質が進化しうるのに十分とは言えない長さであるため，（ラクトース耐性のような一部の例外を除いて）更新世以降はそれほど多くの適応形質が進化しなかっただろうという．

この主張に関しては，次のような批判がよくなされる．進化心理学では更新世が安定的な時期だと想定されているが，実際はかなり（気温の変化など）物理的に変動の大きな時代であり，なおかつ社会的にもかなり不安定な状態にあった．したがって，数多くの適応形質が進化できるような安定的な適応課題は存在しない，というものである（e.g., Richerson and Boyd 2005；Buller 2005；Sterelny and Griffiths 1999）．実際，Richerson and Boyd（2005, pp. 133-134）が過去の気候変動データから見事に示している通り，確かにこの時期にはかなり大きく気候が変化していたように見える．これを第一の批判と呼んでおこう．

次に心的モジュールである．進化の過程ではさまざまな適応課題に対応するため，機能的に特化した形質が選択されてきている．たとえば，耳で画像を見ることはできないし目で音を聴くことはできない．心理メカニズムでも同様に，何らかの機能に特化したものが進化してきたに違いないと彼らは考えた．この

何らかの機能に特化した心理メカニズムが，心的モジュールなのである．

ただ，注意しなければならないこととして，進化心理学における心的モジュールと Fodor（1983, 2000）の言う心的モジュールは別のものである（Barrett and Kurzban 2006 ; Frankenhuis and Ploeger 2007 ; 中尾 2009）．基本的に Fodor が心的モジュールとして想定していたのは視覚や聴覚に関わる周辺系であり，推論などに関わる中央系についてはモジュール性を想定していなかった．彼の定義によれば，心的モジュールは次の九つの性質を持つ．心的モジュールは (a) 領域特異性（domain specificity）を持ち，(b) 強制的（mandatory）で，(c) 他のシステムに比べて処理が速く，(d) 情報的に遮蔽されており（informationally encapsulated），(e) 浅い出力（shallow output）を行ない，(f) 一定の神経機構と結びついており，(g) 特定の崩壊パターンを持ち，(h) その個体発生は特徴的な進行・順序を示し，(i) このようなモジュール性を持った入力系が計算する心的表象に対して中央系は限定的なアクセスしかできない．このうちのいくつかについては，少し説明が必要だろう．たとえば，視覚モジュールの場合，(a) 聴覚に関する情報は入力されないし，(b) 視覚に関する情報はわれわれの意図とは無関係に視覚モジュールで処理される．さらに，視覚モジュールは，(d) 認知システムの別の場所にある情報を用いることができない．たとえばミューラー・リヤー錯視の場合，同じ長さの直線の端に付加されている矢印の向きに応じて直線の長さが異なって見えてしまう．これは，長さが同じであるはずだという情報を視覚モジュールが用いることができない例である．また，この心的モジュールからの出力は，(e)「赤いリンゴ」などという概念的な，「深い」意味を持ったようなものではなく，あくまでも神経が発火するだけである．最後に，(g) 視覚モジュールの崩壊は聴覚や触覚に影響を与えることがなく，(i) 中央系は視覚モジュールの最終産物である赤いリンゴの表象にはアクセスできるが，途中過程の表象にはアクセスできない．これが，Fodor による心的モジュールの定義である．

モジュール概念が進化心理学に導入されたのは 1980 年代後半であり，最初に進化心理学とモジュール概念を結びつけたのは，筆者の知る限りでは Symons（1987）である．ここで彼は，自然選択の過程では汎用的（general-purpose）メカニズムではなく目的特殊的（special-purpose）メカニズムが進化するという自身の議論を裏付けるため，目的特殊的なメカニズムに注目している例として Fodor や Chomsky の議論を援用している（同上，pp. 128-130）．その後，Cosmides と Tooby が裏切り者検知に特化した心理メカニズムを提唱した際（Cosmides and Tooby 1989）にも Fodor やモジュールへの言及がある．

> これらの課題に対して，自然選択は特化した，領域特異的な Darwin 的アルゴリズムを生み出してきたのであろう．すなわち，Marr（1982）もしくは Fodor（1983）の用語で言えばモジュール，Chomsky（1975）の用語で言えば心的器官もしくは認知能力，そして進化生物学の用語で言えば適応形質である．（同上，p. 60）

こうした主張のせいで，進化心理学における心的モジュールが Fodor が言う意味での心的モジュールと同様のものであると考えられた可能性は十分にありうる．

では進化心理学における機能的に特化したモジュールとはどのようなものか，もう少し詳しく見てみよう．たとえば Barrett と Kurzban は次のように述べている．

> われわれの立場は，形式的に定義可能な情報入力を伴う機能的に特化したメカニズムが人間の（そして人間以外の動物の）認識の特徴であり，これらの特徴が「モジュール性」の顕著な性質として同定されるべきである，というものだ．（Barrett and Kurzban 2006, p. 630）

このような心的モジュールのアナロジカルな例として，彼らは google のような検索システムを挙げている．検索システムは「入力された単語 A を持ったサイトをウェブ上から探し出せ」という形式を持ち，ウェブ上での検索という機能に特化している．すなわち，「形式的に定義可能な情報入力」とはモジュールの作動形式を指すのである．

こういった一定の作動形式と機能的特化を心的モジュールの性質と見なすなら，中央系にあると考えられている実践的推論（practical reasoning）システムで

さえ心的モジュールと見なすことができるという（Carruthers 2006）．非常に単純な例として，最も強い欲求を実現する道筋を推論するという機能を持った単純な心的モジュールがあるとしよう．そのモジュールは「欲求 P へ到るための道筋 Q を記憶の中から探し出せ」という形式を持っているわけである．Carruthers は実践的推論システムもこのように機能的に特化したシステムの集合体であると考えている．

このような作動形式のせいで，われわれが心的モジュールを通じて実際の世界を捉える際には，いわば想定されていなかった対象が入力と見なされる場合もある（Sperber 1994 ; Sperber and Hirschfeld 2006）．たとえば毒蛇を検知するモジュールを考えた場合，そのモジュールの作動形式が「音 S を出しながら近づいてくる動物に気をつけろ」というものであれば，もしかすると毒を持っていないヘビを入力と見なすかもしれない．これは，毒蛇検知モジュールとしての適切な領域（proper domain）を超えた（より広い）入力であるが，心的モジュールの実際の領域（actual domain）であると Sperber らは論じている．

以上のように，進化心理学における心的モジュールは Fodor（1983）で想定されていたような狭い意味でのモジュールではなく，機能的に特化したさまざまな心理メカニズムを指している．もちろん，モジュールは機能的特化以外にもさまざまな付加的性質を持つだろうが，他にどのような性質を持つのかはおそらく各モジュールによって異なる（Carruthers 2006）．たとえば，捕食者検知モジュールがあったとして，この心的モジュールが他のシステムよりも速く作動しなければすぐに捕食されてしまうに違いない．他方，配偶者選択モジュールがあったとして，この心的モジュールにはさほど迅速さは要求されないだろう．機能的特化以外の性質はまさにこれから発見されるべきものであり，現段階では確実な議論はできないというのが多くの論者に共通する主張である（Barrett and Kurzban 2006 ; Carruthers 2006 ; Sperber 1994）．

こうしたモジュール集合体仮説に関する批判としては，過去に安定した適応課題が多く存在しないのだから，そもそもわれわれの心がそれらの適応課題に特化したモジュールの集合体にはなっていないという第一の批判と並び，たとえ過去に複数の適応課題があったとしても，そこから直接的にモジュール集合

体仮説が導かれるわけではない,という批判がある.ここでは,後者を第二の批判と呼んでおこう.

　次に,方法論に話を進めると,まず,このような機能的に特化した形質の特定は,現在のわれわれが持つ心の機能に関する実験や,過去の環境における適応課題の推測によってなされる (e.g., Tooby and Cosmides 1992 ; Machery forthcoming a).たとえば,CosmidesとToobyは,互恵的利他行動理論 (Trivers 1971) を出発点にしながら次のような推論を行なっている.互恵的利他行動が成立するには特定の相手とある程度長い期間やり取りを行なうことが必要になるが (e.g., Axelrod and Hamilton 1981 ; Trivers 1971 ; Boyd and Richerson 1988 も参照),更新世での狩猟採集生活はまさにこうした条件を満たすような,比較的安定した小集団で営まれていたと考えられる(第一の批判は主にこの前提を対象にしていた).そこで,この互恵的利他行動を可能にする心理メカニズムの一つとして,われわれは裏切り者の検知に特化したメカニズムを持っているに違いないと彼らは考えたのである (Cosmides and Tooby 1989, p. 57).互恵的利他行動とは,相手に協力してもらったお返しに自分も協力するという協力行動の形態であり,この協力行動においては,裏切られた相手に対しては裏切りで応答するので,裏切り者を検知する心理メカニズム(モジュール)が備わっていなければならない,というわけである (Cosmides and Tooby 1989).

　このメカニズムが備わっているかどうかを調べるために用いられた課題が,四枚カード問題である.まず,四枚のカードのうち,二枚の表には「A」「D」,もう二枚の表には「2」「9」と書かれてある.アルファベットの裏には数字が,そして数字の裏にはアルファベットが書かれているのだが,「母音の裏には偶数が書かれている」という命題を検証するには最小限どのカードを裏返せばよいだろうか.この課題の誤答率は80%近くになる.しかし,カードの内容を「ビール」「コーラ」(裏にはそれを飲んでいる人の年齢),「15歳」「35歳」(裏には飲んでいる飲み物の名前) に変更し,「未成年なら飲酒してはいけない」という規則が守られているかどうかを確かめるため,最小限どのカードを裏返せばよいかを尋ねると,正答率が70%を超える.CosmidesやToobyによれば,上記の実験は両者とも同じ論理的形式を備えているにもかかわらず(すなわち,

AならばBという命題を検証するために，BでなければAでないという対偶を調べなければならない，という論理形式），正答率が大きく異なる．これは，未成年者の飲酒というある種の規範的・協力的文脈であれば，裏切り者検知モジュールが反応して裏切り者を容易に見つけ出して正答率が上がるものの，もう一方の文脈にはそうした要素が含まれておらず，それゆえ正答率が下がったと考えられる[1]．

こうした過去の適応課題からの前向きの推論（forward inference）については，たとえば過去の適応課題の推測が困難であることや，また過去の適応課題を知るにはその前に現在の心を知らなければならない，という批判がある．これを第三の批判と呼んでおこう．

もちろん，進化心理学では前向きの推論のみでなく，後ろ向きの推論（backward inference）も行なわれる（Cosmides et al. 1992, p. 10）．その典型例は言語かもしれない（e.g., Pinker and Bloom 1990 ; Pinker 1994）．いくつかの証拠から，言語に関わる能力がある程度モジュール化されていることが示唆されており[2]，それゆえそこから過去の適応課題が推測されることもある．またたとえば，現在の殺人統計を調べ，殺人の背後でどのような心理メカニズムが進化してきたのか，ということも考察することができる（Daly and Wilson 1988）．ただし，この後ろ向きの推論は進化心理学特有というよりは，（現在の形質の進化史を推定するという意味で）ごく一般的な進化的思考に則ったものである．

では，どのようにして過去の適応課題を推測すればよいのだろうか．まず，先ほども挙げたように進化生物学からの知見を用いることができるだろう．互恵的利他行動説から裏切り者検知モジュールを想定したり，あるいは性選択説などからも，配偶者選びに関するモジュールを想定したりすることができる

---

1) 四枚カード課題を使った実験内容に対する批判は Over（2003）や Buller（2005）を参照．
2) こうしたモジュール化はさまざまな脳の損傷症例から示唆されている（e.g., 酒井 2002）．たとえば発された言語を聞くことも復唱することもできるが，その意味をどうしても理解できない患者などがおり，これは音の理解と意味の理解が別個のモジュールで実現されていることを示唆している．もちろん，われわれがどの程度の生得的かつ言語に特化した能力を備えているかについては論争が続いている．第4章なども参照．

(e.g., Buss 1989).一般的にオスと異なりメスは子どもを育てなければならず,だとすればメスは子どもに投資してくれるようなオスを探さなければならない.そのために重要になってくるのが地位の高さや権力などであり,それらを示す手がかりに対して,メスは敏感になっているだろうと予測できる.また,考古学的データを用いることもできるだろう (Barrett 2005).過去のわれわれがどのような食べ物を狩猟採集していたかは,過去のわれわれが食べていた動物の骨の化石や,あるいはわれわれ自身の化石から推測することができる.また,第7章で扱うナチュラル・ペダゴジー説を提唱する際,Csibra and Gergely (2006) はある時期から複雑な道具の化石が増えていくことから,こうした道具使用の模倣・学習には,ナチュラル・ペダゴジーのような特殊な認知能力の進化が必要だっただろうと推論している.さらに,食べていたものから集団内で協力が行なわれていたかどうかなども推測できる (Sterelny 2012).多くの根菜はそのまま食べることができず(たとえばキャッサバはシアン化合物を含んでおり,そのまま食すことは大変危険である),複雑な処理が必要となる.こうした技術が集団内で共有されるには,集団内で競争が起きておらず,協力関係になければならない,というのである(第3章も参照).

最後に,この予測をどう検証すればよいのか,という点である.まず,現在のわれわれに予測された傾向性や心理形質が備わっていることを確認したければ,通常の認知科学や心理学的な実験を行なえばよい.これは進化心理学でもかなり一般的な手法である (e.g., Buss 1989 ; Cosmides and Tooby 1989).たとえば裏切り者検知モジュールの場合は四枚カード問題と呼ばれる認知科学での課題を改変し,実験を行なっていた.また,配偶者選択に関する選好を調べたければ,たとえばアンケートなどによって,顔の特徴や体の特徴などに即してどういった異性が好みであるのかを調べる,という手法などが考えられるだろう (e.g., Buss 1989).

次に,モジュールであること,すなわち機能的(もしくは解剖学的)に独立していることを示すには,たとえば二重乖離を示すことが有効であるとされている.二重乖離とは,脳のある部位Aに損傷を抱えている患者がタスクT_Aに問題があってタスクT_Bには問題がなく,部位Bに損傷を抱えている患者がタ

スク T_B に問題があって T_A に問題がない状態を指す．この場合，部位 A が T_A に関わる（機能的にある程度独立した）モジュールであり，部位 B がタスク T_B に関わるモジュールである可能性が高い，というのが神経心理学における一般的な議論である（e.g., Shallice 1988）．たとえば先に触れた裏切り者検知モジュールの場合，ある特定の部位を損傷した患者においては，先ほどの四枚カード問題において他の人たちとは同じような結果が得られないことがわかっている（Stone et al. 2002）．これはまだ二重乖離とまではいかないものの，その損傷部位が裏切り者検知モジュールに関わる部位であること，そしてこのモジュールが他の部位とは機能的・解剖学的に独立していることを示唆している．もちろん，進化心理学で想定されているモジュールは必ずしも解剖学的に独立している必要はない．いずれにせよ，二重乖離が機能的特化を含意する以上，モジュールの存在を示唆する証拠の一つであることは確かである．

　第三に，進化的適応環境で得られた適応形質なのであれば，それらは異なる環境で異なる発生上の刺激を受けていたとしても（ある程度）ロバストに発生し，現在の人間社会のかなり多くの場所で類似した形質が確認されてしかるべきであろう．というのも，現在の人間は 10 万年前にアフリカから拡散したごく僅かな集団の祖先にさかのぼれることが指摘されてきており（Underhill et al. 2000），この後 10 万年の間に各地で適応形質を進化させない限りは，われわれはかなり多くの類似した形質を持っているはずだからである．実際，たとえば配偶者選択や第 4 章で確認する宗教に関する心的モジュールに関してはさまざまな地域で検証が行なわれてきているし（e.g., Boyer 2001；Schmitt 2005），また裏切り者検知モジュールに関してもエクアドルの部族で近代化された社会とほぼ同様のデータが得られている（Sugiyama et al. 2002）．他方，公正感（sense of fairness）に関してはさまざまな社会で検証が行なわれてきているが（e.g., Henrich et al. 2004, 2006, 2010），これらの結果からは汎地域的な傾向性が今のところは観察できていない．したがって，もし公正感に関する心的モジュールがあったとしても，それは進化的適応環境で獲得されたものではないか，あるいは進化的適応環境では一様な進化を遂げてきたものの，ごく近年にさまざまな環境において，さらに異なる進化を遂げてきたものである，などの可能性が考えら

れる.

　もちろん，汎地域的であるからといってそれが適応形質であるとは限らない．しかし，それは進化心理学者も十分気付いていることであり（e.g., Buss 1989, p. 13），誰もこれらの議論で仮説が確証できるとは考えていない．これは仮説のもっともらしさを上げる一つの手段なのであり，汎地域的な形質の多くが非適応的形質であることが示されでもしない限り，もっともらしさを上げるということ自体は否定できないだろう．

　最後は，発達からのデータである．もしある形質が発達のかなり早い段階で広く見られるようになるのであれば，それは環境要因から学習されたものではなく，予め進化的に備わった形質であると示唆されるだろう．もちろん，胎児期の刺激などもある種の重要な環境要因ではあるものの，他個体からの学習は当然胎児期には困難なはずである．したがって，発達初期に見られるということも，それが進化的に獲得された形質であることを（もちろん確たる証拠にはならないとしても）示唆する一つの証拠になりうるのである（第3章3節も参照）．

3　進化心理学批判への応答

　本節では進化心理学へのさまざまな批判について応答を行ない，研究プログラムとしての進化心理学の擁護を試みる．ただし，個別の予測・実験に関する批判は，本章では取り扱わない（e.g., Buller 2005 ; Over 2003 ; Sterelny 2003）．それらは進化心理学という研究プログラムそのものへの原理的な批判ではないからである（個別の仮説については，特に第II部において取り上げる）．実際，たとえば本書でも第7章ではわれわれの心に備わった適応形質の一つと考えられているナチュラル・ペダゴジーに関して批判を行なうが，このナチュラル・ペダゴジー説の背後にも過去の適応課題の推測などが含まれているものの，そうした推論方法自体は批判しない．

3.1 第一の批判：変動する環境

　まず，第一の批判について考察しよう．モジュールが進化したと考えられている進化的適応環境，すなわち更新世は気温などの物理的条件の変動が激しい世界であった（e.g., Richerson and Boyd 2005）．さらに，人間社会はそもそも不安定である．たとえばわれわれの社会は非常に敵意に満ちた社会でもあり，誰かを出し抜いて上位に立とうとしたり，あるいは相手を欺いてより多くの利益を得ようとしたり，ということが日常的であるという（Buller 2005 ; Sterelny and Griffiths 1999）．こうした物理的・社会的に不安定な社会では安定した適応課題などほとんど存在せず，数多くの適応形質を獲得することなど不可能であろうというのである．

　しかし，不安定な環境でも，安定した適応課題やそこから得られた適応形質が見つからないわけではない．順位の変動が激しいヒヒの群れでは，他の霊長類などよりも遥かに順位に敏感であるらしく，誰が誰の上位であるかを常に認識できているという（Cheney and Seyfarth 2007）．これは，上位個体に対して下位個体と同様の行為を働けばそれなりの仕打ちが待っているからだが，それぞれの順位がかなり短期間で変動したとしても，順位を把握しておかねばならないという適応課題それ自体は安定している．また，いわゆるマキャベリ的知性仮説（Machiavellian intelligence hypothesis）によれば，軍拡競争の中で優れた知性が進化することもある（Byrne and Whiten 1989）．次に，たとえば捕食・被食関係という競争関係においても，両者の目的は常に一定している．捕食者は「被食者を捕えること」が目的であるし，被食者は「捕食者から逃れること」が目的である．この意味において適応課題は一定しており，この課題に特化した心的モジュールが存在するかもしれない（Barrett 2005）．実際，さまざまな動物の捕食・被食関係ではこうした課題に特化したさまざまな形質を発見することができる（たとえばチョウチンアンコウの誘因突起，チョウの擬態など）．また，Sterelny（2012）が述べているように，われわれはニッチ構築によってかなり安定的な環境を自分自身で構築してきた．ニッチ構築とは，生物が環境に働きかけ，その環境の中で新たに形質を進化させる，といったプロセスを指してい

る．たとえばクモは，自分たちが作り出す，粘つく巣の上を歩けるような足を進化させている．Henrich and Henrich（2007）でも示唆されているように，裏切り者検知モジュールはまさにそのような安定的な集団内環境において進化してきたのかもしれない．さらに，たとえ物理的環境が変化して地位の高さを示す手がかり（たとえば希少な貝であるとか石であるとか）が変化したとしても，地位の高い個体が自分により多く投資してくれることは確かであり，こうした個体を選ばなければならないという課題そのものは変化しない．このように，環境が変化したからといって適応形質が得られない，もしくは限られた数しか得られないとは言えない（e.g., Machery and Barrett 2006）．

　もちろん，更新世において環境の変動が激しかった点を受け入れるなら，進化心理学における当初の想定，すなわち「更新世は環境が比較的安定であった」という想定や，「更新世のみが進化的適応環境である」という想定は，多少修正を迫られることになる．しかし，環境が不安定であっても適応課題が限られた数しか存在しないとは言えず，過去の選択圧を想定し，そこから「適応形質としての心的モジュールを見つけ出そうとする」という点に関して，進化心理学の研究プログラムを擁護することは可能なのである．

　最後に，頻度依存型選択による適応形質の進化も考えられる．たとえば捕食者と被食者の競争関係においては，被食者が増えると餌が増えることで捕食者が増え，捕食者が増え過ぎると被食者が減り，被食者が減ると餌が減って捕食者が減り，捕食者が減ると被食者が増える……，というような形で頻度依存型選択が生じる（e.g., Krebs and Davies 1984）．ここでも捕食者にとっての被食者，被食者にとっての捕食者という形で環境は大きく変動するが，こうした環境で頻度依存型選択は適応形質を生み出すことがあり得る．たとえば配偶者選択に関して，Gangestad and Simpson（1990, 2000）は次のような仮説を提出している．地位の高い男性はもちろん数が限定されているので，すべての女性が地位の高い男性を配偶者にしようとすると，競争が過度なものとなってしまい，子を残すことさえできなくなってしまう．それであれば，地位が必ずしも高くなくとも，配偶者になりうる男性を選ぶべきだろう．このように，配偶者選択に関する心理メカニズムは一定の割合で異なる傾向性を持ったものになっている，と

いうわけである．頻度依存型選択によって選択され，異なる性質を持ったそれぞれの形質もまた適応形質であり（e.g., Krebs and Davies 1984），配偶者選択の場合においても，異なる傾向性を持って進化してきたそれぞれの心理メカニズムはこの課題に特化した適応形質としてのモジュールと考えてよいだろう．

とはいえ，こうした頻度依存型選択は個人差の選択にも繋がる（e.g., 坂口 2009）．したがって，配偶者選択に特化したモジュールが選択されてきているとしても，それらは個人によって多少性質が異なるものであり，すべてのヒトが同じものを持っているわけではないという意味で，普遍的な形質ではない．その意味では，頻度依存型選択によって得られる適応形質としての心理メカニズムは，たとえば Tooby and Cosmides（1992, p. 35）が期待していたようなものではないかもしれない．彼らは進化的適応環境で得られた適応形質としての心理メカニズムは，すべてのヒトに共通する普遍的な形質であると想定していた．しかし，第1節でも述べたように，そもそも1980年代の時点から個人差の進化も進化心理学のテーマの一つとして考えられていた．もちろん，それ以降はかなり下火になったと考えられるかもしれないが，それでも現在の進化心理学では，ヒト全体の共通した普遍的形質のみならず，個人差もまた十分進化的観点から予測されうるものであることが認識されている（e.g., Buss 2005b ; Buss and Hawley 2011 ; Dunbar and Barrett 2009）．

以上のように，社会的・物理的に環境が不安定でも安定した側面を見つけ，その側面に関係する適応課題を見つけることは十分可能である．もちろん，どの程度の適応課題が存在するかはまだわからないが，それは経験的に検証されるべき問題であるし，さらに重要なこととして，少なくとも進化心理学が原理的に遂行不可能な研究プログラムになってしまうほど，その数は少ないとは言えないはずである．

3.2 第三の批判：過去から現在を推測すること

次に，先に第三の批判を見てみよう．これは第二の批判へ応答する際，第三の批判への応答が重要になってくるからである．哲学者を含む多くの研究者が，

過去の適応課題の推測が困難であることを指摘してきており (Buller 2005 ; Davies 1996 ; Sterelny and Griffiths 1999), たとえば Buller (2005, p. 104) などはこうした作業が「単なる当て推量」(pure guesswork) にしかなりえないと述べている.

ではどうして過去の適応課題を知ることがそこまで難しいと考えられるのか. これにはいくつかの理由が考えられる. たとえば適応課題の推測の根拠として狩猟採集民の生活を見ることが挙げられるだろう. しかし, 現存する狩猟採集民が生活する環境は, 次章でも論じるように, 多くの人々が農業に移行した後に残された辺境の地である (すなわち, 過去の狩猟採集生活の典型的な姿を残したものではない) 可能性もあるし, 現在の彼らは, やはり大部分が農業や科学技術などの影響を受けてきている (Buller 2005 ; Marlowe 2005). 一方, 人間に最も近縁な種であるチンパンジーも両者が分岐してからの 600 万年で独自の進化を遂げており, 人間の過去の姿を表すものだと考えるのは危険である (Buller 2005 ; Sterelny and Griffiths 1999). そもそも現在のわれわれの心理を十分に知らなければ, その心理メカニズムの歴史や選択圧を推定することはできないのではないか, という指摘もある (Davies 1996 ; Sterelny and Griffiths 1999).

しかし, 過去の適応課題を推測することは, まず現在のわれわれが持っている心理メカニズムに関する仮説を絞り込む, あるいは何らかの特定の仮説を提案する際の発見法に過ぎない, という点に注意をしなければならない. ここでは必ずしも過去を鏡で映したような状況を必要としているわけではない. そのような意味では, 次章でも述べるように狩猟採集民の生活, さらにはチンパンジーなども一つの発見法として利用することはできる. また, 第 2 節で紹介したように, 考古学的な証拠も非常に重要な手がかりになるだろう. さらに, もしこうした考古学的考察までも不確かなものだと切って捨てるのであれば, それは考古学や先史学, あるいは古生物学といった学問分野そのものを否定することにもなりかねない. 最後に, 現在の心理を十分に知らなければならないという批判であるが, これは少し問題を取り違えている. 現在のわれわれの心を知るためにこそ, 過去の適応課題からモジュールの存在を予測する, というのが重要なポイントなのである. そうしたモジュールそのものを実際にわれわれ

が備えているのかどうか，そして本当にそれが適応形質なのかどうかは，地域間比較や発達からのデータなど，別の手段で確かめられるものである（第2節を参照）．

　もちろん，発見法としての正当化，すなわち方法論的な正当化はそれほど強い主張ではない（e.g., Cooper 2007）．過去からの推論は間違える場合もあるだろうし，その推論が確かなものだということも含意しない．しかし，注意しておかなければならないのは，進化心理学でも，心的モジュールの存在を推測するために，過去の適応課題に頼らざるをえないと主張しているわけではないということである．むしろ，先述したように，推論された心的適応形質の存在は，心理学的な実験など別の手法によって検証されるものであり，この推論に進化心理学全体の妥当性がゆだねられているわけではない．

　さらに，適応課題からの推測という発見法は，それが有用なものであるのなら，もちろん推奨されてしかるべきだろう（e.g., Machery forthcoming a）．すなわち，ヒトの心の進化を考えるにあたって，他の視点からはなかなか思いつかないような，あるいはこれまで検討されてこなかった仮説が，ある程度のもっともらしさとともに生み出され，最終的にその仮説の是非が検証されているなら，この発見法は十分正当化できるはずである．実際，こうしたこれまでの研究を見る限り，こうした役割はこれまでも十分に果たされてきているだろう．たとえば，Buss（1989）へのコメントとして Caporael（1989, p. 17）は「同じ予測は新聞広告や雑誌，ホームドラマのランダムサンプリングからもできただろう」と進化論を用いて過去から予測を行なうことへの批判をしている．たしかに，配偶者選択に関する Buss の仮説は他の手段で予測可能であったかもしれない．しかし，過去からの推測が実際にその仮説を導く際に有用であったのであれば，まずはそれで十分なのである．さらに言えば，Buss（1989）以前にこうした仮説を導いて十分な検証を行なった研究者がいなかったのだという点にも注意すべきである．また，裏切り者検知モジュールなども過去の適応課題や進化生物学に依拠しなければ，そう簡単には思いつくことができないような仮説であり，実際 Cosmides や Tooby 以前には誰もこの仮説を提唱してこなかった．このように，過去の適応課題や進化的観点に注目することによって，これまでいくつ

もの仮説が提唱されてきており，その有用性を否定することはそう簡単ではない (e.g., Frankenhuis and Ploeger 2007)．

たしかに，進化心理学におけるいくつかの仮説は過去の適応課題に注目する前から存在していたものである．近親交配忌避 (e.g., Fessler and Navarrette 2004 ; Lieberman, D. et al. 2007 ; Lieberman 2009 ; Westermark 1891［1922］) や言語 (e.g., Pinker and Bloom 1990 ; Pinker 1994) もそうだろう．したがって，過去の適応課題からの推論はテーマ次第であるし，すべての場合に有効なわけではない．しかしこれまでの例が示しているように，過去の適応課題を推測することが十分に有効なケースが存在することはたしかである (e.g., Ketelaar and Ellis 2000)．

最後の関連する批判は，適応課題の粒度問題 (grain problem, Sterelny and Griffiths 1999 ; Atkinson and Wheeler 2004) である．たとえば配偶者選択の問題を考える際，それは単一の課題であるのか複数の課題の集まりなのか (たとえば地位の高さ，体の丈夫さ，狩猟技術などそれぞれの側面について敏感であることがそれぞれ別個の適応課題なのか) がはっきりせず，この問題を回避するには最初にわれわれが現に備えている心的モジュールの存在を確かめなければならない，というものである (Sterelny and Griffiths 1999, p. 328, 邦訳, pp. 264-265)．しかし，もし分析すべき粒度を誤って課題を推測していたとすれば，それは検証の際に誤っていることがわかるはずだろう．その後，また課題の推測そのものをやり直せばそれで十分なはずである．

このように，人間の進化過程を念頭においた過去からの推論は，現在のわれわれが持つ心的モジュールを発見するにあたっては十分有意義なものであると言える．もちろん，その心的モジュールが実際に進化の過程で得られてきたものであるのか，またどのような進化史を経てきたものであるのかについては，さらなる検討が必要になってくるだろう．その方法の一つとしては，第 2 節でも触れたように，地域間比較などが挙げられる．こうした手法はもちろん進化的考察に限られた話ではないが，その形質が進化の過程で獲得された適応形質であることを示唆するために用いることが可能なものであり，その意味では進化的な手法であると言えるだろう．

3.3　第二の批判：心はモジュールの集合体か

　最後に，第二の批判であるモジュール集合体仮説への批判を見ておこう．この批判に関してはまず，モジュール集合体仮説への擁護から確認しておく．発見法としての擁護と，(組み合わせ爆発と進化可能性に基づく) 経験的主張としての擁護である．

　なによりもまず確認しておかなければならないのは，この前提もある種の仮説であり，発見法的なものであるということである (Machery and Barrett 2006 ; Machery forthcoming a)．もちろん，進化心理学の支持者は経験的な主張としてもある程度この前提を支持したがるだろうが，その前に方法論的な主張であることを忘れてはならない (e.g., Godfrey-Smith 2001)．方法論的主張としての妥当性を考える場合，機能的に特化した心理メカニズムの存在を想定することの妥当性，そしてその想定に基づいて検証を行なうという手続きの妥当性に関しては前項で既に論じた．

　では経験的主張としてはどうだろうか．この点については，進化心理学者の挙げる理由をそれぞれ検討していく形で議論を進めよう．まずは組み合わせ爆発 (combinatorial explosion) の問題が考えられる (Barrett and Kurzban 2006 ; Carruthers 2006)．現実世界を構成する膨大な情報から，ある特定の目的を果たすために情報を選び出そうとしているとしよう．汎用メカニズムであれば，逐一どの情報が適切であるかを推論しなければならない．これは非常に効率が悪く，処理すべき情報量が増えれば，推論に必要な過程は爆発的に増えていく．しかし，機能的に特化した心的モジュールであれば，こういった問題は生じずに素早く処理を進められる．こういった効率性の問題については，次のような議論もある．たとえば，肝臓と心臓の役割を一つで果たしてしまう臓器はきわめて効率が悪く非現実的である．機能別に特化している方が当然効率は良い．したがって，心の場合も機能的に特化していた方が効率的であり，非効率的なメカニズムに代わって効率的なメカニズムが進化するはずなのだというのである (Barrett 2005 ; Barrett and Kurzban 2006 ; Tooby and Cosmides 1992)[3]．

　もちろん，上記の理由は外的環境や課題そのものがどのようなものであるか

によって変化しうる．非常に不安定な環境では，汎用メカニズムの方が効率的であることも考えられるし，そこまで迅速な処理を必要としない課題もあるだろう（Richerson and Boyd 2005 ; Fodor 2000 ; Sterelny and Griffiths 1999 ; Woodward and Cowie 2003）．この点には注意すべきである．

さらに，上記のような問題は機能的に特化した心的モジュールしか解決できないわけではない．たとえば適応形質としての知識が複数獲得され，それが汎用的な学習メカニズムで処理されることで上手く問題が解決される可能性ももちろんある（Samuels 1998）．毒を持った果実を食べることを避けるという課題があった場合，「赤い果実」という入力から「食べるな」という出力を出す心理メカニズムを獲得しなくとも，「赤い果実は毒を持っている」という知識を獲得し，それが汎用的な推論メカニズムに入力されるだけで課題は十分解決できるかもしれない．

しかし，たとえば汎用メカニズムの代表例として考えられている学習メカニズムでさえ，「誰からどのように学ぶのか」という点について，われわれはかなり敏感であることがわかっている．第3章で論じる模倣バイアスや，あるいはこれまで心理学の膨大な実験で示されてきた信頼性判断に関わるバイアスが示している通り，幼児はさまざまな手がかりをもとにして学ぶべき相手を選んできている（e.g., Harris and Koenig 2006 ; Corriveau and Harris 2009 ; Harris and Corriveau 2011 ; 板倉・中尾 2012 ; Jaswal and Neely 2006．詳細は第3章3節を参照）．すなわち，学習に関してさえ，多くの場合は「誰それから学べ」という形での機能的に特化した心的モジュールが背後にある可能性が考えられる（e.g., 中尾 2009）．

さらに，知識かメカニズムかという反論は，組み合わせ爆発のような問題がメカニズムの存在を必ずしも予測させないということを示したのみであり，メカニズムの獲得ももちろん予測されうる解決策の一つであることには変わりない（すなわち，上記の問題から，メカニズムよりも知識の獲得の方が強く予測され

3）これは error argument や solvability argument（e.g., Frankenhuis and Ploeger 2007 ; Samuels 1998）とも呼ばれる．

るわけではない).また,適応課題から心的モジュールでなく知識が獲得されていたとしても,それは進化心理学にとって大きな問題にはならない.過去に適応課題が存在し,それに対してどのような解決策を進化させてきたのかがわかれば十分だ,という議論もある (Frankenhuis and Ploeger 2007, p. 701).このように,メカニズムか知識かは,今後の検証にかかる問題であり,現時点で経験的主張としてのモジュール集合体仮説の可能性を検討に値しない程度にまで著しく下げるものではなく,さらには進化心理学という研究プログラムそのものの否定につながるようなものではないだろう.

　経験的主張としてのモジュール集合体仮説を支持する第二の理由は,形質のモザイク性 (e.g., Sterelny and Griffiths 1999 ; Wagner and Altenberg 1996,もしくは進化可能性) である.ある形質が変異を起こして最終的にその形質が選択されるためには,他の形質とは機能的に独立している必要がある.われわれの肺が変異を起こしてなくなってしまえば,酸素をもとにした代謝メカニズムが変化しない以上,われわれは生きていけない.これは肺の機能はわれわれの代謝・生理メカニズムと非常に密接に関連しているためである.したがって,肺はモザイク性が低い形質であり,独立には進化しにくいものである.しかし,肌の色が変化するくらいならおそらく生きていくことはできる.肌の色などは,機能的には他の形質との関連が比較的弱いからである.したがって,これらの形質は比較的進化しやすい,モザイク性の高い形質であると言える.このような議論が正しいとすれば,まさに心的モジュールのような機能的に特殊化した形質は,進化可能性が高いと言うことができる.もちろん,心的モジュールが進化しやすいといっても,それは必ずしも進化のスピードを含意するのではなく,重要なのは,独立に進化しやすいという点である.

　また,人間以外の動物との比較も非常に重要な意味を持つ.たとえば Carruthers (2006) は霊長類よりさらに系統的にさかのぼった動物の心が心的モジュールの集合体であるという議論から始め,いかにして人間の心がモジュール性を持つようになったかを論じている.Carruthers によれば,たとえばラットなどの心は推論システムと視覚や聴覚に関するモジュールなどからなる心的モジュールの集合体だと考えられる.では,こういった大部分がモジュール構造

を持った心が進化すればどうなるだろうか．その後の進化の過程においてもやはり機能的に特殊化した心的モジュールが進化しやすいであろうし，結果的に大半のモジュール性が保たれたままである可能性は高くなるだろう．とすれば，人間の心もまたその大半がモジュール性を持つと考えた方が良いだろう．

ただし，モジュール性はそもそも，心的メカニズムではなく他のさまざまな形態について論じられてきたものである（e.g., Schlosser and Wagner 2004）．一つ一つの細胞からさまざまな器官，そしてわれわれの体全体は階層的なモジュール構造を見せており，先の進化可能性もこのような文脈の中で主張されてきたことだ．もしもこうした形態形質と心的メカニズムを同列に語ることができるとするなら，心的メカニズムもまたモジュール構造を持っていると言えるかもしれないが（e.g., Barrett 2005 ; Machery forthcoming b），必ずしもその保証はないことには注意すべきであろう．

3.4 まとめ

本節の議論をまとめておこう．以上のように，モジュール集合体仮説は（1）方法論的主張としては十分妥当なものであり，（2）経験的主張としては，たとえばどの程度の課題がどの程度のモジュール性を要求するのか，あるいは心とその他の生物学的形質の間にどの程度のアナロジーが保証できるのかなど，いくらか留意すべき点もあるとはいえ，その可能性はまだ十分に残されているだろうし，その是非は今後の検証にゆだねられるべきであろう．

4 結　語

ここまで進化心理学批判の議論に対して擁護を試みてきた．進化心理学の方法論，あるいは発見法としてのモジュール集合体仮説は，確かにいくつかの問題を抱えているかもしれないが，それらは進化心理学という研究プログラムの妥当性を損なうほどのものではない．さらに，経験的主張としてのモジュール

集合体仮説も，まだ十分に可能性は残されており，今後の検証次第であると考えられる．したがって，進化心理学が全面的に誤っている（e.g., Buller 2005）というようなことはありえず，それは十分に維持可能な研究プログラムなのである．

第 2 章
人間行動生態学

　現在，日本で「人間行動の進化論的研究」と言われて最初に思い浮かぶのは第1章で論じた進化心理学であろう．進化心理学の著作は海外では言うに及ばず，日本でもその邦訳が数多く出版されている．こういった華々しい活動ゆえにか，進化心理学は科学哲学者の格好の餌食となって数多くの批判的研究が行なわれてきた（e.g., Buller 2005 ; Richardson 2007 ; Sterelny 2003）．とはいえ，人間行動の進化的研究を行なう分野は他にもいくつか存在する．その代表が，人間行動生態学（human behavioral ecology, e.g., Winterhalder and Smith 1992 ; Cronk et al. 2000）や（遺伝子と文化の）二重継承説（dual inheritance theory of genes and cultures, e.g., Boyd and Richerson 1985 ; Richerson and Boyd 2005 ; 第3章も参照）である．残念ながら，特に人間行動生態学に関しては体系的な考察があまり行なわれてこなかったのだが，むしろこの二つの研究プログラムの方が，進化心理学より古い起源を持ち，長く研究を蓄積してきている（図1.1も参照）．
　以下，本章ではまず，人間行動生態学の前身であり，Richard Alexander や Napoleon Chagnon らによって始められた人間社会生物学（human sociobiology）と Eric Alden Smith や Bruce Winterhalder の研究プログラムの簡単な歴史を紹介し，その主要な方法論の一つである「最適化モデルに基づく分析」が抱える問題点を確認する（第1節）．次に，現在の人間行動生態学の特徴付けとして代表的な議論と，そこで重要な役割を果たしていると考えられる表現型戦略（phenotypic gambit）について検討し（2.1項），この議論では人間社会生物学に向けられた問題点を回避できていないことを確認した後（2.2項），別の角度から最適化モデルに基づく分析について擁護を試みる（2.3項）．最後に，人間行動生態学における最適化モデル以外の方法論として，地域間比較と進化的視点を

組み合わせた方法論についても言及する（第3節）．

1 人間行動生態学の歴史的経緯

本節ではまず，人間行動生態学自体の分析に入る前に，歴史的な経緯を簡単に確認しておこう．というのも，この歴史的経緯が現在の人間行動生態学にとって大きな足かせとなっているからである．以下では1970年代半ば頃から始まった三つの流れについて確認していく．

なお，人間行動の進化的研究といえば E. O. Wilson（e.g., Wilson 1975 ; Lumsden and Wilson 1981, 1983）を思い出す方も少なくないだろう．彼の研究プログラムもまた，人間行動に社会生物学の知見を適用しようというものであった．しかし，後述するような Alexander らの研究プログラムが（部分的に修正されながらも）現在の人間行動生態学に引き継がれているのに比べ（1.2項参照），Wilson の研究プログラムは今日大きな影響力を持っているとは言いがたい（e. g., Kitcher 1985）．したがって，本章では取り扱わない．

1.1 人間社会生物学の研究プログラム

まず，人間行動生態学の主要な方法論の一つとして，人間行動を最適化モデル（第1章で簡単に触れた互恵的利他行動モデルなど）に基づいて分析するというものがある（e.g., Allen-Arave et al. 2008 ; Gurven 2004 ; Hames 2001 ; Hames and McCabe 2007 ; Hawkes et al. 2001 ; Winterhalder and Smith 1992 ; Smith 2000）．進化の過程で得られてきた適応形質は通常，遺伝的基盤を持ち[1]，その形質を持つ生物が相互作用している環境における局所的制約のもとで可能な形質のうち，最

---

1) しかしこの想定も，近年目覚ましい発展を遂げている evo-devo の知見からは，疑わしいものだと考えられるかもしれない（e.g., Gilbert and Epel 2009 ; Hall 1998）．ただし，本章ではこの点にはひとまず触れないでおく．

も適応度の高いもの，すなわち最適化されたものだと考えられている（e.g., Maynard-Smith 1982a ; Orzack and Sober 2001）．したがって，以上のような制約の下で最適化された形質は，同じ条件の下であれば他の形質に取って代わられることがなく，安定したものだと考えられる．このような最適化された形質の利益と損失の関係をモデル化したものが，最適化モデルと呼ばれる．最適化モデルの例としては，たとえば血縁選択モデル（kin selection, Hamilton 1964），互恵的利他行動モデル（reciprocal altruism, Trivers 1971），最適採餌戦略モデル（optimal foraging model, MacArthur and Pianka 1966 ; Krebs and Davies 1984）などを挙げることができるだろう．たとえば最適採餌戦略モデルでは，ごく簡単に説明すると，餌を採るのに必要とされる（時間や移動などにかかる）コスト（以下 C）と，採れる餌のカロリー（以下 E）の関係が最適化されていると考える．ある昆虫が場所 P_1 と P_2 で餌を採ることができ（ここでは他の場所は捕食者の存在などによって餌を採れない，としておく），そこでの餌のカロリーとコストをそれぞれ E_1, E_2, C_1, C_2 としておくと，E_1/C_1 と E_2/C_2 を比較し，効率を最適化する餌が選ばれる，ということである．以下で述べる人間社会生物学や人間行動生態学で採用されている最適化モデルに基づく分析とは，このモデルを念頭におきつつ（進化上の）利益と損失を分析して，研究対象となっている行動が最適化されているか否かを考察するというものである．

　この方法論の出発点は，少なくとも 1970 年代半ばにさかのぼり，最初の段階では複数の流れを見ることができる．第一の流れが Richard Alexander（1971, 1975, 1979）による研究である．彼は生物学出身で，人間行動にも関心を持って両者を進化という観点から総合しようとしていた．彼が行なった具体的な研究例としては，後述するアヴァンキュレート・システムの考察が挙げられる（1.2 項参照）．二つ目が Napoleon Chagnon や William Irons といった人類学者のグループであり，彼らは Alexander や，同じく進化に関心を持っていた Irven DeVore に影響を受け，進化的視点を人類学へ持ち込もうとしていた（Chagnon and Irons 1979, p. xi）．これらの動きは基本的に，さまざまな地域に見られる多様な文化的慣習（たとえば婚姻形態など）に焦点を当てており，人間社会生物学という研究プログラムは，（当時盛んになりつつあった社会生物学の理論を人間

に適用していたという意味で）彼らの研究を指すことが多い．他方，Eric Alden Smith と Bruce Winterhalder のグループ（これを便宜的に社会生態学と呼んでおく）は，最適採餌戦略モデルを狩猟採集行動に適用しようとするなど，前二者とは若干異なる側面に進化生物学の知見を適用しようとしていた（Smith 1991 ; Winterhalder and Smith 1981, 1992）．たとえば，Eric Smith はイヌイットの狩猟に関して，狩猟に出る際のグループサイズ，取得されるカロリー，狩猟にかかる時間などを計算し，グループサイズが最適採餌戦略モデルから予想されるような，最適化されたものかどうかを考察している（Smith 1981）．このような研究において，Smith や Wintherhalder が参照していた理論は社会性に関わるものではなく，Alexander や Chagnon たちの研究とは多少方向性が異なるのだが，互恵的利他行動モデルや血縁選択モデル，あるいは最適採餌戦略モデルといった理論モデルは社会生物学から持ち込まれた最適化モデルの一種であることは間違いない．さらに，21 世紀に入って以降は，人間行動生態学という名前の下で社会生態学も合流しており（e.g., Cronk et al. 2000），合流後の基本的主張は人間社会生物学の主張を引き継いでいる（e.g., Smith 2000）[2]．したがって，以下では Alexander や Chagnon たちによる人間社会生物学の主張を主に確認しておこう．

　Alexander による人間社会生物学の研究プログラムの仮説的・理論的前提と基本構造は次のようなものである．さまざまな生物が進化の過程を経て多様な行動を生み出してきたが，それらは最適化されたものであることが多い．人間行動も他の生物と同様にきわめて多様なものだが，人間行動も進化の過程を経てきた以上，同じく最適化されているだろうと推測される．ゆえに，人類学（あるいは人間社会生物学）の目標は，さまざまな地域で見られる行動を最適化という視点から分析・説明することだという．

　社会人類学はいつの日にか，社会行動や文化のパターンの多様性を，包括適

---

[2] 合流以前は定量的評価の道具立てとして（すなわち，後述するような還元主義的手法として）有効である，という理由で最適採餌戦略モデルを使用していた．

応度最大化の結果として説明することをその中心課題の一つとして認識するだろうと言っておきたい．(Alexander 1979, p. 144, 邦訳 p. 196．訳文は邦訳を参考にしたが，一部引用者の責任により変更した)

Alexander はこのような最適化された行動を生み出す過程として「社会的学習 (social learning)」を挙げている．この「社会的学習」という言葉で意図されている過程は，通常この言葉から連想される内容とは異なっている．たとえば，近親交配忌避を考えてみよう．近親交配によって生まれる子は有害な遺伝子を有している可能性が高くなるので (e.g., Ridley 2005)，近親交配忌避は包括適応度を上げる行動であると考えられる．また，一般に，近親交配を忌避するには幼年時を一緒に過ごすという発達過程での刺激が必要だと言われている (e.g., Westermark 1891 [1922]；Wolf 1966；Lieberman 2009)．このように，発達過程からの刺激に反応して包括適応度の最大化という方向に沿った出力を行なうという過程が，彼の言うところの「社会的学習」なのである (Alexander 1979, p. 79, 邦訳 p. 108)．さらに，発達過程での刺激に対して行なわれるさまざまな出力は遺伝的基盤を持つと考えられていた．すなわち「一定の環境では一定の表現型で反応せよ，というのが遺伝子の指令なのである」(同上，p. 88, 邦訳 p. 120)．だからこそ，このような（環境に応じた）遺伝的指令を産み出す刺激となりうる環境・生態的要因の探求が人類学の課題であると Alexander は考えたのである．

しかし，1980 年代後半に一部の進化心理学者 (e.g., Symons 1989, 1990, 1992) が徹底して攻撃したように，現在のような急激に変化する環境に対しては，最適化された行動を生み出すような遺伝的指令を期待することはできないだろう．第 1 章でも述べたように，進化心理学者によれば，現在の人間が持つ心理メカニズムは進化的適応環境と呼ばれる環境における領域特異的な適応形質であるという (e.g., Tooby and DeVore 1987；Tooby and Cosmides 1992)．この環境でヒトは狩猟採集生活を営んでおり，進化的適応環境は現在とは大きく異なる環境であった（たとえば，進化的適応環境に本やコンピューターなどは存在しない）．われわれの心理メカニズムはこのような進化的適応環境において適応的な行動を

生み出すものだが、現在のように異なる環境においては非適応的な行動になることもあるという。こうした進化心理学の見解がどれだけ正しいかは別にしても、たとえば、大学を出た後の進路は実にさまざまであるが、一体その行動の背後にどういった遺伝的指令を見出せばよいのだろうか。こういった問題にAlexander自身が気づいていなかったわけではない。「現代の都市社会においては、この両者［人間行動と最適化のパターン］の分離がまったく度を超している」（Alexander 1979, p. 81, 邦訳 p. 110）と述べているように、この時点では、現代社会において最適化アプローチが上手くいかないことを彼は認めていたように思われる。しかし、後年、彼は先に述べたような進化心理学者からの攻撃を受け、異なる環境におけるさまざまな課題にも対応できる汎用的な心理メカニズムに基づく学習により、適応的な行動を生み出せるはずだと主張している（Alexander 1990）。社会的学習と異なり、このような学習から生み出された行動は遺伝的基盤を持っていない。以上のように、最適化された行動を生み出す過程としてAlexanderが考えるものは(1) 遺伝的指令に基づく社会的学習と(2) 汎用的心理メカニズムに基づく学習との、少なくとも二通りがある。この区別には十分注意しておく必要があるだろう。おそらく、多くの人間社会生物学者は、1970年代からAlexanderの研究プログラムを(2)の内容を持つものとして理解している。

　ここまで「おそらく」「少なくとも」といった曖昧な表現を使ってきたが、これは、人間社会生物学や人間行動生態学の研究者たちに見られる、ある事情による。すなわち、彼らは行動の背後にある心理メカニズムへ積極的に言及しようとしない（それを自分たちの利点であると主張する論者もいる）。というのも、適応度に直接の影響を与えるのは心理ではなく行動であり、進化の過程を経て形成されてきた以上、背後にどのような心理メカニズムがあったとしても、行動が最適化されていることに変わりはないというのである。もちろん、心理メカニズムの探求が不要だと考えられたわけではないが、少なくとも、両者は別々に探求できると考えられたのである。後述するように、行動の背後にある具体的な心理メカニズムへ積極的に言及しようとしない姿勢がKitcherを初めとしてさまざまな論者を困惑させ、人間社会生物学の研究プログラムを継承し

た人間行動生態学の分析を非常に困難にしている要因の一つとなっており，人間行動生態学が抱える最大の欠点ともなっている．しかし，人間社会生物学が(1)を拒否していることは，たとえばKurlandの次のような主張からも伺うことができる．「社会性の進化を探究する進化生物学者は，行動と遺伝子の関係ではなく，行動と環境との関係の予測や説明に関心がある」(Kurland 1979, p. 147)．

　先述した(2)の内容を持つ研究プログラムに基づき，人間社会生物学の研究者たちはさまざまな文化的慣習を進化の観点から説明しようと試みた．有名な例では，アヴァンキュレート・システムやチベットの一妻多夫という婚姻形態などが挙げられる．このアヴァンキュレート・システムとは，男性が自身の子ではなく，姉妹の子を世話する習慣のことだ（詳細は後述）．しかし，これらの研究に対して多くの論者はかなり否定的であった．社会生物学の研究プログラムに大きな貢献を果たしてきたMaynard-Smithでさえ，そうである (Maynard-Smith 1982b)．その第一の要因として，まさに先述したような「最適化された行動を生み出す心理メカニズムの分析の不備」を挙げることができる．この不備ゆえに，多くの論者は人間社会生物学に対して，たとえば行動を生みだす過程として(1)を想定しているのか(2)を想定しているのかがはっきりせず，「捉えどころが無い」(Kitcher 1985, p. 283) という印象を抱いていた．そして，こういった論者の中で最も体系的な批判を行なったのがKitcherやSterelnyであり，その批判を次項で検討する．

　そのKitcherやSterelnyの批判に入る前に，人間社会生物学の研究プログラムについて簡単にまとめておこう．人間社会生物学の研究プログラムは，行動が異なる環境で最適化されているという前提に立ち，基本的には行動の背後にある具体的な心理メカニズムへ積極的には言及せず，その行動が最適化されているか否か，という分析を行なう．ゆえに，各研究者が行動の背後にどのようなメカニズムを想定しているのかは明確でないが，少なくとも，Alexanderによる(1)ではなく，(2)に近いものを想定している．この理解は，次項で扱うKitcherとSterelnyにも共通している．

1.2 人間社会生物学への批判

さて,このプログラムの方法論に対する Kitcher や Sterelny による批判は大きく分けて二つある.たとえば,Kitcher はまず,先にも述べたような心理メカニズムの分析の不備を指摘する (Kitcher 1985, p. 287).人間行動の場合,行動の背後には複雑な心理メカニズムが存在するのであり,たとえ特定の文化的行動パターンに最適化モデルの適用が成功したとしても,それだけでは,その行動の背後にある心理メカニズムは明らかにならない.たとえば,ある環境で後述するアヴァンキュレートのような行動が見られ,それがその環境で最適化された行動であったとしても,人々が環境に応じてアヴァンキュレートを学習したのかどうかはわからないのである (Sterelny and Griffiths 1999, p. 324,邦訳 p. 260).同じ人々が別の環境に置かれた場合にも(その環境では非適応的な行動であるにもかかわらず)アヴァンキュレートを維持し続けるかもしれないし,実際,一度身に付けた習慣は,他の環境においても継続される場合が少なくない (e.g., Durham 1991 ; Boyd and Richerson 1985 ; Richerson and Boyd 2005).このように,背後にある心理メカニズムが特定されなければ,われわれの行動が異なる環境要因に応じて最適化されているという人間社会生物学の主張が正しいかどうかはわからないのである(第一の批判).さらには,たとえ心理メカニズムを無視することができたとしても,次のような問題もある.たとえば,現在の環境と過去の環境とは異なっているかもしれず,あるモデルが現在の人間行動に対して上手く適用できるからといってそれはその行動の進化史を説明したことにはならない (Kitcher 1985, p. 288).そもそも,最適化モデルの適用から直接的に進化史を説明しようとする場合には,その行動を生み出した過去の適応課題への言及や,行動の背後に何らかの遺伝的基盤が想定されているのが普通である (Maynard-Smith 1978).このような見方からすれば,現代の環境のみに焦点を当て,なおかつ行動の背後に遺伝的基盤を想定しない最適化モデルの適用がそもそも一体何を意味するのかがわからない,ということになってしまう(第二の批判).これは,進化心理学者からの批判とも共通する部分がある.彼らもまた,現在の環境を見ていても進化の歴史は何も明らかにならず,過去の適応

課題を見るべきである，と主張していた (e.g., Symons 1989, 1990, 1992 ; Tooby and Cosmides 1992).

さらに，Kitcher の批判は個別研究に関しても徹底している．たとえば Alexander の有名な事例研究であるアヴァンキュレート・システムを考えてみよう．長期の狩りや戦争などで家を離れ，父性の信頼性が低下した（すなわち，自身の配偶者の子が本当に自分の子であるかどうかが疑わしい）社会では，男性は自身の配偶者の子でなく，自身の姉妹の子（姪，甥）を世話するようになる．自身と姪，甥との血縁度は一定値（通常は 1/4）を取るが，父性が低下して自身の子との間に期待される血縁度（通常は 1/2）[3]がその値を下回った場合，この戦略は男性の包括適応度[4]を上げることになるだろう．しかし，この戦略は必ずしも最適化された行動ではない．最適化されているためには，他の戦略の侵入を許さない（すなわち，安定的である）という条件が必要になってくる．しかし，Kitcher は別の戦略が侵入しうることを示したのである．数学的な詳細を記述するスペースは無いが，定性的には次のようになる．たとえば，まず，女性が裕福な男性に対して父性の保証と引き換えに援助を要請する，という戦略を取ったとしてみよう．このとき，男性は父性が保証され，子に期待される包括適応度は 1/2 へと回復するわけだから，自身の財に応じて女性のこうした要請を受け入れるだろう．そして，男性は自身の姉妹の子を世話しなくても良いということになり，アヴァンキュレート・システムは崩壊するのである（Kitcher 1985, pp. 299-307 ; Sterelny and Griffiths 1999, pp. 322-323, 邦訳 pp. 258-259）．

では人間社会生物学のプログラムを継承した人間行動生態学はこうした批判を回避できているのであろうか．この人間行動生態学でも依然として心理メカニズムを重視しない点は変わっていないうえ，次節でも見るように，人間社会生物学における基本的な主張（環境に応じて適応的な行動を生み出せる，という

---

[3] 人間は有性生殖を行なうが，その際に受精する配偶子は減数分裂の過程を経たものになる．すなわち，卵子・精子ともに母親・父親の遺伝子を 1/2 ずつ持っていることになる．ゆえに，子供は父親の遺伝子を 1/2 だけ共有しているため，血縁度は 1/2 となる．
[4] この包括適応度は，父親自身の適応度だけでなく，父親と遺伝子を共有する子供の適応度も合わせたものである．

もの）を概ね受継ぐ研究者も少なくない．しかし，人間行動生態学が心理メカニズムへの言及を行なわないという手段を正当化するにあたっては，人間社会生物学にはなかった議論が採用されている．それが表現型戦略を援用した議論であり，以下ではまず，この議論が失敗していることを指摘する．

2 現在の人間行動生態学

2.1 表現型戦略に基づく第一の批判への応答

　本節では表現型戦略による正当化の是非を問うが，そのために，まずは比較的多くの人間行動生態学者が従っている，人間行動生態学の代表的な特徴付けを取り上げて確認しておこう．そうした特徴付けとしては，Eric Alden Smith と Bruce Winterhalder の議論を挙げることができる．21世紀に入って以降における彼らの特徴付けは基本的に人間社会生物学と変わる所がないのだが，いくつか新たな議論が付け加えられている．その中で最も重要なのが以下で検討する「表現型戦略（phenotypic gambit, Grafen 1984）」である．また，人間行動生態学という名前を使用し始める以前では，表現型戦略のような正当化は行なわれていないことに注意されたい．

　まず，彼らは表現型の可塑性（plasticity）に注目し，現代の環境においても概ね人間行動は最適化されていると考える（Smith 2000, p. 34）．そして最適化された行動を生み出す心理メカニズムとして，彼らは条件的適応（facultative adaptation）もしくは条件付き戦略（conditional strategy），すなわち「文脈 X では a を行なえ，文脈 Y では b に変更せよ」（Winterhalder and Smith 2000, p. 54）というメカニズムを想定している．とはいえ，このような心理メカニズムは最適化された行動を生み出す際にはさほど影響を与えない（すなわち，どのような心理メカニズムが背後にあったとしても，行動は環境に応じて最適化される）と考えられ，近似的に無視して構わないとされている（Smith and Winterhalder 2003, p. 377）．もちろん，最適化モデルに基づいて行動を考察する際に，背後にある心

理メカニズムを無視することができるという方法については，Kitcher らによって批判されてきたわけである．

しかし，彼らは，上記の方法論を行動生態学，それも行動生態学で採用されてきた「表現型戦略」と呼ばれる戦略に訴えることで正当化しようとする．行動生態学では通常，人間行動ではなく動物や昆虫の社会行動が研究されているが，これは 1970 年代末から 1980 年代初頭にかけて発展してきた研究プログラムである．とはいえ，人間も動物の一種であり，また人間行動生態学も行動生態学と同様に最適化モデルを使用することなどから，人間行動生態学は行動生態学の一分野であるとも考えられる．こうした行動生態学における表現型戦略とは，Smith によると次のように定式化される．

> 表現型戦略は次のように想定している．すなわち，表現型の適応に対する遺伝的，系統的，認知的制約はごく僅かであり，それゆえ，モデルの構築や仮説の生成・テストの際に，第一近似としてこれらの制約は無視することができる．(Smith 2000, p. 30)

このように，表現型以外の要素を一旦無視もしくは犠牲にするという点が，表現型戦略の戦略（gambit）たる所以である．この表現型戦略は行動生態学という元々の文脈において大きな成功を収めているがゆえに，人間行動生態学において採用することも十分正当化されうるものだという（Smith 1992, p. 22）．

2.2 人間行動生態学における表現型戦略は成功しているか

では，人間行動生態学に対するこのような特徴付けは，果たして前節の問いに答えられているだろうか．まず，条件的適応についてだが，これは表面的に見れば Alexander が考えていた遺伝的指令に基づく社会的学習と良く似ている．しかも，人間行動生態学者の研究対象は狩猟採集・半農耕民であり，非常に素朴な見方をすれば，過去の環境における人間行動の研究を行なっているようにも思える．そのため，これらの条件を合わせれば，彼らは過去の環境における人間行動について，遺伝的な基盤を想定して研究を行なっているという解釈も

可能である．しかし，実際のところ，彼らはこの戦略の背後に特定の遺伝的基盤を想定していない．ここでの主張には，狩猟採集・半農耕民を研究し，過去の人間行動を明らかにしようという自然人類学の伝統，そして Alexander による初期の研究プログラム，そして最後は遺伝的基盤を想定しない可塑的な表現型の研究，という三つの流れが混同されている印象を受けてしまうのである．実際，狩猟採集・半農耕生活を最適化モデルによって分析した結果をどう解釈・考察するかは人によって立場がかなり異なっている（この点については 2.3 項も参照）．

　さらに，心理メカニズムへの言及を行なわないことへの正当化として，人間行動生態学者は「表現型戦略」を持ち出している．これが成功しているならば Kitcher や Sterelny による第一の批判はかわせるかもしれない．しかし，この戦略に対する人間行動生態学者の解釈は誤解を含んでいる．本来，Grafen (1984) に従うならば，行動生態学における表現型戦略とは次のような戦略である．すなわち，ある行動戦略の背後には複雑な遺伝的基盤が存在するかもしれない．だが，たとえば行動戦略 B_1, B_2 を決定するような遺伝子がそれぞれ G_1, G_2 と「あたかも存在するかのように」（同上，p. 63）遺伝的基盤に関する前提を簡略化して考えて，ひとまず表現型に注目して研究を進めよう，というものである．そして，これまで集団遺伝学が明らかにしてきた知見に基づくならば，複雑な遺伝的基盤は最適化された行動戦略を考察する際にはさほど大きな問題になってこないことがわかっているために，この戦略は（ある程度）正当化されると Grafen や Maynard-Smith (1982a) は考えている．ここではいわば，これまでの知見に基づく帰納的正当化が行なわれているのである．表現型戦略の成功のおかげで，行動生態学では最適化モデルの使用が一定のコンセンサスを得ている (e.g., Krebs and Davies 1984)．

　では人間行動生態学はどうだろうか．まず，人間行動生態学と行動生態学では表現型戦略によって簡略化されている対象が異なっている．Grafen や Maynard-Smith が念頭においていたのは特に昆虫や人間以外の動物における遺伝的基盤が簡略化できるということだが，人間の心理メカニズムが行動を考察する際に無視できるなどとは考えていなかったはずである．さらに重要なこと

として，行動生態学では簡略化に関して集団遺伝学の知見などが一定の支持を与えてきている．他方，残念ながら，複雑な心理メカニズムが行動に対して影響を与えないというような知見はこれまで得られてきていない．逆に，たとえば1.1項でも簡単に触れたように，一部の進化心理学者（e.g., Tooby and Cosmides 1992）の主張が正しければ，われわれの心は更新世における狩猟採集民生活に

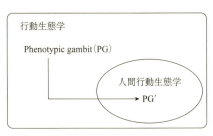

図2.1 行動生態学で採用されていた表現型戦略（PG）を人間行動生態学でも導入したが，その内容と文脈は，元々のものとは異なっていた（ゆえに，図ではPG′とした）．ゆえに，表現型戦略によって心理メカニズムを無視することが正当化できるわけではない．

おける適応であり，現代社会では非適応的な行動を生み出していることになってしまう．また，Richerson and Boyd（2005, pp. 21-23）では，20マイルほどしか離れていない地域で農業を営む二つの集団について，興味深い逸話を紹介している．この二つの集団の一方はドイツからアメリカに移住してきた人たちで，他方がアメリカの別の地域からやってきた人々なのだが，前者はドイツに住んでいた頃の伝統を守り，そう簡単には土地を売ろうとしない．というのも，彼らは農業を生活の手段以上のものとして捉えているからである．さらに，生産しているものも，アメリカの別の地域からやってきた人たちは収益性を重視するが，ドイツからの移民はそうでない．こうしたやり方はドイツでは適応的なものであったかもしれないが，アメリカでは非適応的なものかもしれない．しかしそれでも，彼らはその習慣を維持しているのである．これはおそらく親からの学習によるものだろうが，こうした形でわれわれの学習心理が行動に影響を与えうることは十分に考えられる．もちろん，前章で見たように，特に進化心理学の主張は議論の的にはなっているが（e.g., Downes 2009; Starratt and Shackelford 2009），少なくとも，現状では表現型戦略を採用するための帰納的正当化を行なう出発点すら得られていない状態なのである．以上のような状況を踏まえるなら，人間行動生態学における表現型戦略は上手くいっているとは言えないだろう（図2.1も参照）．

2.3　最適化モデル使用の擁護

　前項では，人間行動の背後にある心理メカニズムを無視して人間行動が最適化されていると想定することを，表現型戦略によって正当化することはできないということを指摘した．しかし，だからといって人間行動生態学における最適化モデルの使用が無意味だというわけではない．まず，進化史に言及しなくとも，最適化モデルを使用することには一定の意味がある．たとえば，SmithやWinterhalderは，最適化モデルによる考察を擁護する際，それが還元主義的である，仮説演繹法という伝統的な科学的方法論に則っている等の理由を挙げる（Winterhalder and Smith 2000, p. 52）．ここでの還元主義は，行動を社会全体という文脈から切り離して考察している，という程度の意味で，対置させられているのは，従来の文化人類学で想定されていたようなある種の全体論，すなわち，ある行動を理解するには社会全体の中での位置付けを常に考慮しなければならないというような主張である．これまでの人類学的研究では，たしかに上記のような最適化モデルに基づいた定量的評価・還元的考察があまり行なわれてこなかった．たとえば，後述するようなカメ狩りは，メリアム族の習慣全体の中に位置付けられる何らかの文化的意味を持っているかもしれないが，Smithらはこうしたカメ狩りを他の習慣などとは切離し，それ自体の適応的意義を考察している（Smith and Blidge Bird 2000 ; Blidge Bird et al. 2001）．こうした意味では，最適化モデルの使用を擁護することも可能だろうし，以下で見る具体例からも，こうした定量的評価が一定の有効性を持っていることは明らかである．さらに，先述したように，このモデルは対象となる（行動などの）形質が相互作用する環境における，局所的な制約の下で考えられる形質のうち，最適な形質をモデル化したものである（1.1項）．ゆえに，たとえ進化史への言及をやめたとしても，対象となっている形質が置かれた環境の中で最適であるのなら，その形質が（他の可能な形質よりも適応度が高いのだから）安定的であることを示せるのである（e.g., Kacelnik and Krebs 1998）．こうした議論に基づけば，Kitcherや進化心理学者による第二の批判をかわすことは可能だろう．もちろんこの場合，こうした還元主義的分析や行動形質の安定性だけから，進化的な

含意を直接導けるわけではない．しかし，後述するような心理メカニズムの考察と合わせることで，あるいは後述する Kaplan と Gangestad のように，現在の狩猟採集・半農耕民の生活を過去の生活を反映したものと考えるのであれば，こうした分析も進化史に対する含意をもたらしうるだろう．

次に，こうした最適化モデルに基づく考察からは，行動の背後にある心理メカニズムについてもさまざまな知見をもたらすことができる．すなわち，最適化モデルは，その行動の進化的意義や，背後にある心理メカニズムなどに関してさらなる考察を促すような発見法的役割を果たすのである[5]．この意味において，最適化モデルの使用に関しては，Kitcher らによる批判に対しても一定の応答が可能なのである．以下では，具体例に則しつつ，いかにして最適化モデルの使用が心理メカニズムの考察につながりうるかを考察する．具体的には，人間行動生態学でのよく知られた研究例である Smith や Blidge Bird らによるコスト信号モデルに基づくトレス海峡でのカメ狩りの考察（Smith and Blidge Bird 2000 ; Blidge Bird et al. 2001）と，互恵的利他行動モデルに基づく Gurven による食物共有の考察（Gurven 2004），そして，最後に別の角度から最適化モデルの有用性を論じている Kaplan と Gangestad の議論（Kaplan and Gangestad 2005, 2007）を検討し，先述したような最適化モデルの使用が持つ発見法的役割について考察する．

Smith や Blidge Bird らは，オーストラリアのトレス海峡諸島に住むメリアム族のカメ狩りについて，コスト信号モデル（costly signaling model）と呼ばれる最適化モデルの一種を適用しようとしている（Smith and Blidge Bird 2000 ; Blidge Bird et al. 2001）．コスト信号モデルとは性選択などでよく例に挙げられるもので，このモデルによれば，次のような条件を満たす信号が安定したものになりうる．すなわち，(1) 発する信号が一定のコストを抱えるもので，なおかつ (2) 信号自体が，健康など信号を発する側の進化上の利点を伝えるものでなけ

---

5) 最適化モデルの発見法としての役割に関しては，Smith and Winterhalder（1992）にも多少の言及があるものの，積極的な議論の展開はなされていないし，心理メカニズムに関する発見法的役割は論じられていない．

ればならない．このような信号は，たとえば配偶者選択の際に用いられる．コクホウジャクの雄がコストのかかる大きな尾を持つのは，自身が配偶者として優れていることを示すためであり，雌は優れた大きな尾を持つ雄を優れた配偶者と見なすわけである（e.g., Møller and de Loper 1994）．ここで，コクホウジャクの場合は尾という器官だが，カメ狩りの場合は行動であり，両者は少し対象が異なっているように思われるかもしれない．だが，通常は，器官も行動も同じ形質として扱われることが多い．

さて，メリアム族のカメ狩りは次のようなものである．このカメ狩りでは成人男性が海に繰り出し，見つけた大きなカメの上に大人の男性が乗りかかってカメをしとめるというものだが，この行動はかなりの身体的能力を必要とし，危険を伴うものである．カメをしとめるには体力も必要だろうし，失敗すれば海に投げ出されてしまうからだ．したがって，先の条件と照らし合わせるなら，カメ狩りには(1)命の危険性というコストがかかっているし，(2)十分な体力を必要とする意味で身体的能力をも表している．また，この狩りで得られたカメは祝宴で分配され，信号を集団に広めて自身の評判を上げる機会も得られている．実際，カメ狩りに成功した人ほど，高い評判を得て，配偶の機会も多い（Blidge Bird et al. 2001, p. 17）．このように，カメ狩りはコスト信号モデルで説明できる最適な行動であり，ゆえに集団内で安定的な行動なのだとSmithらは論じる．実際，この議論はいろいろな側面からの支持を受け，有力な説明の一つとなっている（e.g., Gintis et al. 2001 ; Smith et al. 2003 ; Sterelny 2012）．

もちろん，先述したように（1.2項），メリアム族のカメ狩りが最適化されていたとしても，それが「異なる環境に応じてわれわれの行動が最適化されている」という主張を裏付けるものかどうかは，行動の背後にある心理メカニズムを確認してみなければわからない．もしも何らかの機能に特化した心理メカニズムがその行動の背後にあるなら，それはもしかすると，別環境で非適応的な行動を生み出すかもしれない．また，表現型戦略が上手くいけば，行動の背後にある心理メカニズムは行動が最適化されているか否かにさほど影響を与えないと考えられるため，心理メカニズムへの言及は不要であるのだが，前項でも確認したように，人間行動生態学での表現型戦略はさまざまな困難を抱えてい

た.

 とはいえ，コスト信号モデルでカメ狩りがある程度上手く説明できてしまうということは，次のような考察につながっていることも事実である．たとえば，Smith らは，危険な行動にわざわざ携わろうとするのは，信号を広めることによって配偶の機会を得ようとする心理メカニズムが作用しているからではないか，と論じている．もちろん，実際にメリアム族の男性がこのような心理メカニズムを備え，さらにはこのメカニズムのゆえにカメ狩りを行なっているかの検証は行なわれていない．もしかすると，まったく異なる心理メカニズムのもとで，このような行動が可能になっているのかもしれない．しかし，少なくとも，このトレス海峡におけるカメ狩りの例に関するコスト信号モデルに基づく考察が，行動自体の適応的意義と，その背後にある心理メカニズムについての示唆をもたらしていることは確かであろう．

 次に，これも人間行動生態学の研究としてよく知られた例の一つである食物共有を見てみよう．Gurven はさまざまな狩猟採集文化における食物分配 (food sharing) についての研究をレビューしながら，食物分配行動についてのデータを比較し，複数のモデルに基づいてこれらのデータを考察している．そこで扱われているのは，血縁選択に基づく身内びいき（血縁度の高い身内に優先して食物を分け与えること），互恵的利他行動モデル，許容されるたかりモデル (tolerated theft model)，コスト信号モデルといったモデルであり，このモデルのどれが上手く食物共有行動を説明できるかが考察されている (Gurven 2004)．互恵的利他行動モデルやコスト信号モデルは既に紹介したので，許容されるたかりモデルについて少し説明しておこう．まず，与える量とお返しにもらう量が釣り合わない場合，厳密には互恵的利他行動では説明できない．しかし，食物分配を行なう両者の経済状態などが非均衡であれば，[豊かな者から貧しい者への分配量] > [貧しい者からのお返し] という関係であっても，この関係は安定する可能性がある．このような食物分配は互恵的利他行動モデルで説明可能な実例候補として，霊長類などでも幅広く研究されており，人間の場合についても注目されてきた行動の一つである．実際，たとえば許容されるたかりモデルの場合，これは人間の食物共有だけに限られた例ではなく，チンパンジーの食物

共有(この場合は harassment という言葉で呼ばれる)などにも適用できると考えられている (e.g., Blurton-Jones 1984, 1987 ; Gilby 2006 ; Stevens 2004 ; Stevens and Gilby 2004). チンパンジーなどでは,分配しないことのコスト(たとえば分け前を要求する個体からの圧力など)が分配するコストを上回り,そのため,分け前を要求する個体からのお返しがない場合でも食べ物が分配されるという.

こうしたモデルをふまえた上で彼が下した結論は,これらのデータは食物分配の「第一のモデルとして互恵的利他行動モデルを除外することはできないし,他方で現在の諸研究では,許容されるたかりモデルは誇張され過ぎのように思われる」(Gurven 2004, p. 558) という微妙なものとなっている. この結論の原因は次の二点にある. 一つ目は,地域間での行動には多様性が見られ,それを説明できるような要因がまだ見つかっていないということ,もう一つは,そうした行動が多様であるとしても,それらは多様過ぎてどのモデルでも説明できない,というほどには多様でないということだ. すなわち,与えた食物の量(以下,given の略で G)とお返しにもらう食物の量(以下,received の略で R)の比率自体は地域間で揺らぎがあるものの,少なくとも両者の間に正の相関が見られるということは確かなのである(同上,p. 551).

では,このような地域間での共通性と多様性をどう捉えれば良いだろうか. たとえば,Cosmides と Tooby は,裏切り者を検知するような心理メカニズムが,進化の過程で適応形質としてわれわれに備わっており,それが互恵的利他行動を支えていると考えている (Cosmides and Tooby 1989). すなわち,助けてもらったことがあるのに,お返しに助けない相手を敏感に検知できるからこそ,お互いに利益と損失をやり取りする互恵的利他行動が可能であるというわけだ. しかし,食物共有においては,利益と損失がやり取りされているにもかかわらず,互恵的利他行動では説明しきれない多様性がある. この多様性から示唆されるのは,もしかすると裏切り者検知メカニズムは,それほど汎地域的でない,あるいは生得的にわれわれに備わっているわけではないのかもしれない,ということである. 他方,一定の共通性についても次のような考察が可能だろう. たとえば,Prinz (2007) は,上記のような共通項(G と R の間に見られる正の相関)に関して,(多様性のゆえに)互恵性そのもの(あるいはその背後にある裏切

り者検知メカニズムなど）が生得的であるとは考えにくいが，ある種の保険戦略（insurance policy）が働いた結果であろうと考察している（同上，p. 377）．すなわち，獲物を得ればそれに集まる者が出てくるだろうし，彼らは獲物を分けてもらうために攻撃的手段に出るかもしれない．それで怪我をするくらいなら，多少の分け前を与えてやって，攻撃を回避した方が良い，という戦略である．以上のように，ここでもやはり，最適化モデルに基づく考察が心理メカニズムの考察を促すという意味で，発見法的な役割を果たしているわけである．

　最後に，Kaplan と Gangestad の議論を検討してみよう．彼らは次のような議論で最適化モデルの意義を論じている（Kaplan and Gangestad 2005, 2007）．先にも述べたように，現在の人間行動生態学が主な研究対象としているのは狩猟採集・半農耕民であり（e.g., Nettle et al. 2013），彼らの生活は，ナイーブな理解をすればわれわれの過去の生活を近似したものであると考えられる．彼らによれば，このような過去の生活における行動を最適化モデルに基づいて考察する際には，進化心理学での主張と同様な，遺伝的基盤を持った適応形質としての心理メカニズムが想定されているという（1.1 項）．したがって，心理メカニズムについても十分考慮がなされているし，さらには進化史への言及もなされているというわけである．

　しかし，この議論には少し注意が必要であろう．もちろん，現在の市街地や都市部における生活よりも狩猟採集・半農耕生活の方が過去の生活に近いのは間違いない．だが，第 1 章でも述べたように，狩猟採集生活が過去の環境をどれだけ近似しているのかは，それほど明らかではないのである．実際，現在の狩猟採集民は，彼ら以外が農業に移行した後に残された，極めて限られた環境で生活しているだけの（すなわち，彼らの生活が過去の狩猟採集生活の典型的な姿を表していない）可能性もあるし，もちろん彼らの生活の大部分が，すでに科学技術などの影響を受けていることも確かである（Marlowe 2005 ; Sterelny 2012）．したがって，最適化モデルに基づく考察をこのような意味で解釈したとしても，考察の対象となった行動が過去のものと同じであるかどうかを確かめるには，さらなる検証が必要になってくるだろう．

　とはいえ，この解釈においても，最適化モデルに基づく考察が，当の行動が

持つ進化的な意義やその背後にある心理メカニズムについて一定の示唆をもたらし，今後の考察を促す発見法的役割を持っていることは確かである．ゆえに，最適化モデルの発見法的役割を擁護するという本章の目的からすれば，Kaplan と Gangestad の議論も一定の意義を持っていると言えるだろう．

　もう一つ，人間行動生態学で得られた知見として興味深いものは，おばあちゃん仮説（grand-mother hypothesis, e.g., Hawkes et al. 1998 ; Hawkes 2004）であろう．通常，ヒト以外の動物ではいつ配偶者を見つけ，どのくらいの大きさの子を，どのくらいの数，そしてどの程度の期間をおいて産み，そして死んでいくのか，といった生活史も最適化されていると考えられている（e.g., Charnov 1993 ; Stearns 1992）．この生活史戦略の観点から人間社会を眺めてみると，閉経してしまって子を産むことができない，おばあちゃんの存在が不思議に見えてくる．すなわち，子を産めないにもかかわらず，どうしてさまざまな社会でおばあちゃんが存在するのだろうか．そこに適応的意義があるのだろうか，ということである．もちろん，これは栄養状態が良くなって平均寿命が伸びたことの副産物だ，と考えられるかもしれないが，必ずしも栄養状態が良くない環境（たとえば狩猟採集社会）でも，こうしたおばあちゃんの存在は一般的である．

　こうしたおばあちゃんの存在に関して，適応的な説明を与えたのがおばあちゃん仮説である．この仮説によれば，閉経後も孫の世話を見ることにより，自身の子がより多くの子を残せる結果になっているとされ，実際おばあちゃんがいる・いないによって孫の数に変化が見られることが確かめられている（Lahdenperä et al. 2004, 2007）．もちろん，この仮説からは，おばあちゃんには孫の世話をしたがるような強い心理を想定することもできるだろうが，それ以前に，寿命という心理とはあまり関係のない側面を進化的に考察した結果として，非常に重要な仮説である．

　ここで重要なのは，この仮説が人間の生活史が最適化されているという観点からのものであるにもかかわらず，上記のような批判をほとんど受けていないという点である．それはおそらく，(1) この（閉経後もかなり長い寿命を持つという）形質が汎地域的なもので，それぞれの地域でそれぞれの環境に応じて独自に獲得してきた形質ではないように見えるうえ，(2) チンパンジーには見ら

れないことからヒトとチンパンジーの共通祖先以降に進化した形質であると考えられているものの (e.g., Hawkes 2010), おそらくはかなり古い形質で遺伝的な基盤を持っているであろう, といった理由によるものだと考えられる. こうした形質であれば, 最適化モデルの適用もほぼ問題はないのだが, これは若干特殊な例であり（そもそも行動形質でさえない）, 人間行動生態学の研究プログラム全体を正当化しようとする際には, あまり有効な例ではないだろう.

3 進化人類学としての人間行動生態学

ここまで人間行動生態学の方法論として最適化モデルに焦点を当ててきたが, 現在では人間行動生態学も多様化してきており, いわば進化人類学としての側面も重視されつつある. すなわち, 何らかの行動や心理に関して地域差があるかないかを考察し, その地域差が生み出されてきた進化的／歴史的過程を考察しようという研究手法である (e.g., Borgerhoff Mulder et al. 2009 ; Gurven 2004 ; Henrich et al. 2004 ; Henrich et al. 2006, Henrich et al. 2010 ; Marlowe 2004, 2009 ; Marlowe et al. 2008). これが伝統的な人類学と異なっているのは, もちろん「進化」という視点を強調している点にあるが, 地域差を明らかにするという点では従来の文化人類学的な側面も持っている. ゆえに, ここではこうしたアプローチを進化人類学と呼んでおくことにする.

ただし, 多くの人間行動生態学者がこういったアプローチを採用して研究を進めつつあるとはいえ, このアプローチは人間行動生態学特有のものとも言いきれない. 上に挙げた参考文献からもわかるように, Joe Henrich や Robert Boyd といった二重継承説の支持者, あるいは Clark Barrett のような進化心理学者もまた, こうした地域間比較研究プロジェクトに参加しつつある. したがって, この路線は進化心理学や二重継承説とも十分に共同しやすい研究手法であると考えられるし, 実際そうした内容になっている.

もう少し具体的な内容を確認して, 進化人類学としての人間行動生態学が明らかにしてきた知見が, 人間行動の進化の考察にどのような形で貢献を果たす

のかを検討しておこう．たとえば Henrich et al. (2004, 2006) ではさまざまな地域における実験経済学的ゲーム（詳細は第6章参照）などの結果を比較しながら，それぞれの地域においてどの程度の金額の提示率，提示された金額の拒否率が一般的なのか，そして第三者への罰が見られるかどうか，などを考察している．その重要な結果の一つが，たとえば北タンザニアに住む狩猟採集民である Hadza などの小集団社会では第三者に対する罰が見られず，この罰の形態が大集団に限定されているというものである（詳細は第6章を参照）．この結果から示唆されるのは，現代社会では第三者への罰に関する心的傾向性が発達段階のかなり早い段階で見られ，生得的なものであることが示唆されていても (e.g., Vaish et al. 2010, 2011)，それは大規模な現代社会などに限定されるかもしれず，第三者への罰が進化したのは，おそらく農業が開始され，人間の集団が大きくなっていった完新世以降であろうということである (e.g., Henrich et al. 2010)．こうした形で，地域差研究が進化研究に役立つことは明らかであり，進化人類学としての人間行動生態学の貢献は，非常に大きいものだと考えられる．

4 結　語

　ここまで，歴史的経緯を確認しながら，人間行動生態学の抱える問題点を指摘してきた．まず，人間社会生物学では行動に焦点を当て，その背後にある心理メカニズムを軽視してきたが，この研究プログラムには Kitcher や Sterelny などから批判がなされてきた．Smith や Winterhalder が論じるように，行動生態学から援用してきた表現型戦略が上手くいけばこの批判はかわせるかもしれないが，残念ながら，いくつかの理由によって，表現型戦略が人間行動生態学において上手く適用できているとは言いがたい．

　とはいえ，最適化モデルの使用には一定の意義がある．すなわち，最適化モデルの使用は，行動自体の安定性や，その行動の背後にある心理メカニズムなどの考察を促すという意味での発見法的役割を持っている．また，新奇な仮説

を生み出せるうえ,いくつかの行動・形質の説明にもある程度成功している(たとえばメリアム族のカメ狩りやおばあちゃん仮説など)という意味で,最適化モデルを使用する人間行動生態学が,人間行動の進化を研究する一つの研究プログラムとして前進的なものであることも確かだ(e.g., Lakatos 1978). ゆえに,その使用自体には一定の意義を認めることができ,人間行動生態学における最適化モデルの使用は十分に擁護することが可能である. さらに,地域差から進化を考察するという進化人類学としての役割もまた,きわめて重要なものである.

第3章

遺伝子と文化の二重継承説

　本章では，人間行動進化学の研究プログラムとして代表的なものの一つである，遺伝子と文化の二重継承説（dual inheritance theory of genes and cultures）を検討する．この研究プログラムに対してはこれまでそれほど大きな批判もなされておらず，またこの研究プログラムの中で提案されている文化の累積的進化のモデルは，かなりもっともらしいものと言えるかもしれない．しかし，だからといって検討すべき点がないというわけではない．たとえば累積的進化のモデルにもいくつかの前提が隠されているし，またその支持者の考える人間行動の進化のシナリオにも，いくつかの問題が指摘できる．

　本章ではまず，二重継承説の基本的な内容を確認しながら，その支持者の中ではあまり明確に指摘されてこなかった，いくつかの前提条件を明らかにする（第1節）．その上で，二つの観点から二重継承説を検討していく．すなわち，まずは模倣バイアスの進化に関する二重継承説の想定を検討し（第2節），その後，より一般的な信頼性バイアスと二重継承説で想定されている模倣バイアスの関係を考察する（第3節）．こうした考察を通じ，二重継承説がかなり狭いプロセスのみに焦点を合わせてきたこと，そしてさまざまな信頼性バイアスによって拡張される可能性を指摘する．

1　二重継承説の基礎

　本節ではまず，二重継承説の基礎を確認しよう．二重継承説は，特に文化の累積的進化もしくは文化の選択プロセスに関して進化生物学と類比的な研究の

枠組みを提供する研究プログラムだが，人間行動の進化それ自体に関しても特定の見方を強調している．本節ではまず，こうした二つの特徴を確認しておくことにしよう．

ただその前に，文化の選択プロセスに関する先駆的な試みとして，ミーム論に触れておく必要があるかもしれない．実際，文化の歴史的変遷にこうした進化生物学の枠組みを適用しようという試みは何も今に始まったことではなく，たとえば第6章で触れるような，人類学における社会進化論的研究もその一つであると言えるだろう．とはいえ，現在ほどに注目を集めるようになったのは，おそらく1970年代頃からであり，その発端の一つがミーム論である．このミーム論の基礎には，Lewontin（1970, 1985）による選択の三条件，すなわち形質の遺伝（inheritance），変異，適応度の差異という条件がある．この定式化はDarwin（1859 [1964], p. 124）による以下の言葉をさらに明確にしたものである．

> ……もし生物体にとって有利な変異が生じるとすれば，生存闘争においてそのような特徴を持った個体が保存される可能性は，間違いなく最大になるだろう．そして，遺伝という強力な原理によって，それらの個体は類似した特徴を持った子孫を生み出す傾向にあるだろう．この保存の原理を，私は略して「自然選択」と呼んでいる．

ただし，ミーム論の創始者とも呼べるDawkinsは自身の進化観に基づき，Lewontinが遺伝の原理と呼んだ条件を，自己複製子（replicator）の複製条件に置き換えている．この自己複製子とは，「自らの複製を作れるという驚くべき性質を備えた」分子（Dawkins 1976, p. 15, 邦訳 p. 35）であり，寿命の長さ（longevity），多産性（fecundity），複製の正確さ（copying-fidelity）という条件を満たしていなければならないとされる（同上, p. 194, 邦訳 p. 309）．こうしたDawkinsの見方に基づくと，(1) 変異，(2) 自己複製子による遺伝，(3) 適応度の差が選択の必要条件となる．そして，自己複製子の代表が遺伝子なのであり，また文化進化において自己複製子に相当するものがミームであると考えられたのである（同上, p. 192, 邦訳 p. 306）．

このようなミーム論は一時期さまざまな著作が出版されて大いに流行したの

だが (e.g., Blackmore 1999 ; Dennett 1995), 現在ではさまざまな批判にさらされ, 衰退してしまっている. たとえば, そもそも文化の進化においては世代間での突然変異率 (たとえば, 模倣の失敗率など) が高く, 累積的な進化など不可能であるという主張がある (e.g., Sperber 1996). すなわち, 遺伝可能性が保証されないというわけである. この主張が正しければ, 当然ながらミームのような自己複製子に基づいた説明枠組みが成功するわけもない. さらに, もしミームのような自己複製子があったとしても, 文化の場合はミームの融合が頻繁に見られるはずである. たとえば, 今筆者が使用しているノートパソコンは, おそらくパソコン本体とディスプレイという本来別々のものであった対象が融合したものだろう. このような自己複製子の融合は, 遺伝子ではそれほど一般的なことではない. だとすれば, 遺伝子と類比的な進化プロセスをミームに期待することなど不可能かもしれない. この点はすでに Dawkins (1976) も気づいていた点である.

こうした問題点を克服し, たとえ突然変異率が高くとも, そしてミームのような自己複製子を想定しなくとも, 文化に関して累積的進化 (とそのモデル) が可能であることを示したのが, 二重継承説である (e.g., Henrich et al. 2008). この二重継承説の出発点は, 集団遺伝学者の Luigi Luca Cavalli-Sforza と Marcus Feldman (1981) の仕事にさかのぼる. ここで彼らは, 集団遺伝学的手法を用いて文化伝達の数理モデルを構築しているのだが, 彼らの主な目的は伝達過程のモデル化にあり, Robert Boyd や Peter Richerson のように伝達メカニズムの詳細についてはそれほど注意を払っていなかったようである. 他方, Boyd と Richerson は社会心理学で研究されていたいくつかの模倣バイアス (後述) を文化伝達の基本的なメカニズムに据えながら, これらの先駆的な仕事をさらに発展させた (Boyd and Richerson 1985). 著作の発表時期を見ればわかるように, この二重継承説は先述した進化心理学よりも早い段階で基礎的な仕事がなされている (図 1.1 参照).

二重継承説の基本的な主張は, 具体的な数理モデルを除けば非常に明瞭なものである. もちろん, Boyd and Richerson (1985) では他にもさまざまなモデルが考察されているのだが, 現在実質的に主流となっているのは権威・順応バイ

アスを中心としたモデルであるため，ここでも議論をこのモデルに限定する．まず，この二重継承説の「二重」という言葉が表しているのは遺伝子と文化であるが，文化は遺伝的進化の産物であるというだけでなく，文化が遺伝的進化を促進することもある．たとえば，二重継承説では，ある種の利他行動の進化が文化によって促進されたものであると考えられている．Boyd と Richerson はわれわれの道徳性の一部（たとえばフリーライダー，すなわちただ乗り者を罰するような傾向などである．罰の進化全体に関する議論や，罰の集団選択による進化の詳細は，第6章も参照）を生得的なものと見なしている．この傾向性は，通常の選択プロセスではなくある種の構造を持った集団の中で，集団選択によって進化してきたという（Richerson and Boyd 2005）．この集団構造は文化によって形成されたものだと考えられており，ここでは，文化によって遺伝的進化が促進されるという形になっているのである．

次に，この二重継承説の主張を支える心理メカニズムとして想定されているのが，いくつかの模倣バイアスである（e.g., Boyd and Richerson 1985；Richerson and Boyd 2005）．たとえば，われわれは自分が所属する集団内部の権威者による行動や，集団内部で多数派になっているような行動を模倣する傾向がある．ここでの権威者とは，「他の学習者が優先的に注意を向けたり従ったりしている」（Chudek et al. 2012, p. 47；Henrich and Gil-White 2001）人間を指しており，必ずしも長い期間君臨する君主のような人間を指しているわけではない．したがって，世代毎もしくは世代内ですら，誰が権威者であるかは十分変化しうることに注意されたい．こういった権威（prestige）・同調（conformity）バイアスなどに基づく模倣が，われわれの文化を説明するというのである．実際，このようなバイアスがわれわれに備わっていることはさまざまな実験で示されてきており，地域によらず，発達のかなり早い段階（3歳児や4歳児）にも見られると考えられている（e.g., Asch 1951；Chudek et al. 2012；Kameda and Nakanishi 2002）．

先述したように，このような模倣バイアスなどに基づく二重継承説は，高い突然変異率を前提しつつも文化の累積的進化を説明することができる．まず考えられるのは，同調バイアスによる突然変異率の補正である（Richerson and Boyd 2005, pp. 85-86，図 3.1 も参照）．ある集団において，権威者が A という行

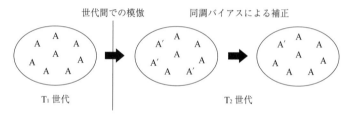

図 3.1 T_1 世代の文化 A の模倣が T_2 世代で失敗して A' が増えたとしても，同調バイアスによって補正され，結果的にかなり高い確率で T_1 世代の文化 A が上手く継承されることになる．

為を行なっていたとしよう．集団のメンバーは権威バイアスによってAを模倣しようとする．しかし，20％の確率でエラー（すなわち，突然変異）が生じると仮定すれば，5人に1人がAではなくA'を行なうようになってしまう．このとき，A'を行なうようになったメンバーも，同調バイアスが備わっていれば多数派のAを模倣するということがありうるだろう．このようにして，高い突然変異率も同調バイアスによって十分補正が可能になる．Henrich et al. (2008) では，さらに高い突然変異率でも累積的進化が可能であることが論じられている．

しかし，ここで生じる疑問は，同調バイアスによって集団内の文化が画一化してしまい，集団内での文化的変異が説明できないのではないか，ということである．この点に関する説明はあまり明確になされているわけではないが，Richerson や Boyd は集団内変異が存在しなくなると考えているわけではないので，同調バイアスによる集団内変異の減少にももちろん一定の限界があると想定されているのだろう．また，もちろんあまりにも模倣の成功率が低く，最初の模倣で成功率より失敗率の方が高ければ，同調バイアスによる補正も難しくなってしまうだろう．したがって，この補正メカニズムも一定の限界は想定されているはずである (e.g., Henrich et al. 2008)．

さて，（ある程度）高い突然変異率の下でも形質の遺伝が可能であったとしても，文化の累積的進化が説明されたわけではない．このプロセスを考えるため，T_1 世代においてある文化（たとえば慣習など）が，一定の形態・様式にはしたがいながらも，適応的な（ここでは環境に最も適応した，という意味でこの

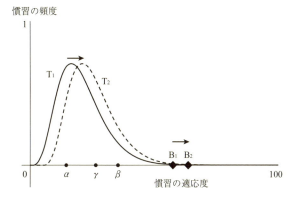

図 3.2 実線が T_1 世代の慣習の分布，破線が T_2 世代の慣習の分布を表している．x 軸が適応度，y 軸はそれぞれの適応度を持った慣習の頻度を表す．

言葉を用いており，文化それ自体の適応度を意味しているわけではない）ものから非適応的なものまでさまざまなものが分布している状態を考えてみよう（e.g., Henrich and Boyd 2002 ; Henrich et al. 2008 ; Gil-White 2004 ; Sterelny 2006a）．このとき，適応度を x 軸に取り，その値は 0 から 100 までの値を取るとする（y 軸は慣習の頻度を表し，値としては 0 から 1 を取るとしよう．図 3.2 参照）．まずは権威バイアスによって，T_2 世代の人々全員が T_1 世代で最も適応的な権威者の文化（B_1）を模倣しようとする．この過程では突然変異率も高く，なかなか模倣に成功しない可能性もある．しかし，T_2 世代の人々の中にも模倣にある程度成功する人がおり，さらには模倣のエラーや試行錯誤によって T_1 世代での成功者より適応的な文化（B_2）が誕生するかもしれない．この T_2 世代でも，模倣の失敗などのせいで，T_1 世代と同様に適応的な慣習からそうでない慣習まで，$0 \leq x \leq 100$ の範囲にさまざまな文化が見られるだろう．しかし，ここで重要なのは，前世代より適応的な文化 B_2 が誕生していることである．そして，T_2 世代の人々の中で最も適応的な文化 B_2 が，たとえば権威バイアスで T_3 世代の人々に模倣され，このプロセスでも前世代と同様のことが繰り返されていくとする．そうすれば，確かに模倣バイアスのおかげで文化の累積的進化は可能となる．このように，各世代における集団レベルでの頻度変化を考察するとい

う方法が，進化生物学における集団思考（第1章を参照）にのっとったものなのだと Boyd や Richerson は考えている（ここでの説明は，主に Gil-White (2004) や Henrich et al. (2008) に依拠している）．

上記の枠組みで注意してほしいのは，突然変異率の高さだけでなく，文化の累積的進化を考えるにあたってミームのような自己複製子を想定する必要がないという点である．もちろん，たとえば特定の慣習などをミームと捉えることは可能だが，累積的進化の説明に際して，それが単なる呼称以外の重要性を持つことはない．たとえば，ここで想定されている文化は融合するようなものであってもかまわない．先述した慣習の場合，模倣の過程において，より適応的な慣習（図中 β）にあまり適応的でない慣習（図中 α）の一部が融合してしまうような場合もあるだろう．たとえばある儀式の導入の一部が，別の儀式の終わりの方に融合してしまう場合などが考えられるかもしれない．しかし，この慣習は x のいずれかの値をとり，また一定の頻度を持って先の分布図のどこかに位置づけられるだけで（たとえば図中 γ のような位置），融合するからといってそれが上述の枠組みそのものに問題を突きつけるわけではない．こうして，二重継承説はミーム論の呪縛から逃れられたことになり，たとえ融合するような文化であっても，先述した枠組みは十分有効であることがわかる（e.g., Henrich et al. 2008）．

もちろんここで，文化進化の際に明確な世代分割が可能なのかどうかという疑問が生じるかもしれない．実際筆者とすぐ上の世代，あるいはさらに上の世代ですら，同じ世代のパソコンを現在使用している．だが，これは一種の避けがたい理想化であり，通常の生物進化でも明確な世代分割が不可能なケースは少なくなく（たとえば，哺乳類の多くはそうであろう），多かれ少なかれ理想化が行なわれていることに注意されたい（e.g., Godfrey-Smith 2009, pp. 23-24）．もちろん，生物学では世代が重複する場合のモデルも構築されているが（e.g., Charlesworth 1970, 1972a, 1972b, 1972c, 1973, 1974），多くの場合では世代が分割されるものとして考察が進められている．

また上記のシナリオには，おそらく個体群サイズも一定以上のものが想定されている．というのも，ある程度の個体数がいなければ，こうした累積的進化

が不可能になるという議論がなされているからだ．Henrich（2004）ではタスマニアにおける高度な文化の損失が，こうした観点から見事に説明されている．タスマニア島は1万2千〜1万年前頃の海面上昇のせいで，オーストラリア本島から切り離され，その結果，本島との交流が途絶え，個体群サイズが減少してしまった．この個体群サイズの減少により，たとえば個体群サイズが大きいときよりも模倣の失敗や技術保有者の死などが大きな影響を与えるようになってしまい，最終的に世代間での文化継承が難しくなって高度な技術が失われていったという．もちろん Henrich（2004）の議論には異論がないわけではないが（e.g., Read 2006 ; Henrich 2006），さまざまな論者によって，文化継承における個体群サイズの重要性が指摘されてきている（e.g., Carruthers 2006 ; Powell et al. 2009）．たとえば，Kline and Boyd（2010）はオセアニアの10個の社会に関して，道具のタイプ数と個体群のサイズが正の相関関係にあることを示している．このように，累積的進化が生じるためには個体群サイズもかなり重要な役割を果たしており，上記のシナリオには，こうした個体群サイズも前提されていると考えてよいだろう．

　さらに，模倣による文化継承が可能になるためには，ある程度協力的な集団が必要になるかもしれない．Sterelny（2006b）によると，権威バイアスや同調バイアスの組み合わせだけでは新奇な文化の蓄積が説明できないという．というのも，すべての状況において，成功者の技術がそう簡単に模倣できるとは限らないからだ．非常に高度な技術と，それをめぐる競争が非常に激しいような状況を考えてみよう．たとえば，レストランの料理人であれば，彼らはお互いに旨い料理を作ろうと激しい競争を繰り広げている場合もあるだろう．さらに，彼らはもちろん完成された料理を人前に出すとはいえ，その調理プロセスを明らかにしようとしないことも考えられる（いわゆる「秘伝のレシピ」や「隠し味」といったものがそれに相当するだろう）．もし料理が非常に簡素なものであれば，完成された料理だけからでも，調理プロセスを推定し，同じ料理が模倣できるかもしれない．しかし，料理が非常に複雑で高度なものであった場合はどうなるだろうか．模倣が難しくなることは想像に難くない．これを狩猟や採集，あるいは道具の作成などに置き換えてみても，おおむね同じような議論が可能

だろう．警戒心の強い動物を狩る際の巧妙な技術を模倣する場合，あるいは採集できる場所がかなり限定され，地理の知識に長けたものでなければそこに辿り着けないような場合，または，狩猟・採集してもそれをどのように処理して食べればいいのかわからないような場合など（e.g., Sterelny 2012, 第1章での根菜の例なども参照），集団内で食べ物の量が限られており，食べ物をめぐる競争が起きていては，これらの知識に関する模倣・学習は困難になる．以上のように，模倣の対象となる技術が高度であったり，技術をめぐる競争があったりすると，模倣は必ずしも新奇かつ優れた突然変異を定着させるには十分な条件だとは言えないだろう．

　上記のような考察を踏まえ，新奇な技術が模倣によって蓄積されていくための隠された条件として，Sterelny（2006b）は集団内での協力的な情報共有を挙げている．たとえば，模倣が行なわれるにしても，模倣させる側の協力が無ければ上手く行なえない．料理人の弟子となり，料理人のそばにいられるようになって初めて，弟子は調理プロセスを観察できる．実際，第7章でも論じるように，狩猟採集文化では子どもを狩りに連れていったり，あるいはおもちゃの武器を与えたりして子どもに学習機会を与える形での教育が，かなり一般的に行なわれている（e.g., MacDonald 2007 ; Sterelny 2012）．このように，競争関係が緩和され，ある程度の協力関係が構築されていなければ，特に高度な文化の忠実な模倣は困難であるというのである．

　また，二重継承説では，こうした累積的進化を可能にする背景としての，模倣バイアスの進化にも説明が与えられている．たとえば，こうしたバイアスに基づけば，非適応的な行為の学習も可能になってしまうが，それはどのように説明できるだろうか．有名な例として次のようなものが考えられる．ニューギニア島のフォア族に見られた食人慣習が引き起こすクールーという病気は，クロイツフェルト・ヤコブ病と同様の症状をもたらすため，ほぼ確実に死に至る病である．もちろん，クールーの場合は致死的な効果をもたらすため，このような慣習が広まってしまった集団は数を減らして最終的には絶滅してしまうことになりかねない（実際フォア族の人口はクールーのせいでかなり減少した）．しかし，こういった非適応的な慣習でさえも，権威者がいったん始めてしまえば

権威バイアスによって多くの人が模倣してしまうだろうし，何らかの理由で多くの人が従うようになれば同調バイアスによって広まってしまうだろう．BoydとRichersonによると，不安定かつ今後の予測が難しいような環境であれば，たとえ非適応的行為を生みだしかねないとしても，自分だけの力で試行錯誤しながら学習していくよりはこのような模倣による学習の方が適応的であったという．というのも，たとえば多くの者が採用している行為は適応的である可能性が（そうでない行為に比べて）大きいからである．非適応的な行為は，採用されても行為者の適応度を減じ，行為そのものの数を減らしていき，その行為を採用している人間が多数派であるのは比較的限られた時間でしかないだろう．そして，180万年前から1万年辺りまで続く更新世の間などは，まさにこのような変動の激しい環境であった．ゆえに，われわれに備わっているこのような模倣バイアスは更新世の環境において（概ね）適応的な行動を生みだしえたのであり，適応形質として獲得されたというのである（Boyd and Richerson 1989 ; Richerson and Boyd 2005）．

　もちろん，上記の議論は環境の不安定さの程度に依存する．ある世代で得られた情報がその後数世代にわたって十分に適応的なものであれば，模倣バイアスにしたがって多数派や権威者を模倣することで適応的な行為を獲得できるだろう．しかし，問題は環境が数世代で大きく変わってしまい，前数世代の情報が後の世代で有効に機能しないような場合である．こうした場合，やはり個人の試行錯誤の方が模倣よりも適応的であることも考えられるし，さらには個人学習と模倣の両者が一定の割合で維持されることも考えられる．Kameda and Nakanishi（2002）では，シミュレーションと実験から上記の可能性が上手く示されている．

　最後に，二重継承説の枠組みにしたがった累積的な文化進化に関する議論を，Lewontinの三条件に基づいて振り返っておけば次のようになる．おそらくは模倣の際のエラーや個人の試行錯誤などといった要因によって，文化は高い変異率を持っている．こうした高い突然変異率は累積的進化にとって大きな問題となるが，同調バイアスによって集団内変異はある程度減じられるし，また権威バイアスなどとの組み合わせにより，集団レベルで見たときには，選択が生

じるのに十分なほどに遺伝可能性が保証されている (e.g., Henrich et al. 2008). 最後に, 権威者や多数派 (あるいは, 次節以降でも論じるように, より信頼できると判断された情報提供者) の文化が, 他の文化よりも文化適応度 (すなわち文化の生き残る確率) が高いと考えられる. それゆえ, 選択が生じるための三条件がそろうこととなり, 文化においても選択による累積的進化が生じる, というわけである.

　もちろん, 文化の変異を生み出すメカニズムも考察の対象になりうるだろうが, 少なくとも, ここまで論じてきたような文化の変異可能性は多くの人が同意するだろうし (多様な文化とその背後にある創造性などを否定する人はおそらくいないだろう. Rogers 2003 なども参照), 遺伝可能性についても, 世代間学習などを考えればそれほど問題なく受け容れられるだろう. 遺伝可能性についてはどの程度のものが維持できるかが問題になるわけだが, それはここまですでに論じた. 変異についてはさらに, 文化の場合は遺伝子の変異のように, ランダムに生じるとは限らない. しかし, 変異がランダムでなく, 何らかの形で方向付けられていたとしても, 上記の枠組みにとっては特に問題にならない. Lewontin などが想定している選択の枠組みにとって重要なのは, 変異が存在するか否かだけである (e.g., Henrich et al. 2008). それを生み出すメカニズムには何の言及もないことに注意されたい. 最後に残された問題は, 文化の適応度をどう考えればよいか, すなわち, どういう基準で文化の生き残りやすさを定式化すればよいかだろう (e.g., Henrich et al. 2008 ; Sober 2000). 本章では文化のおかれた文脈 (すなわち, その文化を保有している相手など) が文化の適応度, すなわち文化が生き残る確率に影響を与えることを論じたが, 第4章では文化の内容もまた, 適応度に影響を与えることを論じる. その際に, 文化の適応度に関して再度確認しよう.

　ではこうした二重継承説は, 具体的にどのような形で人間行動の進化を説明するのだろうか. まずは, 先述した利他的な罰の進化が良い例だろう. これは, 最初は学習された形質として登場した利他的な罰が, 集団選択によって遺伝的に固定されて進化したものだと考えられている (詳しくは第6章の議論も参照のこと).

もっと文化だけに対象を絞ったものとしては，以下のような研究が挙げられるだろう．たとえば，Bettinger and Eerkens (1999) ではアメリカの異なる場所から出土した矢じりの底幅と重さの相関に注目し，考古学的な出土物からその背後に作用したプロセスを探っている．具体的には，ネバダ州から出土した各矢じりの底幅と重さが高い正の相関にあったことから，これらの矢じりには何らかのプロトタイプが存在し，それを模倣した結果，底幅と重さの間に相関が見られたのではないかという推測を行なっている．他方，東カリフォルニアから出土したものはあまり相関しておらず，これらの矢じりには特にプロトタイプが存在せず，各自が比較的独自に作成したものであろうと Bettinger と Eerkens は考察している．ネバダ州で矢じりが模倣されていく背後には，二重継承説で想定されているような模倣バイアスが作用したのではないかと彼らは考えている．

Henrich and Henrich (2010) ではフィジーにおける魚に関するタブーの継承が検証されている．フィジーのある島では特定の魚を妊娠期や授乳期に食べることが禁じられているのだが，彼らが調べた結果によれば，実際に食べることが禁じられている魚はシガテラ中毒（これは時に命の危険を引き起こしかねない中毒である）を引き起こすような毒を多く持っている魚であり，なおかつこのタブーは個人が経験から学習したものではなく，親や地域で権威があると思われている人間から学習されたものであるという．このように，フィジーにおける魚のタブーという適応的な文化的規範は，二重継承説で想定されていたような権威バイアスによって学習される例となっている．

最後に，Cochrane (2009a, 2009b) ではフィジーで出土した土器の破片の厚さに注目し，その背後にあった進化プロセスを考察している．Cochrane によると，破片の厚さの平均値は 2700～2300 年前までと 550 年前以降は増加し，2300～550 年前の間は減少している．Cochrane は，先の模倣バイアスに基づいて，これらの変化の説明を試みている．まず，彼によれば，同調バイアスはわれわれにとって適応的な文化の頻度を上げることが可能である．たとえば，便利な道具はわれわれの生活をより潤滑にし，われわれの適応度を上げてくれるだろう．そういった道具は，そうでない道具よりも集団内で広まりやすくなる

だろうし，一旦便利な道具が広まっていければ，同調バイアスが作用して，さらにそのような道具は広まっていく可能性もある．2300～550年前において土器の厚さの平均値が減少したことは，こういった同調バイアスの作用によって説明が可能だとCochraneは考えている．薄い土器は熱によって壊れる可能性が厚い土器よりも低く，繰り返し使用する場合などには前者がより便利であり，われわれの適応度を高めてくれる．したがって，土器の薄さが2300～550年前まで一貫して減少していったのは，同調バイアスが作用して多くの人が薄い土器を用いるようになった結果だというのである．これはまだ仮説に過ぎないが，人骨などから当時の食生活を推測することによってある程度の検証は可能であろう．

2 二重継承説の検討（1）：模倣バイアスの進化

　ここまで二重継承説の基本的な構造，その背後にある前提，そしてその具体的な考察の例を取り上げ，そのもっともらしさを確認してきた．本節以降では，この二重継承説について，いくつかの観点から検討を行なっていく．まずは，二重継承説の基礎の一つとなっている模倣バイアスの進化について検討し，次に，二重継承説において前提されている模倣バイアスが，信頼性バイアスという，より一般的な枠組みの一部として理解できる可能性を指摘する．それにより，二重継承説の枠組みが，かなり限定的なシナリオに即したものであり，そしてさらに拡張可能であることが示唆されるだろう．
　先述したように，われわれには確かに一定の模倣バイアスが備わっており，それを基本にして，二重継承説では（たとえ文化の突然変異率が高くとも）文化において累積的進化が可能であると考えられている．RichersonやBoydはこうした模倣バイアスが，ヒトの系統において更新世に進化したと考えている（e. g., Richerson and Boyd 2005, pp. 131-139）．しかし，近年のさまざまな動物の実験からすると，それは誤りであるかもしれない．たとえばWhitenらの実験（Whiten et al. 2005）では次のような結果が得られている．この実験では二つの

チンパンジーのグループに餌の入った同じ道具が与えられる．次に，それぞれのグループで地位の高いメスが異なるやり方で（障害物を押して餌を押し出すか，あるいはその障害物を上に持ち上げて餌を前に転がすかして）餌を取り出し，その様子を他のメンバーが見ている．すると，多くの個体がこのメス個体の方法を模倣し（この模倣パターンはしばらく時間がたった後でも大きな変化がなかった），結果的に二つのグループで異なったやり方が広まったのである．Whiten らはこの結果を同調バイアスによるものだと説明しているが，地位の高いメスから学んだということなので，おそらく正確には，権威バイアスによる模倣と考えられるだろう（e.g., Kendal et al. 2015）．ただ，Haun et al. (2012) のように，チンパンジーにも同調バイアスが見られるという報告もある．また，同様の結果は上記の実験に限らず，たとえばより直接的に権威バイアスの影響を示した研究（Horner et al. 2010），ノドジロオマキザル（Perry 2009），フサオマキザル（Dindo et al. 2010）などにおける同調バイアス，さらにはグッピーにおける同調バイアスの可能性を示唆する研究（Day et al. 2001）などまである．もちろん，ヒト以外の霊長類で模倣が見られず，いわゆる目的模倣（emulation）までしか見られないという指摘もあるが（e.g., Tomasello 1999, 2008），上記の実験を踏まえるならば，少なくとも模倣バイアスが人間だけに見られるものではない可能性がある．

　上記の見解が正しいとすれば，模倣バイアスの進化には少なくとも次の可能性が考えられる．すなわち，(1) ヒトやチンパンジー，オマキザルなどの各系統でそれぞれ独立に進化した，あるいは (2) 少なくともこうした霊長目系統で見られる模倣バイアスは共通の起源を持つ，という二つである．Haun et al. (2012) で示されているように，オランウータンでは同調バイアスが観察できないなどの報告もあり，現時点では確たることが言えないものの，これだけさまざまな異種で同じ形質が見られるとすれば，やはり (2) の可能性の方が高いと言わざるを得ない．というのも，現状では (1) のシナリオで想定されている進化的変化よりは (2) における進化的変化の数の方がかなり少ないからである．だとすれば，ヒトの模倣バイアスが更新世で進化しただろうという Richerson と Boyd の想定は誤りかもしれない．

もちろん，模倣バイアスの進化が更新世よりはるか昔であったとしても，この学習メカニズムが備わっていたおかげで，変動の激しい更新世を生き延びられたのかもしれない．だとすれば，変動の激しい環境では進化心理学が想定するような多数の心的適応形質が進化しなかったはずだ，という主張そのものに，上記の議論は大きな影響をもたらさないだろう（ただし，この議論に対しては別角度から批判を試みた．第1章を参照）．

　とはいえ，上記議論が正しければ，模倣バイアスの進化については，更新世以外の理由を考えなければならない．では，模倣バイアスの進化について，どのような可能性が考えられるだろうか．たとえば，何らかの形でグループのリーダーに付随して行動する，という程度の追従行動であれば，ゾウやカラスといった脊椎動物，あるいはハチやアリなどの無脊椎動物などにも十分見られる (e.g., Conradt and Roper 2005 ; King et al. 2009 ; McComb et al. 2011)．これらの動物では，一部の個体がより餌や水の豊富な場所へ移動し，他の個体がその個体に追従していく，というような行動が観察されている．もちろん，こうしたリーダーへの追従行動はさまざまな点で異なっているため，両者を直結して考えることはできない．実際，追従行動は厳密には模倣とも異なっているし，先のケースでどの個体がリーダー，すなわち模倣相手と見なされているのかは権威バイアスなどと（そしてケースによって）若干異なっている上（たとえばハネビロノスリやゾウの場合，老年個体がリーダーになりうるようだ），ハチやアリはかなり特殊な社会性を備えている (e.g., Hölldobler and Wilson 2008)．しかし，情報源として一部の個体により大きな信頼が置かれているという点では最低限共通しており，そこに模倣能力が加われば，模倣バイアスによる模倣行動に近いものが得られるだろう．このような議論が正しければ，模倣バイアスによる模倣行動を，集団生活に伴うより一般的形質として考察しなおすことができるかもしれない[1]．

---

1) ヒト以外の動物における同調バイアス研究への反論もある．van Leeuwen and Haun (2013)，van Leeuwen et al. (2013) を参照．

3 二重継承説の検討（2）：信頼性判断研究による拡張

　実際，第7章で紹介するChudek et al. (2012)でも示唆されているように，模倣バイアスは，より一般的な信頼性バイアスの一部をなすものとして捉えられる可能性がある．本節ではこの可能性を検討しながら，これまで二重継承説で主に展開されてきた主張が若干限定的なシナリオに焦点を合わせすぎてきたことを指摘し，さらにその拡張を試みる．

　これまで，特に発達心理学では，幼児がさまざまな手がかりを利用しながら，どの情報源がより信頼できるものなのかどうかを判断するということが明らかにされてきている．本節ではまず，（信頼性判断の研究はたかだか10年ほどの間に100かそれ以上の研究が出版されており，そのすべてを見ていくわけにはいかないので）それらの実験をいくつか概観しながら，幼児たちがどのような信頼性・学習バイアスを備えているのかを確認する．その上で，二重継承説で強調されてきた二つの模倣バイアスがさまざまな信頼性・学習バイアスの一つとして捉えられること，またこうしたさまざまな信頼性・学習バイアスの存在が，進化心理学の主張を裏付けることの可能性を論じる．

　まず，Birch et al. (2010)の実験では，観察する対象となる実験者が，自信を持って行為しているかどうかに学習者である幼児たちがかなり敏感であることが示されている．この実験では，16人ずつの2歳児と3歳児が新奇な物体を操作する実験者を観察する．たとえば，第7章でも説明するような，手でなく頭でライトのスイッチに触れるといった動作である（e.g., Gergely et al. 2002）．この動作について詳しくは第7章で確認するが，実験者は手を使えるにもかかわらず，目の前のスイッチにわざわざ頭で触れて，ライトをつけようとする．Birchらの実験 (1) では，実験者が次のような2通りの仕草（ただし，声は出さない）を見せながら，こうした操作を行なう．すなわち，いかにもこの操作に自信があるような仕草（たとえばあごを少し上げて体を反らすとか，腕を組んで操作に満足そうな表情を浮かべる，など）を見せるか，あるいは自信がないような仕草（たとえば困ったような表情や，顔を傾けたり操作にためらいを見せたり，な

ど）を見せるのである．こうした仕草を見せた後に物体をどう操作すべきか幼児たちに尋ねたところ，やはり幼児たちは，有意にチャンスレベル以上で，自信のある仕草を見せた実験者を模倣したのである．このように，幼児たちは模倣・学習しようとしている相手の自信のあるなしに対して，かなり敏感であることが示唆されている．

　次に，幼児たちの学習には，同集団のメンバーであるか否かも影響を与えるようだ．Kinzler et al. (2011) の実験ではまず，2 人の実験者がある物語を，23 人の 4 歳から 5 歳の，英語圏で生まれ育った幼児に話しかける．この際，実験者は 2 人とも英語を話すのだが，アクセントが少し異なったものになっている（1 人は普通の英語，もう 1 人はスペイン語訛りの英語）．その後，実験者が新奇な物体の操作を見せ，「どちらの実験者に物体の操作方法を聞きたいか？」と幼児たちに尋ねる．すると，幼児たちは有意にチャンスレベル以上で，普通のアクセントで話した実験者の行為を模倣するのである．これはもちろん，スペイン語訛りの英語が理解できなかったからではない．物語の内容を意味のないものに変えてみても（すなわち，普通の英語であれスペイン語訛りの英語であれ，話がまったく意味のわからない状態でも），普通の英語を話す実験者を信頼できる相手と見なすのである．こうした話者の言語の差異に基づく同集団バイアスの効果は，第 7 章でも触れるように，14 ヶ月児（Buttleman et al. 2013），さらには 12 ヶ月（Shutts et al. 2009）においても観察されており，発達のかなり早い段階から，幼児たちに備わっている信頼性・学習バイアスの一つだと考えられるだろう．

　最後に，幼児たちが否定的な情報よりも肯定的な情報をより信頼できるものとして学習しやすい，という実験を見ておこう．たとえば Boseovski（2012）では，3 歳から 7 歳までの 109 人の幼児を対象に，次のような実験を行なっている．まずこれらの幼児は，同じ主人公があまり良くないこと（たとえばもう 1 人の登場人物が作っている砂の城を壊す，など）をしている話か，あるいは良いこと（たとえば砂の城作りを手伝ってやる，など）をしている話を四つ，立て続けに聞く．その後，子ども（彼らと同じくらいの年齢だと聞かされる）と大人が 2 人登場し，先ほどの主人公に対して「良いやつ」「悪いやつ」と評価してい

る場面を見せられる．この際，幼児たちは，大人が不適切な評価をし（すなわち，良くないことをした主人公に対して「良いやつ」という評価を与える場合），子供が適切な評価をする場面，もしくはその逆の場面のいずれかを見ている．この段階で，幼児はこの大人と子供の信頼性を学習するのである．最後に，これまで見たことのない新しい主人公が登場し，それを先ほど登場した大人と子供が再び「良いやつ」「悪いやつ」と評価する．その評価を踏まえた上で，幼児たちは実際その新しく登場した主人公が良いやつなのか悪いやつなのかを判断させられる．これまでの実験では，情報提供者が大人であれ子供であれ，おおむねその情報の信頼性が変化しないことがわかっており（もちろん例外もあり，Rakoczy et al. 2010 などを参照），この実験でも，最初の評価場面で信頼できる判断を下したのが大人であるか子供であるかといった要因は，新しい主人公に対する幼児たちの最終的な判断に影響を与えていない．しかし，たとえ信頼できる相手の判断であっても，その人が否定的な評価を与えた場合より肯定的な評価を与えた場合の方が，有意にその評価を信頼できるものと判断している．このように，肯定的な情報より否定的な情報の方が受け容れにくいというバイアスが，幼児たちには備わっているようである（Boseovski and Lee 2008 なども参照）．

　ここまで取り上げてきた例では，幼児たちがかなり早い段階で学習相手の信頼性（すなわち，誰から学習すべきか）をある程度判断できていると報告されてきているが（Zmyj et al. 2010 なども参照），最後に取り上げた実験でもそうであったように，一般的に多くの信頼性判断はおおむね 3 歳か 4 歳以降に顕著となってくることが知られている（e.g., Clement et al. 2004 ; Harris and Corriveau 2011）．だとすれば，発達のより早い段階で見られないという意味では，こうした信頼性判断は生得的なものではないかもしれない．したがって，それが進化の段階で獲得されてきた適応形質であると言えないはずだ，というような指摘も考えられる．だが，配偶者選択の背後にある心理メカニズムのように，適切な年齢まではっきりと見られないような心的傾向性でも，適応形質として選択されることは十分に考えられる．さらに，さまざまな昆虫でも観察できるように，卵，幼虫，蛹，成体，といった生活史そのものが選択によって形成されてきた

適応形質であり（e.g., Stearns 1992），発達段階の最初から見られなければ適応形質ではない，といった議論はもちろん当てはまらないだろう．

また，もちろん多くの信頼性判断は何らかのバイアスに基づいたものというよりは，もっと一般的な統計的・帰納的学習プロセスの一つだと見なせるのも確かである．たとえば信頼性判断に関する多くの研究では，過去に確かな判断をした人間の行動をより信頼する，といった傾向性が明らかにされてきている（e.g., Corriveau and Harris 2009 ; Nurmsoo and Robinson 2009）．しかし，上記のような研究からは少なくとも，統計的学習の観点だけからは説明しにくいようなバイアスが作用していることが示唆されており，そうしたバイアスを支えるような心的モジュールの存在が想定できるだろう．

上記の議論が正しければ，同調・権威バイアスは信頼性・学習バイアスの一種として捉えることができる．すなわち，われわれが誰から学習するか，その選択にはさまざまなバイアスが影響を与えており，権威・同調バイアスもまた，その一つであると考えられる．実際，信頼性・学習バイアス研究の中で，権威・同調バイアスの研究に類似したものも行なわれており，そもそも両者はかなり親和性の高いものなのである．たとえば，Fusaro and Harris（2008）では，第 7 章で検討する Chudek et al.（2012）の実験と（Chudek らの実験よりも早く）かなり似た枠組みを用いている．Chudek らの実験では，幼児が権威バイアスを備えているか，すなわち傍観者の視線が実験者へ向けられていることで，幼児が実験者を模倣することにどのような影響があるのかを検証した実験だが，Fusaro and Harris（2008）においても，傍観者の反応が実験者の信頼性にどのような影響を与えるかが検証されている．さらに，同調バイアスについても，Corriveau et al.（2009）において同様な実験が行なわれている．この実験では 4 人の実験者が登場し，新奇な物体に名前を与える．3 人の実験者が同じ名前を与え，1 人だけが異なる名前を与えるのだが，3 歳から 4 歳の幼児は，やはり多数派である 3 人の実験者が与えた名前を有意に学習するのである．本節冒頭でも述べたが，このようにそもそも模倣バイアスと信頼性・学習バイアスはかなり共通性の高いものなのである．もちろん，こうした研究は二重継承説のモデルなどを意識したものではなく（実際，上記の研究においては，模倣バイアス

への言及がほぼ見られない），より一般的な信頼性バイアスの文脈で行なわれたものであることには注意されたい．

4 結　語

　二重継承説による文化の累積的進化のシナリオ自体は，かなりもっともらしいものであり，その可能性自体を否定するつもりはまったくない．二つの模倣バイアスの存在によって，突然変異率が高くとも，文化の累積的進化は十分可能だろう．とはいえ，二重継承説がこれまで焦点を合わせてきたシナリオは，若干限定的過ぎるものであった．実際，以上のように，模倣バイアスに基づく二重継承説の議論は，信頼性バイアスなどの研究によってさらに拡大が可能だろう．さらに，どこまで細かな信頼性バイアスが備わっているかはまだわからないとはいえ，こうしたバイアスの背後に心的モジュールが存在する可能性は十分に考えられるし，だとすれば，学習でさえもさまざまな心的モジュールの影響を受けるという意味で，進化心理学の主張がより支持される結果となる．もっと言えば，進化心理学で想定されている心的モジュール一般が，文化の累積的進化過程にさまざまな影響を与える可能性も十分に考えられるのである．実際，こうした心的モジュールのせいで，文化の累積的進化は不可能であると主張する進化心理学者もいるが（e.g., Sperber 1996），こうした可能性や反論については，第 4 章で検討する．そこでは，心的モジュールが累積的進化に与える影響を認めつつも，累積的進化の可能性そのものを否定してしまうようなものではないということを論じる．

ここで第Ⅰ部の議論を簡単にまとめ，その上で，「はじめに」でも触れた第Ⅱ部以降の目的を再度確認しておこう．ここまで，進化心理学，人間行動生態学，遺伝子と文化の二重継承説といった人間行動進化学の研究プログラムが，それぞれ十分に妥当なものであることを論じてきた．すなわち，進化心理学と人間行動生態学に関しては，その研究プログラムの原理的な可能性，また一部の仮説に関しては裏付けが得られつつあることなどを論じた．二重継承説については，一部の模倣バイアスを中心にした文化の累積的進化モデルの妥当性と有効性は認めつつも，模倣バイアス以外の心理メカニズムに注目することで，その考察対象をより拡張すべきだと論じた．

　こうした妥当性をもとに，ここでこれらの研究プログラムの統合を論じることも可能だろう（e.g., Laland and Brown 2011 ; Machery and Faucher 2005）．たとえば第2章でも論じたように，人間行動生態学の研究は，やはり心理メカニズムの考察と合わせて行なった方が，進化史に関してより直接的な主張が行なえるだろうし，また二重継承説でも，進化心理学で考察されているような心的モジュールの存在を（彼らが想定しているよりも）積極的に考察していく必要があるだろう．さらに，進化心理学においても，第4章で論じるように，二重継承説における文化の累積的進化モデルなど，他の研究プログラムでのモデルや知見を取り入れていくべきであると考えられる．したがって，これら三つの研究プログラムのモデルや知見が，最終的に統合されなければならないのはたしかである．

　とはいえ，（特に狩猟採集・半農耕環境における）人間の行動がどれほど最適化されているのか，またわれわれの心はどれほどのモジュールから構成されているのかなどといった点に関して，各研究プログラムは異なる想定を置いており，こうした点において対立が残っているのもたしかである．こうした対立はさらなる経験的な探究によって解決されるべき問題だろうし，研究プログラムという大きなレベルにおいて，現時点ではそれぞれの妥当性を確認しておけば十分だろう．

では，残された課題は今後の経験的探究にゆだねるとし，第II部以降ではもう少し別の角度から，人間行動進化（学）を考察する．すなわち，第I部での考察を念頭におきながら，より具体的な人間行動の進化の実例を検討してゆくことにする．第II部においては文化の進化，また第III部においては罰と教育の進化を取りあげる．第II部以降では，こうした人間行動の進化の実例に関するさまざまな経験的研究，仮説，さらには方法論を検討することが第一の目的となる．しかし他方で，こうした検討を通じ，第I部で検討した人間行動進化学における各研究プログラムのアプローチやモデルが，より具体的な文脈で，どのように機能するかを考察することが，第II部以降のもう一つの目的となる．

第 II 部
文化進化研究へのアプローチ

第4章

文化進化のプロセス研究

1 いくつかの準備

　第3章など，ここまでも部分的に文化進化研究を扱ってきたが，第II部ではより直接的に文化進化研究について考察しよう．具体的には，文化進化研究のさまざまな具体例を確認しながら，その大きな二つの軸，すなわち文化のプロセス研究（第4章）とパターン研究（第5章）の両者を検討する．第4章においてはまず，第I部で検討した人間行動進化学の研究プログラムが文化進化研究においてどのような関係にあるのかを考察する．さらに二つの節を通じて，現代進化生物学に基づきながら文化の歴史的変化を研究するという文化進化研究の方法が，どのように正当化できるかを示す．また第5章では，生物学で発展させられてきた系統学あるいは系統推定手法に関して，同様の認識論的・方法論的考察を行なう．

　具体的な内容へ入って行く前に，本節ではまず下準備を行なっておきたい．すなわち，そもそも文化進化研究とは何なのか，そして文化のプロセス研究とパターン研究の違いとは何か，最後に，第3章でもある程度触れた，文化進化研究に対する誤解である．これらの点を考察した後，具体的な研究を概観・検討していくことにする．

　なお，人間行動進化学の中で文化進化研究をとりわけ別の部を立てて取り上げる理由について，述べておいた方が良いだろう．まずこの章では第I部で論じた研究プログラムによって，文化の進化がどのように考察されるかを取り上げる．その意味では，本章の考察は第I部と同様，文化進化研究の妥当性その

ものを考察することになる．ただし，後述するように，文化は人間行動の一側面であり，特殊例の一つだと考えられる．したがって，第I部よりは具体的な対象を考察するものでもあり，第I部ほどに一般的な研究プログラムの考察ではない．また，第5章では文化系統学という，第I部では論じなかった，文化進化研究特有の研究プログラムについても論じる．以上が，文化進化研究を人間行動進化学一般の考察から切り離して，一つのまとまりとして考察する理由である．

1.1 文化進化研究とは何か

「文化進化研究とは何か」を考えるにあたって第一に取り上げるべきは，「文化」の定義である．文化に一様な定義を与えることは非常に困難なのだが（e.g., Ramsey 2013），ここでは Richerson and Boyd (2005, p. 5) の定義を援用し，「『文化とは，教育，模倣，そして社会的伝達のその他の形態を通じ，同種の他個体から獲得され，個人の行動に影響を与えうる情報』で構成される行動・人工物など」と定義しておこう．この定義を採用する理由は，やはり文化進化研究で対象となる「文化」がこうした模倣や教育といった社会的学習[1]を通じて獲得されたものであることが多いからである．

他方，社会的学習でなく，たとえば個々の個人的学習によって同じ行動・習慣が集団に広まった場合，それは伝統（tradition）[2]などと呼ばれることがある（e.g., Laland and Janik 2006）．たとえば，1940年代のイギリスでシジュウカラなどの鳥に広まったミルク缶のふた開け（Jablonka and Lamb 2005）などはこの伝統の良い例である．この時期，イギリスの家庭では家の前に置いておいた缶にミルクを配達してもらっていたが，いつの頃からかシジュウカラなどの鳥がこ

---

[1] これは第2章での社会的学習とは異なるものなので，注意されたい．同集団の他者からの学習，という程度の意味である．
[2] ここでの伝統は，もちろん日常的な意味での伝統とは異なった意味で用いられている．あくまで，社会的学習で伝達される文化と対比されるものとして，この言葉は使用されている．

の缶のふたを開けるようになってしまった．このふた空け行動は，個々の個体がミルク缶を餌の入った入れ物だと認識して広まったもので，別個体の空け方を模倣したわけではない．したがって，先の定義に従えば，この行動は（模倣によって他個体から獲得されたわけではないので）文化ではなく「伝統」であると言える．こうした文化・伝統の区別は，特に動物に見られるさまざまな慣習的行動を文化と呼ぶべきか否かという論争と関わっているが (e.g., Laland and Galef 2009)，本書の目的とは直接関わらないので，ここではこの問題にこれ以上深く立ち入らないでおく．

次に触れておかねばならないのが，進化のプロセス研究とパターン研究の違いである．進化のプロセス研究とは，ごく簡単に言えば特定の形質や行動が進化した選択圧を考察するものである．ガラパゴス諸島に棲むフィンチの嘴がなぜああも多様に進化したのかは，乾期と雨期で得られる種子のサイズが異なることが理由だろう (Grant and Grant 2007)．他方，パターン研究とは生物界に見られる何らかの秩序関係を考察するもので，次章で扱うような歴史的系統関係，あるいは地理的な分布関係などが考察の対象となる．

進化研究は大きく分けてこのプロセス研究とパターン研究があり，両者は決して独立したものではないが，別々に考察されることも少なくない．たとえば分子系統樹の作成では，何らかの最適化基準（詳しくは次章を参照）に基づいて，分子情報から系統樹を再構成しようとする (e.g., Felsenstein 2003) が，この再構成自体に進化プロセスの考察はほとんど含まれない[3]．また，プロセス研究も同様に，パターン研究と独立になされることがある．たとえば，ゴンベに棲むチンパンジーで食物共有が観察できるのはどうしてだろうか．一部の研究によれば，それは他個体からの要求を断ってその個体から攻撃を受けてしまうより，多少分けてやって何も攻撃されない方が適応的であるからだという (e.g., Gilby 2006)．ここでは，チンパンジーという種のみに焦点を合わせているため，進化パターンに関する言及がなされることはない．

---

3) もちろん分子の置換速度や，あるいは進化的変化は非常に起こりにくい，などといった進化プロセスに関する前提を置いた上での再構成は行なわれている．

もちろん，両者が合わせて考察されることもある．その良い例が，第5章で紹介する Mace and Pagel (1994) の研究などである．そこでは，使用言語を用いて異集団の系統関係を再構成し，その上で一部の集団で行なわれているラクダの遊牧が果たして環境に対する適応なのかどうかを検討している．他にもたとえば，Currie et al. (2009, 2012) の研究では，オセアニアの諸民族に関して，まずは言語に基づいて系統関係を復元し，その系統樹の上に各民族の政治形態（たとえば首長制を取るのか否か，など）をマッピングし，政治形態がどのように進化してきたのかを考察している．これらの研究で採用されている手法は系統比較法 (phylogenetic comparative method, e.g., Harvey and Pagel 1991) と呼ばれることもあるが，系統比較法には独立して行なわれるプロセス研究・パターン研究にない利点もあり（詳細は第5章2.1項を参照），可能であればもちろん両者は同時に考察されるべきものである．

　最後に，文化進化研究と第I部で扱ってきたような人間行動進化学との関係について簡単に触れておこう（より詳しくは第2節を参照）．先述の定義による文化は人間行動の一側面であり，人間行動進化学は文化以外のものも対象とする．そうした対象の典型が進化心理学における適応形質としての心的モジュールであり，また二重継承説などで対象となりうる模倣バイアスなどである．他方，後述するように人間行動生態学で扱われているような狩猟採集・半農耕民におけるさまざまな行動は，それ自体が文化と見なされることも少なくない．たとえば第2章でも検討したトレス海峡でのカメ狩りなどは，一般的な意味での（すなわち，特定の集団に見られる慣習的行動としての）「文化」として定着しているだろうし，こうした慣習的行動を構成する情報は他個体へ影響を与え，また社会的に伝達される場合も考えられる．また，第5章で触れるような考古学的発掘物に関しても，その造形情報などはさまざまな経路を経て他個体へ影響を与え，学習されていっただろう．このように，文化は人間行動の一側面であり，文化進化研究とは人間行動進化学の一部であると言える．

　上記のような準備を踏まえた上で，「文化進化研究とは何か」という問いに答えるならば，次のようになるだろう．すなわち，何らかのメカニズムに基づく社会的学習・伝達によってどうして特定の文化が（世代間あるいは世代内で）

継承され，広まっていったのかを考察したり，あるいは類似した文化の分布がどのような類縁関係か（すなわち，どの文化とどの文化が同じ祖先を共有するのか，しないのか，など）を明らかにしたりすることが，文化進化研究である．ここで対象とされる文化はまた，人間行動の一部でもあり，その意味で文化進化研究は人間行動進化学に包含される．さらに，こうした考察において，進化生物学の手法・知見が援用できる場合も少なくない．この第II部では，そうした例を概観しながら，文化進化研究の方法論の妥当性を検討していく．

1.2 文化進化研究に対するいくつかの誤解

次の準備として，文化進化研究に対するいくつかの誤解を取り除いておく必要があるだろう．第一に社会進化論，あるいは近年の文化進化研究以前に，文化や人間の歴史に進化的な考察を行なおうとした（主に人類学的）研究との関係である．ここでは，非常に大雑把ではあるがこうした研究を「社会進化論的研究」と総称しておく．第二に，文化進化研究が他の研究分野へもたらす影響である．また，第2節以降で触れる近年の文化進化研究はミーム論に依拠したものではないので，ミーム論が抱える問題点や妥当性については論じない[4]．もちろん，ミーム論と共通する部分もあり，それについては妥当性を後ほど論じるが，基本的な違いについてはすでに第3章でも論じたので，そちらを参照されたい．

---

4) ミーム論がどうして振り返られなくなってしまったのかについてはさまざまな理由が考えられる．第一に，第3章などで論じた文化進化研究全般に関する問題である．第二に，ミーム論研究の中では，定量的な考察がほとんど行なわれなくなったという点が考えられる (e.g., Mameli 2005)．こうした問題のせいで，ミーム論にはかなり悪いイメージが付きまとってしまい，多くの人がミームという言葉自体を避けるようになった．たとえば Richerson and Boyd (2005) では当初，ミームという言葉を使用しようと考えていたが，やはりミーム論に付きまとう悪いイメージのため，使用を断念したという (Runciman 2009)．

1.2.1 社会進化論的研究と文化進化研究

社会進化論的研究と，現在の文化進化研究の違いはもちろんいくつもあるのだが，第一に挙げられるのは文化進化研究が文化の進歩（progress）を含意しないという点である．従来の社会進化論的研究では，やはり進化と進歩をほぼ同一視していたり，あるいは進化と進歩について何らかの関係を見いだそうとしたりする試みが非常に多かった．しかし，進化と進歩はやはり基本的には独立に考えられるべきものだろう．たとえば，以下は進化生物学に少しでも馴染みのある人からすれば非常に初歩的な話になってしまうが，進化の結果，絶滅するような種もいれば文化もある．進化研究が目的とするのは，生物や文化がいかなる理由でどのように変化し，継承されてきたのか，その歴史を明らかにすることである．もちろん，生態学の研究では個体群の今後の動態予測なども行なわれるが（e.g., Beissinger and McCullough 2002），この動態予測では個体群の進歩を予測するわけではなく，どういう条件のもとで個体群がどれだけ存続しうるのか，絶滅しかねないか，といった考察がなされる．また，進化生物学と関連させて進化と進歩の関係を考察することも可能かもしれないが（e.g., Dawkins 1992），進化生物学の中で，現在そうした試みはかなり少数派であり，近年の文化進化研究でも進歩そのものはほとんど考察の対象になっていないことに注意されたい．

第二に，独自性である．多くの社会進化論的研究においては，結果的に進化生物学と類似の枠組みが提案されることはあっても，やはり進化生物学の主張とは異なる要素が強く主張されている．たとえばSteward（1955）によると，19世紀の文化進化論では，どの文化も同じ順序で同じ方向に進化し，すべての文化がその順序のどこかの段階に位置づけられるとされていた．狩猟採集文化は，産業化された文化に至る進化の中途段階なのかもしれない．こうした単系進化（unilinear evolution）の考えに対し，Stewardは多系進化（multilinear evolution）という概念を提唱した．彼によれば，環境などに応じて異なる文化は異なる方向へ進化するという．すなわち，狩猟採集文化も産業化された文化の前段階とは限らない．こうした考え方は進化生物学と多少似通っている部分があり（たとえば多系進化の考えは収斂進化の考えに似ていなくもない），さらに従来

の社会進化論的研究でも進化生物学を無視するどころかかなり参照していることは確かである．しかし，単系・多系進化といった概念や，Sahlins and Service (1960) による特殊 (specific)・一般 (general) 進化といった概念，さらには文化進化と熱力学的エネルギーとの関係の強調など，やはり従来の社会進化論的研究は，進化生物学とは異なる独自の内容が強調される傾向が強く見られる (e.g., Bernerd 2000 ; Garbarino 1977) [5]．

　他方，現在主流の文化進化研究は，独自の要素を強調するというよりは，現在の進化生物学の知見や方法論を基礎に出発している．たとえば第3章で紹介した二重継承説の基礎には集団遺伝学や数理生物学があるし（二重継承説の基礎を構築した一人である Peter Richerson は，そもそも群集生態学から出発している），第2章で検討した人間行動生態学はさまざまな最適化モデルを基礎としている．また後述するように，文化進化研究においても第I部において検討した，上述の人間行動進化学の研究プログラムが一定の影響力を持っており，いくつかの研究はそれらを中心にしながら進められている．第5章で紹介するような文化系統学においては，進化生物学で発展させられた系統推定手法を援用している．現在では完全に下火になったとはいえ，ミーム論でさえ，Dawkins の進化観から出発した枠組みである．このように，従来の社会進化論的研究とは異なり，現在の文化進化研究はかなり忠実に，進化生物学のモデルや見解を基礎に置いたものだと言えるだろう．

　もちろんある程度の違いはあり，それは生物と文化という対象の違いに由来している．たとえば二重継承説は集団思考という進化生物学の考え方を採用しつつも，遺伝メカニズムに基づくモデルを構築していたわけではない．とはいえ，その違いは文化進化研究を不可能にしてしまうほどのものではなく，たと

---

5) こうした人類学における文化進化論の考え方については，松森 (2013)，あるいは松森氏や京都大学の南波孝次氏との議論から色々な示唆を得た．感謝したい．また特殊進化とは，通常の進化生物学などで研究対象とされる，別々の生物種における個別形質の進化を指している．それに対し，一般進化とはそうした個別形質・生物の進化ではなく，低次の形態が高次の形態へと進化し，エネルギー効率が改善されていくというより抽象的な変化を指している．

えば集団思考の有効性は第3章で論じたし，またその他の方法論の有効性については，本章と次章で論じる．

1.2.2 文化進化研究は他分野を生物学に統合するのか？

　前項まで，過去の社会進化論的研究とは異なり，現在の文化進化研究が基本的に現代の進化生物学を基礎としていることを論じてきたが，ここで次のような疑問が生じるかもしれない．文化進化研究が進化生物学を基礎としているなら，文化（の歴史）を対象とする人文学・社会科学が進化生物学を基礎とすることになってしまうのではないだろうか．だとすれば，人文学・社会科学の自律性が失われてしまうのではないだろうか．たとえば，Wilson (1998) が次のように述べるとき，彼はそのような図式を想定しているのかもしれない．

> もし世界が現実に，知の統合をうながすように働けば，文化の活動は究極的に，科学（自然科学）と人文学（とくに創造芸術）のなかに組み込まれると私は考える……社会科学の諸分野は，それぞれの中で既に始まっている憎しみに満ちた分裂を進行させて，一部は生物学に組み込まれるか，あるいは生物学と一続きのものとなり，残りは人文学と融合するだろう．諸分野は存続するが，かたちは根本的に替わる．その過程で人文学は，哲学も歴史学も，道徳論も比較宗教学も，芸術の解釈も，しだいに科学に近づいて一部は科学と融合するだろう．（Wilson 1998, p. 12, 邦訳 pp. 17-18）

ここで「一部は生物学に組み込まれる」という表現で果たしてどこまでの内容を想定しているのかはっきりしないが，上記の引用からは，文化進化研究のように生物学からの知見を援用することで，社会科学や人文学が自然科学に吸収されるか，あるいは芸術として存続するかの可能性しか残されていないように見える．それはすなわち，特に学術としての社会科学・人文学の自律性を失わせるものだと解釈できるかもしれない．実際，Sahlins (1976) なども，（上記の引用よりもさらに直接的に）社会科学・人文学が進化生物学に組み込まれてしまうだろうと述べた Wilson (1975) に対して，同様の懸念を表明している．
　だが，文化進化研究によって社会科学や人文学の自律性が脅かされてしま

可能性はそれほど高くないだろう．たとえばこれまで何度も指摘されてきたことだが，自然選択の条件として提示された変異・適応度の差異・遺伝といった条件は，生物学的内容を含んでいない．たとえば Dennett は次のように述べている．

> 注目すべきなのは，［自然選択による進化の］この定義が，生物学から引き出されたものであるのに，有機分子についても，栄養についても，また生命そのものについてさえ，特に何も語っていないという点である．（Dennett 1995, p. 343, 邦訳 p. 454）

そもそも，これは Dennett のオリジナルな見解ではなく，さらに以前よりたびたび指摘されてきたことである．たとえば，生物学の哲学においては，1980年代から，選択の三条件が生物学特有の法則であるかどうかの議論がなされてきた．現在でも，選択の条件に関しては生物学的内容を持たないという見解の方が一般的だろう（例外としては Brandon 1990 などを参照）．このように，たとえ進化生物学における選択の三条件，そしてこの三条件に基礎を持つ集団遺伝学的なモデルなどを援用したとしても，それは社会科学や人文学が生物学に組み込まれたことにはならないし，ましてや文化進化研究が生物学決定論でないことも明らかだろう．

　第5章で扱う系統学も同様である．詳細は次章で論じるが，系統学はコード化されたデータを，必ずしも生物学的内容を持たない最適化基準によって処理している．その意味においては，系統学における推定方法もまた，生物学的内容を持ったものではなく，系統学を用いて文化の過去を復元したからといって，必ずしも社会科学や人文学が生物学に組み込まれ，自律性を失ってしまうわけではないのである．

　もちろん文化進化研究では，後述するような生物進化のプロセスによって継承されてきた心的メカニズムが文化進化において重要な役割を果たすことを認めている．しかしだからといって，第3章でも示したように，世代間学習の役割を否定するわけでもない．さらに，もし学習の重要性が認められたとしても，上述のような見方においては，結局文化が遺伝子によって規定されてしまって

いるではないか，という指摘も考えられるかもしれない．しかし，現在の文化進化研究や人間行動進化学一般においては，たとえば第3章などで論じた利他的な罰のように，文化が生物進化に何らかの影響を与える可能性も十分認められているし，こうした可能性は言語と協力行動の進化に関しても指摘されつつある (e.g., Sugiura and Arita 2010)．こうした言語と協力行動の関係に関する最も良い例としては，間接的互恵性 (indirect reciprocity) を挙げることができるかもしれない．間接的互恵性とは，直接相互作用していない相手に関して，相手が良い評判を持っていれば協力し，そうでなければ協力しない，といった相互作用のあり方を指している（第6章で触れる Seinen and Schram (2006) の実験は，まさにこの間接的互恵性が人間集団で実際に機能しうることを示したものである）．この間接的互恵性が進化するには，言語のような正確な評判伝達システムが必要であると考えられているが (e.g., Ohtsuki and Iwasa 2006)，これは言語という（ある程度は遺伝的なメカニズムによって実現されているかもしれないが）文化的構築物によって，新たな協力システムが可能になった例である．このように，文化進化研究のみならず，人間行動進化学全般において，文化の役割を遺伝子や生物学に還元しようとする，あるいは文化が遺伝子や生物進化によって規定されていると主張しようとする意図も議論も，現在ではほとんど見られないことに注意されたい．

2 文化進化のプロセス研究

ここまで下準備として文化進化研究とは何かを明らかにし，それにまつわるいくつかの誤解を解消してきた．ではそろそろ本題に入り，文化のプロセス研究について検討していくことにしよう．先述したように，文化のプロセス研究に関しては，第I部で検討した人間行動進化学の研究プログラムに即して行なわれているものが少なくない．代表例が二重継承説において展開されてきた累積的進化のモデルだろう．第3章ではこのモデルをさらに拡張し，さまざまな信頼性・学習バイアスが文化の適応度に影響を与えることを論じた．だが，文

化の適応度に影響を与えるものは情報源の信頼性だけではなく，文化の内容もまた，影響を与える可能性がある．本節では，進化心理学と共通した基礎を持つ文化の疫学モデル（epidemiological model）を検討し，このモデルに即して示唆されてきたいくつかの心的モジュールが，（疫学モデルの支持者の想定に反して）文化の累積的進化に対してどのような意義を持つかを考察する．さらに，その考察と合わせて，文化の適応度に関しても論じる．

2.1　文化の疫学モデルと文化の適応度

　本節では，第 1 章で検討した進化心理学と共通した基礎を持つ，文化の疫学モデルを取り上げる．この疫学モデルでは，一見すると文化進化研究を否定するかのような主張が見られるが，ここでは一部の疫学モデル支持者の議論を検討しながら，彼らとは異なる仕方で，疫学モデルが文化進化研究にとって重要であると論じる．また，その過程で文化の適応度をどう考えればよいかについても触れ，文化的適応度という概念が，文化進化研究にとって足かせになるわけではないことを論じる．

　まずは疫学モデルの基本的な内容を確認しておこう．Sperber, Boyer, Atran といった文化の疫学モデルの提唱者は，文化進化に関して次のように論じている．彼らは文化が累積的に進化する（すなわち，前世代で生じた変異を次世代も引き継いでいく，といった進化プロセス）とは考えていない．それは，生物などとは比較にならないくらいの，文化の非常に高い突然変異率が原因であるという．むしろ，疫学モデルの支持者によれば，世代を隔てて（多少の変異があったとしても）類似した文化が見られるのは，われわれの持つ，何らかの課題に特化した普遍的な心理メカニズムがアトラクター（誘因）を形成し，各世代の文化はこのアトラクター付近に分布しているからだという[6]．たとえば，一部

---

[6] こうした主張からもわかるように，文化の疫学モデルで想定されている文化は本章 1.1 項で定義したものとは異なっており，いわゆる一般的な意味での「文化」を対象としている．ただ，後述するように，疫学モデルが累積的進化を許容できないという主張は誤りなので，彼らの扱っている文化もまた，1.1 項で定義したものに十分含まれうる．

の研究者は，われわれには生物を分類する傾向性が普遍的に見られることから，われわれが生物分類（あるいは素朴生物学，folk biology）に特化した心理メカニズムを持っているのだと論じている（e.g., Atran 1998 ; Atran and Medin 2008）．このような心理メカニズムがアトラクターを形成することによって，地域や世代ごとに分類対象となる生物が異なるせいで分類自体も多少の変異を見せるとはいえ，概ね類似した分類が行なわれていくというのである．このような生物分類に関する議論からも容易に想像がつくように，彼らの疫学モデルにおけるアトラクターを形成する，何らかの課題に特化した心理メカニズムは，一部の進化心理学者が支持してきた心的モジュールに相当するものである（e.g., Tooby and Cosmides 1992 ; Barrett & Kurzban 2006 ; 中尾 2009）．実際，Tooby と Cosmides も文化的な差異は，普遍的な心理メカニズムに対して異なる環境が入力され，喚起された（evoked）ものだと論じており（Tooby and Cosmides 1992, p. 116），おおむね Sperber らと同様の立場を取っている．

　こうした文化の疫学モデルは進化心理学とほぼ同時に，しかし独立に Sperber（1985）らによって着想されたものであるが，第 1 章 1 節でも述べたように，1990 年のカンファレンス以降はある程度の親近性を持って進化心理学と並行して進められている．したがって，疫学モデルの理論的基盤の妥当性そのものは進化心理学の理論的基盤の妥当性とほぼ同じだと考えてよいだろう．すなわち，こうした疫学モデルは進化心理学と同様，方法論的には十分妥当なもので，経験的にもまだ可能性を持ったものだと言える（経験的可能性については，後述するいくつかの具体例もその証拠となるだろう）．

　とはいえ，このモデルには進化心理学にはない，いくつかの問題点が挙げられる．それが一部の論者に見られる，文化の累積的進化に対する誤解である（e.g., Sperber 1996）．たしかに，文化の突然変異率は生物に比べればかなり高いだろう．実際，遺伝子がコピーされる際のエラー率はある研究者によれば 100 億分の 1 ほどだというが（Keller 2000），文化においてこれほど正確な模倣を期待するのは，（現代の印刷技術などを除くなら）そう簡単なことではない．このように，文化は突然変異率が高く，前世代で得られた変異が次世代ですぐに失われてしまう可能性もある．だが，第 3 章でも確認したように，二重継承説の

枠組みではたとえ突然変異率が高くとも文化が累積的に進化しうるシナリオが示されてきており，少なくとも累積的文化進化が原理的に可能であることは確かであろう．さらに，印刷技術ほど正確な模倣が不可能でも，実際われわれはかなり正確な模倣を行なっていることも確かである．寺と神社では参拝の仕方が違うが，二つの異なる，しかもそれなりに複雑な参拝の仕方を，日本人はかなり正確に受け継いできているように見える．この正確さの原因は，次段落で議論されるポイントとも関連する．

また，疫学モデルの提唱者の一人である Sperber が文化の累積的進化を批判するときのもう一つの論拠は，文化は遺伝子と異なり，さまざまなソースから推論によって受け継がれるものであって，模倣には依拠しないというものである（Sperber 1996；Sterelny 2006b）．こうした推論は，文化の突然変異率にも影響を与える．文化に影響を与えるわれわれの情報は，直接観察できるようなものではなく，構築物から推論されなければならないが，その推論過程で相手とまったく同じ文化（やその基礎にある情報）が再現されるようなことは滅多にないというのである．

しかし，これも少々極端な議論である．たとえば，ある文化を学習する際に模倣がまったく行なわれず，推論だけに依拠しているというのは考えにくい．たとえば，完成した構築物それ自体は十分観察可能であり，模倣ができる．慣習についても同様である．さらに，もし推論によって変異率が高くなったとしても，第 3 章で確認したようなプロセスによってその変異率が補われれば，累積的進化は可能である．最後に，学習のソースが複数存在することは，特定の情報が世代を超えて正確に伝達されるプロセスをより確かなものとする（e.g., Sterelny 2012）．実際，筆者が神社や寺の参拝方法を学習できたのは，さまざまな寺や神社にたてられている参拝方法を説明した立て看板や，あるいは別のさまざまな参拝者の行動のおかげである．このように，Sperber や疫学モデルにおける議論が文化の累積的進化を論駁できているわけではないのである．

しかし，それでも疫学モデルの指摘は文化進化を考察する際に非常に重要な役割を果たす．まずはいくつかの具体例を見てみよう．Boyer によると，成功した多くの宗教では，存在論的期待と呼ばれる直観を裏切るような言明（たと

えば人という存在が持ちえないような性質を持っている場合，具体的に言えば「壁を通り抜ける人」など）が見られる．このような言明は，単なる変則言明（通常は見られないものがあり得ないというわけでもない変化，たとえば「六本指の人」など）よりも記憶されやすく，この傾向性は地域によらず，共通しているという（Boyer 2001, pp. 80-85, 邦訳 pp. 107-113 ; Boyer and Ramble 2001）．こうした結果からは，存在論的期待という直観の背後に心的アトラクターの存在が示唆されるだろうし，存在論的期待を裏切るような言明・概念の記憶されやすさ，すなわち文化的適応度の高さも示唆される（Boyer and Ramble 2001, p. 538）．またBoyerたちによれば，こうした存在論的期待の裏切りに異なる具体的内容を付加されたものが，これまで提唱されてきたさまざまな宗教であるという．

他にも，Nichols（2002, 2004）やPrinz（2008）は，われわれに普遍的に備わっている，ある種の否定的な感情がアトラクターとなり，特定の規範が選択されてきたことを示している．彼らによれば，否定的な感情を強く引き起こすような事柄に関する規範は，そうでない事柄に関する規範よりもわれわれにとって記憶しやすいものであり，世代を超えて受け継がれていく可能性，すなわち文化の適応度が高くなるという．たとえば，Nichols（2002）は19世紀のマナーをErasmusの *De civilitate morum puerorum libellus*（1530）から選びだし，それらを否定的な感情を喚起する行動に関するもの（たとえば「帽子や服で鼻を拭くことは無作法であり，もしその後服にこすり付けてしまうのなら，手で拭くのもよいことではない」というような作法）とそうでないもの（たとえば「（宴会で）座っているとき，両手を握らず，皿の上にも置かない状態でテーブルの上に両手を置く」というような行動）に分け，現在でも生き残っているものを調べている（行動の分類は別の4人が独立にチェックし，88％の割合で一致している）．結果は，否定的な感情を喚起させるような事柄に関するものとそうでないものを比較すると，統計的に有意に前者が多く生き残っていたことがわかっている．

もちろん，規範の進化や宗教の進化が，こうした単一の要因だけで決まっているとは考えにくい．宗教の進化で言えば，宗教が集団を結束させ，集団内部の協力度合いを高めるような効果を持っていることはたびたび指摘されてきている（e.g., Bering 2011 ; Sterelny 2012 ; Wade 2009）．本書では，こうした効果の

せいで宗教の進化が加速された可能性を否定しない．上記の研究から言えるのは，存在論的期待の裏切り，あるいは否定的感情の喚起が，特定の規範や宗教の生き残りやすさに変化を生じさせる一つの重要な要因と考えられる，ということであり，その意味では十分にもっともらしい研究である．文化の変遷に関して，Boyer たちはこうした心的アトラクターの役割をかなり強調しているが（e.g., Boyer 2001 ; Claidière and Sperber 2007），存在論的期待や否定的感情の側面だけで規範や宗教の進化が説明できるというのは，もちろん単純化し過ぎた議論だろう（e,g., Machery and Faucher 2005）．

　上記のような具体的研究からもわかるように，疫学モデルで想定されている心的アトラクターは，文化の累積的進化を否定するようなものではなく，むしろ文化進化，特に文化の適応度に影響を与える重要な要因の一つと考えることができる（e.g., Nichols 2002, p. 239）．当然，規範にしろ宗教にしろ，各世代の個人がすべて一から個人の学習で獲得するようなものではない．前世代の行動やあるいは前世代の人々の書き物などから，社会的に学習された情報が含まれているはずである．そうした情報の中で，自身の否定的感情を引き起こす行動を含んだ規範が，あるいは特定の直感を裏切る言明をより多く含んだ宗教がより強く記憶に残り，選択されていったのである．このように，心的アトラクター（あるいは適応形質としての心的モジュール）は，どういった文化が適応的であるか，すなわち文化の適応度に影響を与えるものだと考えた方がよいだろう．したがって，疫学モデルのアイディアは文化の累積的進化を否定することもなく，また累積的進化（特に文化の適応度）に重要な影響を与える要因の一つとして考えることができるのである．

　実際，二重継承説を支持する人たちも，こうした心的アトラクターを内容バイアス（content bias, すなわち文化の内容に応じてバイアスが影響するかどうかが変わる）と呼び，一部の論者はその影響が進化心理学で想定されているほどには大きいものだと考えていないとはいえ，文化の累積的進化に影響を与える要因の一つと考えている（Henrich and McElreath 2003 ; Henrich et al. 2008）．他方，内容バイアスに対置させられるのが文脈バイアス（context bias）であり，置かれた状況などの文脈によって，そのバイアスが文化の学習に影響を与えるかど

うかが変化する．この文脈バイアスの一つが，第3章で検討した模倣バイアスである．

本項の議論をまとめておこう．文化のプロセス研究を後押しする疫学モデルでは，文化の累積的進化を否定し，心的アトラクターによる文化の進化モデルを想定していた．しかし，彼らの議論では文化の累積的進化が論駁できているわけでもなく，むしろ彼らが考察している心的アトラクターは，文化の適応度に，そして文化の累積的進化に影響を与えるものと考えられるのである．このように，疫学モデルの主張に即して心的アトラクターを考察することは，文化進化研究を否定するものではなく，むしろこの研究にとって極めて重要なものなのである．

また，本項では疫学モデルを論じる過程で，文化の適応度についても触れてきた．第3章でも述べたように，文化進化研究に関しては，文化の変異・継承はある程度確かだとしても，文化の適応度を定式化することが難しいという指摘がたびたびなされてきている（e.g., Henrich et al. 2008 ; Sober 2000）．また，本項では文化の適応度の定式化をある種の「記憶のされやすさ」に求めてきたが，これはいわゆるミーム論で行なわれてきた議論とも類似しており（e.g., Blackmore 1999 ; Dennett 1995），ミーム論を疑わしく思う人からすれば，ミーム論と同様な適応度の定式化へ依存することに抵抗を感じるかもしれない．とはいえ，本項での研究が示してきたように，記憶のされやすさとそれが文化の生き残りへ与える影響はさまざまな実験・データから裏付けられている上，こうした研究では，生き残ってきた特定の文化を単に生き残ってきたがゆえに適応度が高いと考えるのではなく，適応度の高さを生み出す心的メカニズムにも触れている点に注意されたい．したがって，たとえば「生き残ったものが適応度の高い文化である」といった循環的説明に陥ってはいない．否定的感情を引き起こす規範，あるいは直観を裏切るような主張が生き残る確率が高く（またその傾向性を支える心的メカニズムもある程度想定されており），それゆえ適応度が高いと考えられているのである．これは，進化生物学における適応度の標準的な定義（すなわち適応度の傾向性解釈，Beatty and Mills 1979），すなわち「生き残る確率の高さ」が適応度である，という定義と同じ構造を持っていると考えられる．

したがって，こうした適応度の定式化そのものは十分に妥当なものだろうし，また文化の適応度に関する不安から，文化進化研究の妥当性が損なわれることもないだろう．

上記のような文化的適応度はもちろん，生物学的適応度から常に独立であるわけではない．たとえば第3章でも既に指摘したように，権威者の行動であって文化としては生き残りやすいものでも，われわれの生物学的な適応度（すなわち，生物個体としてのわれわれの生き残りやすさ）を下げてしまうような行動は十分に考えられる．もちろん，生物学的適応度を大きく下げるような文化・行動は消えていく運命にあるだろうし，この場合は，生物学的適応度が長期的な文化的適応度に影響を与えていると考えることもできるだろう．その意味では，文化的適応度は生物学的適応度にある程度の制約を受けていると考えられる．もちろんここで，文化的適応度が生物学的適応度に制約を受けているからといって，文化が遺伝子に規定されるといったことを主張したいわけではない．単に，生物個体が死んでしまえば，その個体が担っていた文化が（その個体分は少なくとも）消えてしまうだろうということである．

最後に，別の例を取り上げながら，記憶されやすいか否かという文化的適応度の基準が，他の場合でも有効かどうかを確認しておこう．ここで取り上げるのは言語進化の例である．いくつかの言語進化研究では，より頻繁に使用されることで，記憶されやすく適応度の高くなった言語が生き残り，あまり使用されない言語は消えていくという言語進化のプロセスが明らかにされてきている．たとえば，Lieberman, E. et al.（2007）の研究では，過去形などを作る際の不規則変化動詞（be／was／been など）と規則変化動詞（shape／shaped／shaped）に注目して，言語の進化ダイナミクスを考察している．彼らはまず，古英語（ベオウルフなどで用いられている英語）における不規則変化動詞から，現在でも使用されている単語 177 個を選び出している（そのうち 145 個は中英語でも不規則変化をし，98 個は現在の英語でもそうである）．その上で，あるコーパスを用いてこれらの動詞の使用頻度，そして現在規則変化動詞に変化しているのか否かが調べられた．その結果，使用頻度の高い動詞ほど（たとえば be や have, do など），規則変化動詞に変化していないことがわかったのである．これはおそら

く,使用されればされるほど,われわれの記憶に残りやすいため,不規則変化が維持されてきたのだろうと考えられる.さらに興味深いのは,調査の対象となっている時期が,ノルマン人の侵攻など外的には大きな民族変動があった時期であるにもかかわらず,不規則動詞から規則動詞への変化率はこうした外的変動にそれほど影響を受けていないように見える点である.

使用頻度の高い言語ほど生き残る確率が高いことは,他の研究からも支持されている.Pagel et al. (2007) の研究では,インド＝ヨーロッパ語族に属する87の言語に関して,200種類の同根語 (cognate) を選んでその変化率と使用率が調べられている.変化率は系統樹に基づく最尤推定が行なわれ,使用率はコーパスから調べられた.その結果,やはり使用頻度の高い言葉ほど,変化率が低くなっていたのである.こうした結果を受け,Pagel et al. (2007, p. 719) は使用頻度が「言語進化の一般メカニズムであり,すべての言語,時間規模にわたって作用すると期待される」ものだと述べている.一般メカニズムかどうかはもちろんまだ分からないだろうが,Pagelらが示唆するように,実際さまざまな言語で類似した説明が可能であり,さまざまな社会的・文化的要因からの影響が少なそうだというのは,Lieberman, E らの研究からも示唆されている.

このように,言語,規範,宗教などに関するさまざまな文化進化研究において,適応度の高低を予測できるようなメカニズムが特定されてきている.もちろん,上記研究で明らかにされたメカニズムだけが文化の適応度に影響を与えているわけではないだろうが,少なくとも,記憶のされやすさの観点から文化の適応度を考えることが,決して循環に陥るような定式化ではないことは確かだろう.こうして,第3章でも論じたように,遺伝・変異・適応度の差異という三つの条件が定式化され,文化進化研究が可能になるのである.

2.2 言語進化と文化進化研究

前項の最後で言語進化について触れたので,ここでもう少し詳しく,言語進化と文化進化研究のかかわりについて論じておこう.実際,言語進化に関しては,上記のような実際の言語データに基づく研究だけでなく,さまざまなアプ

ローチによって研究が進められてきている．ここでは，その中でも代表的なアプローチの二つである構成論的（constructive）アプローチと生成文法（generative grammar）のアプローチを取り上げ，言語進化と文化進化の関わりを考察する．

最初に，直接的に文化進化としての言語進化を研究している構成論的アプローチを概観しておく．構成論的アプローチとはその名の通り，いくつかの能力を備えたエージェントや生物を想定し，それら同士の相互作用が最終的にいかなる状態を構成するのか，考察する（主な手法はシミュレーションである）ものである．このアプローチに対置させられるのが，一般的な解析的・分析的アプローチである．すなわち，すでに何らかの現象が与えられた状態で，その状態を細かく要素に解析・分析していくという方法である．

もう少し具体的に構成論的アプローチの研究を見ておくと，言語進化の構成論的アプローチの中でもよく知られた研究の一つとして，Kirby（2002）などによる繰り返し学習モデル（interated learning model）の研究が挙げられる．このモデルでは一つの世代に二人のエージェント，すなわち発話者と学習者が登場する．まず，発話者は何らかの対象・状況に対して，ある文字列を発話する．たとえば最初の世代では，メアリーはジョンを愛している，という意味で xkq という文字列，またジョンはガヴィンを賞賛している，という意味で axk という文字列，などが発話される（Kirby et al. 2004）．この段階では，文字列がまったく構造化されておらず，文法も何もない．一方，学習者はこうした発話を観察し，一定の能力を前提とした操作（一般的に，ここで想定されている能力と操作は，かなり限られたものとなっている）を行ないながら，その背後にある汎化可能な規則を学習しようとする．この次に，この学習者が発話者となり，新たな学習者が登場して次の世代での学習が始まる．最終的に，こうした世代の入れ替わりをシミュレーションによって何世代も繰り返していくと，徐々に文法構造などが生じてくる，というのが Kirby（2002）などでえられた結果である．このように，たった二人の（一定の能力を持った）エージェント同士の相互作用が何世代も繰り返されることで，複雑な言語が構成されていくわけである．

この繰り返し学習モデルだけにとどまらず，構成論的アプローチ一般に関し

て重要なのは，（もちろん例外はあるのだが）単純な学習規則によって複雑な言語システムが進化しうることを示そうとするものが多いように見受けられる点である．すなわち構成論的アプローチの研究は，言語進化に関して，生得的かつ言語に特化した言語能力（の初期状態）がそれほど大きく関わってこなかったこと，あるいは，言語進化にとっては（遺伝情報の継承を中心とした）生物進化よりも文化進化の方が重要であったことを示唆していると考えられることが多いのである (e.g., Mithen 2006 ; Smith and Kirby 2008 ; Steels 2011).

こうした構成論的アプローチにとって，一つの仮想敵として想定されているのが，生成文法のアプローチである．生成文法で探究されているものは，基本的には Chomsky が提唱した「言語学習者の『初期状態』」（Jackendoff 2002, p. 70, 邦訳 p. 81）であり，言語に特化した能力としての普遍文法である．この普遍文法は，生得的な言語能力であると考えられており，またかなり多種多様な能力の集合であると考えられることも少なくない (e.g., Pinker and Bloom 1990). それゆえ，構成論的アプローチからすれば，生成文法のアプローチにおいては，言語進化が生物進化に大きく依存すると考えられているように見えてしまうのだろう．

しかし，言語進化に関して，上記のような生物進化か文化進化かという構図は不適切なものだと考えられる．まず，生成文法のアプローチも歴史的に少しずつ変化しているのだが，現在主流となっているミニマリスト・プログラム (minimalist program) では，かなり構成論的アプローチに近い想定が置かれていることに注意すべきだろう．このプログラムは大まかに二つの前提に依拠している．最初の前提が，人間言語の最適性である．人間の言語は意味と音声を連携させるものとして，その効率が最適化されていると考えられている．二つ目の前提が，いわゆる単純性の原理である．すなわち，優れた理論はより単純な理論であり，普遍文法（理論）もより単純なものであるべきだ，というものである．これらはいわゆるオッカムの剃刀と呼ばれるもので，言語研究独自の前提ではなく，科学研究全体に共通のものであると考えられている．それゆえ，このプログラムで探究される普遍文法は，できる限り余計な能力を排除していなければならないという (e.g., 中村・金子・菊地 2001). 実際，現在の普遍文法

を構成する要素として，たった一つの要素しか認めない研究者も少なくない（e.g., 藤田 2012）．

　このミニマリスト・プログラムが依拠する単純性の原理は，一見して明らかなように，先述した構成論的アプローチで目指されているものと非常に似通っている．構成論的アプローチにおける多くの研究では，より単純な学習規則から，言語進化を説明しようとしていた．他方，生成文法のミニマリスト・プログラムでも同様に，普遍文法はできるかぎり単純なものであるべきだと考えられている．このように，両者はかなり似た方向を向きながらも，なぜか対置させられるべきものと考えられてきたのである．

　上記の議論が正しければ，言語進化研究に対しては，ここまで論じてきた人間行動進化学の研究プログラムに比べ，二つの異なるアプローチを問題なく総合することができるはずである．すなわち，必要最低限の普遍文法を探究する生成文法のアプローチ，そしてその普遍文法に基づいた，文化進化としての言語進化を主に探究する構成論的アプローチである．進化心理学と二重継承説の間に見られたような，生物進化の過程でどれほど多くの心的適応形質がえられてきたのか，あるいは文化進化がどのような役割を果たしているのかという争点は，言語進化に関するこの二つのアプローチに関しては，もはや残されていないと考えられる[7]．

　また，言語が（生物学的・文化的両者の意味で）進化し，より正確な情報が伝えられるようになることで，言語それ自体が文化を含む人間行動の進化にさまざまな形で影響を与えるようになってきたことも間違いないだろう．先述した間接的互恵性はその好例だろうし，二重継承説の想定する文化と遺伝子の関係は，ここでも一定の役割を果たしているかもしれない．言語はまた，同集団の規定にも関わっていると考えられる．たとえば第 3 章で触れた Kinzler et al. (2011)，第 7 章で触れる Buttleman et al. (2013) の研究では，幼児たちが自分と同じ言語を話す人々の行動を選択的に模倣するという報告がなされている．

　7）両アプローチを総合した具体的な研究としては，Nowak et al.（2001），Yamauchi and Hashimoto（2010）を参照．

これは，自分と同じ言語を話す人々を同じ集団に属するメンバーであり，信頼できる相手とみなした結果だろうと考えられる．このように，言語が集団を規定する一つの要因として機能し，各種の方言などのように，それがいわゆる一般的な意味での「文化」に影響を与えている可能性も考えられるだろう．

2.3 人間行動生態学と文化進化研究

では，話を三つの研究プログラムに戻そう．前項までに進化心理学（文化の疫学モデル）と文化進化研究の関係について考察し，また二重継承説と文化進化研究の関係はすでに第3章で触れたので，最後に，人間行動生態学と文化進化研究との関わりを見ておこう．実際，人間行動生態学もまた，文化進化に大きく関わる研究プログラムであると考えられており (e.g., Shennan 2009)，文化進化研究を検討する上でこの研究プログラムも無視することはできない．本項では，文化進化研究において人間行動生態学がどのような役割を果たすのかを考察しよう．

まず検討すべきは，人間行動生態学の研究対象と「文化」との関係である．第2章でも検討したように，人間行動生態学で主な対象となっているのはさまざまな地域における狩猟採集民の行動であった．こうした行動は，先の定義にしたがえば，社会的に伝達される限りにおいて文化であると言えるだろう．この点に関して，第2章でも触れたように，人間行動生態学は行動が生み出される過程（たとえば背後にある心理メカニズムなど）については基本的に触れようとしないため，何を想定しているのかはわからない．ただ，Alexander (1990) が答えていたように，一般的にはやはり学習（しかもおそらくは模倣のような社会的学習）によって最適な行動が獲得されていると考えられている．もちろん，この学習には環境との相互作用における個人の試行錯誤も含まれるだろうが，他者からの模倣も排除はされていない．少なくとも何世代にもわたって維持されている行動に関しては，前世代あるいは同世代からの模倣が含まれていないとは考えにくく，その意味において人間行動生態学が対象としている行動の多くもやはり，先述したような文化であると考えてよいだろう．

人間行動生態学で主流となっている考えの一つでは，こうした文化としての人間行動に関して，その行動がそれぞれの環境に応じて最適化されているという前提に立ち，最適化モデルをそれらの人間行動に適用していた．成功例として，第2章ではメリアム族のカメ狩り，あるいはさまざまな地域で観察できる食物分配行動などを挙げておいた．ここでは別の具体例を挙げ，環境に対して最適化された文化が存在しうること，そして文化を進化的に考察する際，最適化という観点がどういう利点・問題点を持つのかを示そう．

　たとえば，Laland and Brown（2011, pp. 202-206）でも触れられているように，アチェ族などに見られる幼児殺し（e.g., Hurtado and Hill 1996）は適応的な戦略だと考えられるかもしれない．こうした狩猟採集社会において，幼児殺しは母親が早くに死んでしまった場合に行なわれることが多い．これは，子育ての負担を他の者が回避するという機能を持っており，その意味においてこの戦略は（生物学的に）適応的な戦略だと考えられ，人間行動生態学の予測がうまく当てはまる例なのである．このように，文化がどれほど環境に適したものかを考えるにあたって，人間行動生態学の研究は非常に重要な役割を果たすだろう．

　とはいえ，第2章でも論じたように，文化としての行動がある地域で適応的であったとしても，それだけではその行動がたどってきた歴史が明らかになるわけではない．どのような経路，すなわちどのような継承・学習過程によって，誰から社会的に伝達されてきたのかといった点も合わせて考慮しなければ，もちろん文化進化のプロセス研究としては不十分である．たとえば，先述した幼児殺しであれば，親子間の投資をめぐる心理メカニズムが作用しているという可能性もある（e.g., Daly and Wilson 1988）．たとえば，血縁関係にない義理の親に育てられている子と，血縁関係にある親の子とでは，やはり前者の方が殺されてしまう可能性が高くなる．こうした投資をめぐる心理メカニズムは，おそらく適応形質として備わっているものだと考えられるだろうし（e.g., Trivers 1974），もしこのような心理メカニズムが適応的な行動をアチェ族の環境で生み出しているのだとすれば，第2章でも触れたように，Kaplan and Gangestad（2005, 2007）のアイディアが正しいと考えられる可能性がある．すなわち，アチェ族の生活環境は，過去の環境に生きていたわれわれの祖先の生

活を（粗くではあるが）近似するものなのかもしれない．もちろん，現代社会でも実の親より義理の親による子殺しの割合が高いようだが，現代社会においてはこうした戦略がどこまで適応的なのかははっきりしない．アチェ族での子殺しはその社会において罪に問われない可能性があるかもしれないが，現代社会では当然罪に問われ，有罪判決を受ければ（社会的な圧力などによって）それなりにその人の適応度は減じられてしまうだろう[8]．

　以上のように，文化進化研究における人間行動生態学の位置づけは，第I部での結論とほぼ同様のものになる．文化がどれほど（生物学的に）適応的であるかを明らかにすることはでき，集団内に広まった文化の文化適応度と生物学的適応度が，どれほど一致するかを明らかにすることができるだろう．ただ，その背後にあるメカニズムがはっきりしないため，もちろんそれだけでは進化プロセスの十分な解明にはいたらない．だが，第I部でも論じたように，人間行動生態学の研究が発見法的役割を果たしうることにも注意しなくてはならないだろう．

2.4　まとめ

　本節ではまず，第I部で論じた人間行動進化学の研究プログラムが，文化進化研究にとってどのような意義を持つのかを論じた．文化の疫学モデルで想定される心的アトラクターは，累積的文化進化を否定するようなものではなく，それに影響を与える重要な要因を特定してきている．他方，人間行動生態学は，最終的に生み出された文化の生物学的適応度を考察し，その文化の背後に作用するメカニズムに関しても，発見法的に機能していると考えられる．本章では二重継承説についてほとんど触れてこなかったが，第3章ですでに論じたよう

---

[8]　もちろん，幼児殺しはもっと複雑な状況で生じることもある．たとえば中国での一人っ子政策は，もともと男児に高い価値を置いていた文化的伝統と合わさって，（育児放棄なども含む）女児殺しの割合を高くした（Li et al. 2000）．これは（前世代から受継がれてきた）男児に高い価値を置く風習と，一人っ子政策の二つの文化的理由が組合わさって生じた結果である．

に，この研究プログラムはもちろん，文化の累積的進化に関して一つの基本的なモデルを提供してくれている．

また，本節では文化の適応度についても考察した．文化の「生き残りやすさ」を測定することの困難はたびたび指摘されてきたが，いくつかの研究からは，規範，宗教，言語などに関して「記憶されやすさ」を支えるメカニズムが（部分的にでも）特定されてきている．もちろん，上記研究はそうしたメカニズムのごく一部しか捉えられていないだろうが，特定の形質に関してそれが適応的なものかどうかを考察することの難しさは，文化に限った話ではなく（e.g., Williams 1966），だからといって文化進化研究が不可能になるわけではないのである．

3 文化進化プロセス研究の今後： 文化進化のプロセスに影響を与えるその他の要因

ここまで第I部で検討してきた人間行動進化学の研究プログラムに即して，文化進化がいかに研究されるのかを考察してきた．第I部を含む前節までの考察からもわかるように，文化進化研究におけるこれらの研究プログラムや進化生物学の方法論の有効性は明らかであろう．

とはいえ，ここまで挙げてきた研究は，文化のごく限られた側面にしか焦点を合わせてきていない．本来，文化進化はさらに多様な要因に影響を受けているのであり，それらの多様な要因を明らかにしていくことが，今後の文化進化研究の課題になる．本節では，その多様な要因の一部を概観しておこう．

まずは本書で論じてきたもので，ここまで文化進化との関わりを見てこなかったものに触れておこう．第一に取り上げるべきは，多様な（特に信頼性判断に関わる）文脈バイアスの存在である．すでに第3章でも指摘したように，高い信頼性を持った情報源からの情報は，もちろん他の情報よりも模倣される可能性が高くなり，その意味ではその情報の文化的適応度を高めることになる．したがって，こうした文脈バイアスも，文化進化の重要な要因の一つとなるだろう．

さらに，第6・7章で検討する罰や教育は，文化の継承に際して非常に大きな役割を果たすものだと考えられてきている．たとえば，Boyd and Richerson (1992, p. 1, 強調は引用者) は「大集団において，罰は協力（あ̇る̇い̇は̇他̇の̇あ̇ら̇ゆ̇る̇行̇動̇）の進化を可能にする」と述べており，罰が行動の継承において極めて重要な役割を果たすと論じている．また，Boesch (2008, p. 40, 強調は引用者) は文化進化における罰と教育の重要性を次のように述べている．

> この［より正確な模倣］は，ある「社会的規範」と対立する行動を取り除くような社会的な強制メカニズムの……直接的な帰結かもしれない．この強制は，初心者が正しい行動を学習できるように専門家が彼らを導く教̇育̇という肯定的な形式をとることもあるだろうし，あるいは間違った行動をとることで初心者が罰̇されるという否定的な形式をとることもあるだろう．

もちろん，第6章では罰の進化に際してこうした行動修正の機能はそれほど重要でなかったことを論じるし，第7章でもまた，教育に特化した認知的適応形質として想定されているナチュラル・ペダゴジーの存在を批判的に考察する．しかし，両章で繰り返し論じるように，現代社会において，罰がある程度行動修正の機能を果たしていることや，またたとえ教育に特化した認知的適応形質がなくとも，何らかの形で教育そのものが重要な役割を果たしたかもしれない可能性は否定していない．たとえば，罰によって大規模集団における協力活動が可能になっている可能性は何度も指摘されてきているし (e.g., Henrich et al. 2006, 2010)，文化の継承において教育が重要な役割を果たしたかもしれないことは，現代の高等教育などを見てもあきらかだろう．

次に，ここまでは主に文化の適応度と文化の継承に焦点を合わせてきたが，文化的変異が生成・維持されるメカニズムについてもさまざまな研究がある．たとえば第3章で触れた Henrich (2004) の研究などは，一定の集団サイズがなければ有利な変異も維持されない可能性があることを指摘した研究である．他にも Tamura (2013) では，他県出身者が多ければ多いほど，その県では同じ県出身者同士の結婚率が高いことを指摘している．こうした同族結婚が理由となり，他県出身者が多い県であっても他県の慣習同士が入り交じることなく，

同じ県で別の慣習が維持されているのかもしれない．

　最後に，ここまでは文化の進化プロセスとして選択のプロセスだけを取り上げてきたが，現代の進化生物学においては，選択だけでなく浮動（drift）もまた，進化プロセスに大きな影響を与えるものだと考えられてきている．浮動をどのように定式化するかについても議論が分かれるが，ここでは適応度に差がないにもかかわらず，特定の形質が生き残ってしまうようなプロセスを指すとしよう（e.g., Beatty 1992）．

　このような浮動は，もちろん文化進化においても非常に重要な役割を果たす．Bentley（2008）では，科学研究におけるキーワードの歴史的変遷が，選択と浮動のどちらの影響をより強く受けているのかが考察されている．ここでの浮動とは，先の定式化と同様，適応度の差異が原因で，特定の対象の頻度変化が生じているわけではない状態（すなわち，どの対象が次世代に数を増やすかがランダムに決定される状態）を指す（e.g., Bentley et al. 2004）．この研究ではまず，物理学と社会科学のそれぞれで，より古い時代（30年ほど前）と新しい時代（10年ほど前）において，最も多く引用されている類似領域の論文が選ばれている．次に，この文献を引用している論文に見られるキーワードの変化を調べ，その変化を浮動モデルで説明できるかどうかを考察する．浮動モデルのシミュレーションから得られる予測と合う変化になっていれば，もちろんその変化は浮動によって説明されるようなプロセスであることが示唆されるし，合わなければランダムでない選択によってキーワードの変化が起きていると考えられる．このように，ここでは浮動モデルが帰無モデルとして想定されている．上記のような変化でBentleyが注目するのは，たとえば上位五つのキーワードの変化率である．その変化率は社会科学よりも物理学において浮動モデルから大きく逸脱しており，さらにキーワードの入れ替わりに関しても，社会科学は安定して生じているのに対し，物理学では入れ替わりが見られないような時期がある．こうした変化の傾向性からは，社会科学よりも物理学のキーワードが強い選択を受けており，物理学におけるキーワードの変化は一定の方向性を持っていると示唆されるのである．また，別の研究ではポピュラー音楽のチャート（ビルボード誌のもの）における入れ替わり，あるいはファーストネームの歴史的変

遷（Bentley et al. 2007）などに関しても，浮動モデルのシミュレーションから得られた予測と実際の歴史的変化が照らし合わされ，浮動によってよりよく説明できることが示唆されている．

　もちろん，浮動モデルの予測から外れ，何らかの形で選択が作用していることが示唆されても，具体的にどのような理由で選択が作用したかはわからない．たとえば，物理学において，どうして特定のキーワードの適応度が高いのか，上記の研究からその理由が明確にされるわけではない．Bentley 自身は物理学のジャーナルがキーワードを制限していることを一つの可能性としてあげているが，もちろん確実な証拠はない．とはいえ，浮動モデルによって説明できない以上，何らかの理由によって，特定の単語が選択されていると考えられるのは確かだろう．

　他にも，たとえば音楽や文学，あるいは技術などの文脈において，その文脈特有のメカニズムが文化の適応度や継承，あるいは変異の生成に大きな影響を与えているかもしれない．たとえば，経済的要因やその機能が，技術の進化を推進する重要な要因になっているであろうことは容易に想像できる（e.g., Arthur 2009 ; Basalla 1988 ; Boyd et al. 2013）．しかし，現時点でこれらの領域における進化プロセスの定量的な研究は（筆者が知る限り）ほとんどなく，これ以上推測を展開すれば，ミーム論と同様の誹りを受けるだけだろう（e.g., Mameli 2005）．今後の文化進化研究に期待されるべきは，こうした多様な要因を一つずつ，定量的に明らかにしていくことである．こうした要因はもちろん，生物の場合よりも多様であり，またそれに基づいて構築されるモデルは生物の場合よりも一般性を欠いたものになるかもしれないが（e.g., Claidière and André 2012），だからといって文化の進化が考察できなくなるわけではない．こうした多様な要因が明らかにされることによって初めて，文化進化研究のさらなる妥当性が示されるのである．

4 結　語

　本章では文化進化のプロセス研究がどのように正当化できるか，そして第Ⅰ部で検討した人間行動進化学の研究プログラムが，文化進化のプロセス研究へどのように関係するかを考察してきた．人間行動進化学の各研究プログラムは，それぞれが異なる角度から，文化進化のプロセス研究を支えることができるはずである．さらに，文化の歴史的系譜を進化学の枠組みから考察しようという文化進化のプロセス研究は基本的に妥当なものであり，文化の継承・変異・適応度の差異に関わる多様なメカニズムが，今後さらに検討されていくことにより，さらなる有効性と妥当性が示されるだろう．

第5章
文化進化のパターン研究

　ここまでの章では，文化進化のプロセス研究における方法論や文化進化のプロセスそのものに焦点を当ててきたが，進化研究では当然，プロセス以外にもパターンの研究を行なわなければならない．もちろん，両者は独立なものではないが，その関係については後で詳しく見ていくことにする．このパターンの中で特に重要なのが歴史的パターンであり（他にもたとえば地理的な分布パターンなどが考えられる），この歴史的パターンを対象とするのが系統学（phylogenetics）である．以下ではこの系統学的手法を文化に適用した文化系統学について，まずはその基本を確認し（第1節），その上で簡単な歴史とその有用性を概観した後（第2節），最後に方法論的問題について議論する（第3節）．

　本論に入る前に，人間行動進化学全般における系統学的考察について触れておいた方がいいだろう．前章では第I部での考察を一つの軸にしながら，文化進化のプロセス研究を考察してきた．しかし，本章で扱う系統学に関しては，第I部で触れることはほとんどなかった．これは以下のような理由に起因する．先述したように，本来であれば，進化のプロセス研究にとって近縁種におけるさまざまな形質の比較は重要な役割を果たす．たとえばフィンチの嘴に関しても，分子に基づく系統樹が作成され，その上で嘴サイズ・形態がどのように進化したか，そのプロセスが考察されたりする（e.g., Grant and Grant 2007）．もちろん，人間行動の進化を考える場合でも，特に霊長目の動物との系統間の比較考察はきわめて重要な役割を果たしてきた．だが，これらの動物とヒトの系統関係はすでにある程度確かなものとなっている上，比較の対象となる近縁種もかなり限られてしまっているため（人間の近縁種であるネアンデルタールやホモ・エレクトスはすでに絶滅してしまっている），系統学的な推定手法そのものは

それほど大きな役割を果たさないのである．したがって，系統学を取り上げる必要性は文化進化研究という側面に限られてしまうことが多く，本書でもそのような扱いになっている．

1　系統学の基礎

では本節では，系統学の基礎的事項をごく簡単に確認しよう．系統学で考察の対象となる歴史的パターンの研究とは，もう少し具体的に言えば，生物同士の類縁関係（relatedness），すなわちどの生物とどの生物が，ほかの生物よりも近縁か，より近い祖先を共有するのかという研究である．たとえば，ネズミ，コウモリ，ツバメと並べられたとき，どのような類縁関係が考えられるだろうか．コウモリの特異性を知らなければ，外見（翼）の類似性からツバメとコウモリの方がコウモリとネズミ，あるいはツバメとネズミよりも近縁であると考えやすい．しかし，残念ながら歴史はそれほど単純ではない．よく知られているように，コウモリとネズミの方が，ツバメとコウモリあるいはツバメとネズミよりも近縁であり，近い祖先を共有している（図 5.1 参照）．このように，現存する（あるいは絶滅したが化石には残っている）生物の類縁関係を研究するこ

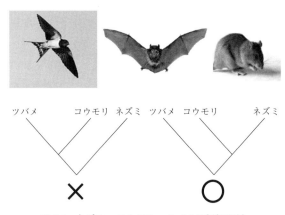

図 5.1　ネズミ，コウモリ，ツバメの類縁関係．

とが歴史的パターンの研究であり，系統学の研究対象なのである．

　系統学においては，おおまかには次のような方法で生物の類縁関係が考察される．まず，考察の対象となる形質を選び，次にそれらをコード化（数値化）する．最後に，これらのコードに基づいて，複数ある方法から一つまたはいくつかを選んで系統樹のような形で類縁関係を復元する，という流れである．たとえばA，B，Cという三つの生物がいたとしよう．これらの生物の類縁関係を考察するために，α，β，γという三つの形質を選ぶ．ここでは，それぞれの形質を持っていれば1という値を割り当て，持っていなければ0という値を割り当てることにしよう．これがコード化であり，割り当てられる数値は，必ずしも1や0という値であるとは限らない．

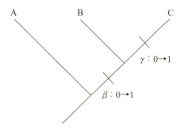

図 5.2　形質 $\alpha\sim\gamma$ に基づき最節約法で復元された生物 A〜C の系統樹．

　さて，結果的に図5.2上のような表がえられたとする．ここで，Aの持つ形質が祖先形質（すなわちA，B，Cの共通祖先が持っていた形質）であれば（専門用語を用いるなら，ここではAという生物を外群（outgroup），すなわち比較対象と見なしている），最節約法（maximum-parsimony method）という手法を用いて図5.2下のような類縁関係が復元できる．もちろん，可能な系統樹が複数考えられる場合もある．その際には，たとえば可能な複数の系統樹で合意をえられている箇所に基づいて単一の合意系統樹を作成したりする（この合意の程度もある程度自由に選ぶことができる）．また最後に，えられた系統樹の信頼性もブートストラッピングなどによってテストされるが，ここでは省略してある．ここで用いられた最節約法とは，形質変化の数ができるかぎり少ない形で類縁関係を復元するという方法である．実際には形質の選び方（現在では多くの場合，遺伝子配列が用いられる），コードの仕方などが大きな問題になってくるのだが，これらの問題を除いてその最も基本的な構造を取り出すとすれば，系統学の方法

論は以上のような流れになっている.

また，系統学による過去の復元において，もう一つ留意しておかねばならないことがある．それは，この類縁関係の復元がある種のアブダクションに基づいているということだ．もしかすると，われわれは過去の進化プロセスについて十分な情報を持っていないかもしれない．しかし，ある種の基準（たとえば，「変化の数を最小にする」など）に基づいて，手持ちのデータを最もよく説明するモデルを発見することはできる．これが，アブダクションである．もちろん，系統学的手法によって推定された進化パターンは確実なものではない．進化プロセスがわかったり，あるいは形質について新しいデータがえられたりすれば，推定されるパターンは変化する可能性がある．ゆえに，この推定パターンはあくまでも仮説なのである（三中 1996, 2006）.

さて，この類縁関係を復元する方法も，生物学だけに当てはまる内容ではない．形質を選んでそれらをコード化する過程は，たとえばコップに取手があるかないか，というようなものだと思えばよい．最節約法でさえ，あくまでも「復元の際に変化の数を最小にする」ということ以外の内容はない．さらに，前段落でも論じたように，系統学でのパターン推定はあくまでも，アブダクションという抽象的な推論形式なのである．このように，系統学の方法論もまた，生物学だけに特化したものではないのであり，だからこそ文化系統学が可能になっている．

とはいえ，これでは抽象的な枠組みを紹介したにすぎない．具体的な例で文化の系統学的考察を見てみよう．O'Brien et al. (2001) では，1 万年ほど前の南東アメリカにおける矢じり（projectile point, 図 5.3 参照）の変化に，系統学的手法が適用されている．もともと，南東アメリカから出土する矢じりは，出土した地域などにちなんださまざまな名称の下（たとえば Clovis, Cumberland など）に分類されていた．しかし，その分類は用いられている基準がさまざまであるという理由などから（p. 1126），著者たちは矢じりの形態に即して一からサンプルをコード化しなおしている．具体的には，南東アメリカから出土した 621 個のサンプル（実際の標本だけでなく，写真で確認できたものも含む）をコード化して 491 種類のクラスに分類している．ここでのコード化は，矢じりの底の形，

中子（矢じりを柄に指すため，細くなっている箇所）の角度，最も幅の広い場所などを形質として選び，それらを次のような基準にしたがってコード化している．たとえば，中子の角度なら，93°～115°／88°～92°／81°～87°／66°～88°／51°～65°／50°以下という区分を作り，それぞれの区分に1～6というコードを割り当てる．その後，4つ以上のサンプルを含む17種類のクラス（これらのクラスは合計で83個の標本を含んでいる）に焦点を絞り，最節約法によって系統樹を作成している．また，最節約法で系統樹を作成するには一般的に外群（outgroup）と呼ばれる対照群が必要とされるが，彼らはセリエーション（seriation）と呼ばれる考古学での手法を用いて外群を決定している（同上，p. 1128）．

図 5.3 1 万年前の南東アメリカにおける矢じりの一例．左が Clovis，右が Cumberland と呼ばれるもの．(http://upload.wikimedia.org/wikipedia/commons/0/0d/Clovis_Point.jpg, http://www.lithiccastinglab.com/gallery-pages/cumberlandknighttriplarge.htm)

2　文化系統学の歴史的経緯

　こうした生物系統学での手法を文化に適用した諸研究が大きく発展したのは1990年代から2000年代初頭にかけてである．まず，先述したように，考古学では一部の研究者（特に Michael O'Brien と R. Lee Lyman など）によって進化考古学（evolutionary archaeology）という名の下に系統学的手法が採用されていく．これは2000年代初頭のことだが（e.g., O'Brien et al. 2001；O'Brien and Lyman 2000），この進化考古学という名前が頻出するようになったのは1990年代にさかのぼる（e.g., Maschner 1996；O'Brien 1996；Telster 1995）．他方，人類学では，Ruth Mace が1994年に系統学の手法を用いた文化の比較研究に関する論文を

発表しており (Mace and Pagel 1994), 古くから続いてきた写本文献学 (stemmatology) の中でも, 生物系統学の手法を用いたものが 1990 年代末に発表されはじめる (Barbrook et al. 1998). 言語学でも同様の研究があるのだが, これらは 1980 年代末に先駆的なものがある一方 (Hoenigswald and Wiener 1987), 本格的に系統学的手法が用いられるようになったのは 2000 年以降のようだ (Atkinson and Gray 2005a, 2005b ; Bryant et al. 2005 ; Gray and Atkinson 2003 ; Gray and Jordan 2000 ; Greenhill and Gray 2005 ; Kennedy et al. 2005 ; Forster and Renfrew 2006 ; Lee and Hasegawa 2011, 2013). また, 教科書の出版はさまざまな研究プログラムや分野が確立されていく流れの中で大きな転換点だと見なされることが多いように思われるが, 生物系統学的手法と考古学の関係を考察した初の教科書が出版されたのは 2003 年になる (O'Brien and Lyman 2003a). さらに, 2005 年には, 文化系統学に関連する各研究者が一同に会した二つの論文集が発表され (Lipo et al. 2005 ; Mace et al. 2005), この勢いは近年に至っても衰えることなく, 2009 年にもいくつかの重要な論文集が出版されている (O'Brien and Shennan 2009 ; Shennan 2009). もちろん後述するように, より近年でも多様な研究が発表され続けている.

　本節では, このような 1990 年代から現在までの, 文化系統学の歴史を概観していく. 具体的には, 次のような時期に分けてこの流れを見ていくことになる. まず, 1990 年代における文化系統学の黎明期を確認し, 人類学, 考古学, 写本文献学といった各分野で, いかにして系統学的手法が採用されていったかを確認する (2.1 項). 次に, 文化系統学という研究プログラムが興隆していく今世紀初頭の流れを見た後で (2.2 項), 現在に至るまでの研究の発展を追う (2.3 項). 具体的には, パターン研究とプロセス研究の結びつき, そして日本における文化系統学研究の実状などを確認する. また, これらの流れを追う際には, 重要な議論をいくつか取り上げてそれらを重点的に紹介していくというスタイルを採る.

2.1　1990 年代：文化系統学の黎明期

　本節の冒頭でも述べたように，現在のような形で文化系統学的研究が行なわれ始めたのは 1990 年代のことである．しかし，実を言えば 1970 年代にも生物分類学での手法を文化に適用した研究があった．それが Dunnell による *Systematics in prehistory*（1971）である．ただし，Dunnell が採用していた手法は生物体系学で現在主流のものではなく，当時激しい論争の最中にあり，後に廃れてしまう表型学（phenetics）の手法であった．表型学自体が生物体系学の中では過去の遺物と化してしまった現在，この研究には歴史的価値はあっても現在の文化系統学に連なるものはあまりないように思われる[1]．

　とはいえ，Dunnell はこの後も，考古学に進化生物学の視点と手法を持ち込もうとする流れの中では一定の役割を果たしている．たとえば，論文集である O'Brien（1996）では Dunnell の論稿がほぼ半分を占めているし，Dunnell の論稿が収められた論文集は 2000 年代に入ってもいくつか出版されている（e.g., Lipo et al. 2005 ; Hurt and Rakita 2001 ; O'Brien and Lyman 2003b）．ただし，これらの論稿において Dunnell が表型学的手法を展開していたかといえばそうではなく，論じられていたのは主に考古学と進化論をいかにして結びつけるかという点である．実際，進化考古学（あるいはダーウィン的考古学，Darwinian archaeology）という名の下で 1990 年代半ばに立て続けに出版された論文集には，系統学的考察というよりはむしろ，選択などのプロセス研究と考古学をいかに結びつけるかを論じたものが多く見られるように思われる（Maschner 1996 ; O'Brien 1996 ; Telster 1995）．2000 年代に入っても，*Genes, memes and human history : Darwinian archaeology and cultural evolution*（Shennan 2003）という本が出版されているが，これも文化のプロセス研究と考古学との関係を考察したものである．

---

1) 表型学派の手法であったクラスター分析は生物系統学以外の文脈では非常によく用いられる多変量解析手法の一つであり，現在でも計量文献学などの文脈でよく用いられている（e.g., 村上 2002）．とはいえ，本章では表型学で用いられていたクラスター分析の手法はこれ以上扱わないので，その内容についてもこれ以上は触れないでおく．基本的には類似度に基づく手法である．

以上のように，Dunnell の影響は，系統学的考察ではなく進化プロセス研究と考古学の関係を考察する流れの中に見られ，現在の文化系統学に与えた影響は限定的なものだと考えてよいだろう．この進化考古学の流れが系統学的考察に向かい，最終的に本格的な考察が展開されはじめるのは O'Brien と Lyman による *Applying evolutionary archaeology : A systematic approach*（2000）になる．現在でも，Cochrane や Jordan などの考古学者は，系統学的手法を用いながらも自身の研究を進化考古学と呼んでおり，考古学では進化考古学と呼ばれる流れの中で系統学的手法が採用されていったことがうかがえる．

ここまで考古学における系統学的手法の導入を見てきたが，人類学では少し異なる目的の下で系統学的手法が導入され始めている．そのきっかけとなったのが Mace and Pagel（1994）である．彼女たちが系統学的手法を人類学に持ち込んだ理由は，ゴルトンの問題（Galton's problem, Naroll 1961）と呼ばれる問題を回避するためであった．ゴルトンの問題とは，たとえば文化間で類似性が見られても，その類似性は歴史を共有するからなのか，文化間での借用（borrowing）があったからなのか，あるいはそれぞれの文化が環境に応じた何らかの機能を有しているからなのか，それらを決定することは難しいというものである．

もちろん，これは文化独自の問題ではなく，生物学においても同様の問題が見られる．すなわち，類似した構造を持つ形質同士が相同（homology）なのか収斂（convergence）なのかという問題である．相同とは，二つの種に類似した形質が見られ，それが共通祖先由来の形質である場合を指している．たとえばわれわれの手とチンパンジーの手は相同形質である．他方，収斂とは，二つの種に類似した形質が見られ，それらが共通祖先由来ではなく，それぞれの系統で独自に（おそらくは類似した選択圧のもとで）進化した形質である場合を指す．有名な例では，鳥類の羽とコウモリの羽が収斂の関係にあり，それぞれの系統で独自に進化した形質である．生物学でこういった問題を解決するには系統関係を考えねばならないが，Mace と Pagel は文化でも同様のアプローチを採ったのである．

Mace と Pagel はケニアの諸民族（Pokot, Turkana, North and South Samburu,

Maasai, Gabbra, Borana, Rendille, Somali) を対象とし，まずはこれらの民族について言語に基づく系統樹を作成した．これは，言語においては特に機能的収斂が考えにくく，それゆえ言語を用いればより信頼できる分岐関係を構築できると考えられているからである（収斂形質をもとにして系統関係を構築すると，系統的に近くなくとも，同じような環境において同じような機能を備えた形質が，系統的に近いものだと考えられてしまう）．たとえば，「木」を表す言葉がある文化では waad で，さらに別の遠く離れた文化でも waad である，というケースを考えてみよう．これは，両者の間で言語の借用が行なわれなければなかなかあり得ないことである．もっと身近な例で言えば，日本とポルトガルで飲み物の容器を「コップ」と表現するのは，おそらく日本がポルトガルの表現を借用した結果であり，環境が同じで機能的な対応関係があったからではない．

　最終的に，Mace と Pagel はこうした言語系統樹に基づいて，異なる民族で採用されているラクダの遊牧が，乾燥気候に対して採用された機能的なもの（生物学で言えば，相似あるいは収斂進化と見なされるもの）かどうかという仮説を考察している（Mace and Pagel 1994, p. 553）．以上のように，人類学に系統学的手法が導入されたのはゴルトンの問題に対する解決策としてであり，考古学や文献学のように対象の時系列を明らかにすること以上の目的があった．このように，言語に基づく系統樹を作成して異なる民族間の系統関係を明らかにし，その上で民族内に見られるさまざまな文化の進化について考察するというスタイルは，Mace の弟子たちにも受継がれており（たとえば Holden and Mace 1999, 2003 などを参照），後述するように，プロセスとパターンの結びつきを考える際にも重要になってくる．

　また，写本文献学においても独自に系統学的手法が採用されてきた．Barbrook et al. (1998) では *The Canterbury Tales Project* と呼ばれるカンタベリー物語の写本系譜を復元するプロジェクト[2]の一貫として，系統学的手法を用いた研究を紹介している．写本文献学には長い歴史があり，さまざまな系譜が入り乱れる混態（contamination）という現象が非常によくあるものだという認識が

---

2) ウェブサイトの URL は次．http://www.canterburytalesproject.org/ Last accessed:02/26/2014.

既に確立されている．したがって，この研究ではこのような混態現象を許容しない最節約法などではなく，SplitsTree と呼ばれるソフトウェアに含まれている，混態現象を許容する（すなわちツリーでなくネットワークを復元する）方法を用いている[3]．この手法もまた生物学で開発されたものだが，対象は通常の生物ではなくウイルスである．ウイルスでは水平伝播（すなわち異なる系統間での遺伝子流動）がよく見られるため，系統関係を復元するには写本における混態と同様の現象が扱えるような手法でなくてはならない．このような目的から開発されたソフトウェアが SplitsTree である．後述するように，写本の系統学的考察ではやはりネットワークに基づいたものが多い（e.g., van Reenen et al. 2004 ; 矢野 2006 ; 新美 2008）．以上のように，写本文献学では混態を前提とした流れがあり，その中でかなり初期からネットワーク型の手法が採用されてきている[4]．

2.2 2000 年代半ばまで：文化系統学という研究プログラムの興隆

この時期には，系統学的手法を文化に適用するという研究スタイルの教科書が出版され（O'Brien and Lyman 2003a），文化系統学の代表的研究と見なされるいくつかの研究が相次いで発表されている（Gray and Atkinson 2003 ; Jordan and Shennan 2003 ; Holden and Mace 2003 ; O'Brien et al. 2001 ; Tehrani and Collard 2002）．また，比較的異なる流れの中で研究を行なってきた人々が一堂に会した論文集が出版され（e.g., Lipo et al. 2005 ; Mace et al. 2005），さまざまな分野の研究者の間で，文化系統学という研究プログラムが徐々に意識され始めた時期である．

まずは，O'Brien と Lyman による教科書をごく簡単に確認しておこう．基本的な内容は，体系学論争史を簡単に解説し（第2章），この論争を生き延びた分岐学（cladistics）の手法の基礎が解説される（第3章）．その後，文化におい

---

3) SplitsTree は以下ウェブサイトから入手可能である
http://www-ab.informatik.uni-tuebingen.de/software/splitstree4.
4) 最後に，本節導入でも触れたように言語学での系統学的研究もあるのだが，これらが大きく発展するのは 2000 年以降のものなので，次項で触れることにする．

て系統樹を考察する際の問題点（たとえば，先に写本文献学の箇所で触れた混態，何を形質と見なすか，など）にいくつか触れ（第4章），著者たちのケーススタディ（O'Brien et al. 2001）の一つである矢じりの最節約系統樹作成のプロセスが解説されていく（第5, 6章）．このように，本書では文化の系統関係を考察する際の基本的な問題や手法の説明，そしてその適用例がいくつか解説されて

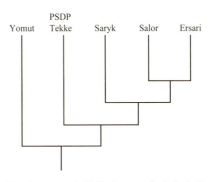

図5.4 Yomutを外群（outgroup）とした最節約系統樹（Tehrani and Collard 2002, p. 451を改変）．

いるという内容になっており，教科書としては十分なものだろう．

この時期には，このような教科書の出版と並行して，いくつか文化系統学の代表的研究とも見なされうるものが発表されている．その中からいくつかを選んで見てみよう．まずはTehrani and Collard (2002) である．ここでは先述したO'Brien et al. (2001) と同様に最節約法を用いた系統学的考察が行なわれている．彼らが研究対象としているのは，トルクメニスタン付近に住むさまざまな民族（具体的には，Ersari, Salor, Saryk, Tekke, Yomutという民族）の間で作られてきた織物である．これらの織物について60個のサンプル（これも現物を確認したものが22個，そして写真だけで確認したものが38個含まれている）を使用し，織物の模様の有無をコード化する．彼らは外群としてYomutの織物を使用しているが，これは言語学的な証拠に基づく判断らしい（Tehrani and Collard 2002, p. 450）．このようにして得られたコードに基づき，最節約法によって作成された系統樹が図5.4である．図5.4に見られるPSDP TekkeとはTekkeの織物の中でも自然な染料を用いたものを指し，他方で化学的に合成された染料を用いた織物を，著者たちはSDP Tekkeと呼んでいる．SDP Tekkeが用いられるようになったのは19世紀末のロシアによる征服以降であり，こちらは征服による文化の混態度合いを調べるために用いられている．他方，PSDP Tekkeを用いたこの系統樹は，できる限り混態の少ない状態に基づいたものだと考えられてい

る．

　これらの研究で用いられている最節約法とは，ごく簡単に言えば，進化的変化（あるいはホモプラジー）を最小限にするように系統関係を復元するというものである（詳しくは三中 1996, 2006 ; Sober 1988 などを参照）．もちろん，生物系統学においては最節約法だけでなく，それ以外にもさまざまな手法が存在する．その中でも，文化系統学において最尤法（maximum-likelihood method）を採用する研究が増え始めたのもこの頃である．たとえば，Holden と Mace らの人類学的研究（Holden and Mace 1999, 2003），あるいは Gray らの言語学的研究（e. g., Gray and Atkinson 2003 ; Pagel 2000）などがその代表例として挙げられるだろう．最尤法とは，ごく簡単な紹介をすれば，尤度を最大にする，すなわちあるデータが得られたときにそのデータを最もよく説明するモデルを選ぶという方法である[5]．このような方法が生物系統学に導入されたのは 1980 年代であり（e.g., Sober 1988），それほど新しい方法論でもないのだが，文化系統学においてはこの時期でもまだそれほど一般的な手法にはなっていなかった．

　ここまで紹介してきたいくつかの代表的研究が発表された頃から，文化に系統学的手法を持ち込んだ研究者たちが徐々に連係していく．結果的に，2005 年には二つのアンソロジーが出版されるが（Lipo et al. 2005 ; Mace et al. 2005），この論文集ではこれまで別々の流れに属していた研究者たち（具体的には，これまで紹介してきた Collard, Gray, Lyman, Mace, O'Brien など）が揃って寄稿しており，ここにおいて，ようやく文化系統学という一つの大きな流れが形成され始めたように見える．とはいえ，先述したように考古学で系統学的手法を採用する研究者は，依然として自身の研究を進化考古学と呼んでいる上，写本文献学もまた，他の研究を参照することがそれほど多くなく，なおかつネットワークを前提としている点で，他の研究とは若干距離を置いている．したがって，系統学的手法を採用するという点で各研究が共通点を持っており，その意味で

---

5) n 個のデータ $O_1, O_2, \cdots, O_n$ が与えられたときのモデル M の尤度は条件付き確率 $P(O_1, O_2, \cdots, O_n | M)$ で与えられる．ここで想定されているモデルは，アミノ酸や塩基の置換速度に関するモデルであり，系統推定とは別個にえられたものである．

文化系統学という一つの括りが可能な一方，それぞれの出自を反映した違いが依然として大きく残されているというのが現状であろう．

2.3 2000年代半ば以降：パターンとプロセスの結びつき

2000年代前半に大きく開花し始めた文化系統学だが，近年においてもその動きは衰えを見せておらず，むしろ，研究者数もさらに増えてますます盛んになっている印象がある（たとえばごく近年のものとして Lee and Hasegawa 2011, 2013；Ross et al. 2013；Saslis-Lagoudakis et al. 2014）．こういった近年の研究では，研究対象が多様化しているだけでなく，プロセス研究やさまざまな手法との融合も図られつつある．

進化生物学ではこの両者を組み合わせた研究は珍しくないが，文化進化の研究ではこれまで両者がかなり独立に研究される傾向にあった．その解消が促進され始めたのがここ最近のことである（e.g., Jordan and Zvelebil 2010；Musico 2009；O'Brien and Shennan 2009；Prentiss et al. 2009；Shennan 2009；Stark et al. 2008）．以下ではそうした研究をいくつか概観し，文化に関する系統学的研究の今後の可能性を見ておこう．

まずは Jordan（2009）である．彼はシベリアのハンティ族のさまざまなコミュニティで見られる服飾について，NeighborNet（これも SplitsTree に含まれている）と呼ばれる手法を用いてネットワーク型の系統樹を作成している．ここで用いられている方法論を詳しく解説するスペースはないが，基本は Saitou and Nei（1987）による近隣結合法（neighbour-joining method）を，ネットワークを許容するように改良したものである．たとえば世代間での伝達（いわゆる垂直伝達）が強く作用すれば，文化の系統関係はよりツリーに近くなるだろうし，同世代の文化間での伝達（いわゆる水平伝達）が強く作用すれば，系統関係はよりネットワークに近くなるだろう．このような議論に基づき，Jordan は男性の場合，女性の場合，などとケースごとで別々にネットワークを作成し，そのネットワークから見えてくるコミュニティの関係と，その関係に関連したであろう文化伝達プロセスを合わせて考察している．たとえば男女のすべてのネット

ワークにおいて，Pului と Sob' というコミュニティはかなり近い位置に配置されている．実際，この二つのコミュニティは他のコミュニティから地理的にも多少隔離されており，さらにこのコミュニティが現在の場所へ移動してきた頃に，コミュニティ内部での結婚が多く行なわれたようである．

　また，人間ではなく，チンパンジーの文化に関しても興味深い系統学的研究が行なわれている．Lycett et al.（2007）の研究では，チンパンジーに見られる行動の多様性がいかなる進化プロセスで実現されているのかを，その系統関係を用いて考察している．チンパンジーはアフリカのいくつかの地域（たとえば Bossou，Gombe，Mahale など）に分布しているが，地域毎に行動の多様性が見られる．たとえば Bossou では石のハンマーしか用いられないが，Taï では石だけでなく木のハンマーも用いられる．こうした行動の多様性に関しては，これまで環境要因，遺伝要因，あるいは社会的伝達による説明が試みられてきた．Lycett et al.（2007）は系統関係の比較により，特に後者二つのいずれによってこうした多様性が説明できるかを考察している．すなわち，行動の多様性に基づいて構築された系統関係と，各所のチンパンジーの遺伝子から推定される系統関係を比較し，両者が異なることから，行動の多様性が遺伝要因によっては説明できないことを指摘したのである．

　さらに，Lycett et al.（2007）と同様，分子の系統関係と文化の系統関係を組み合わせ，文化の進化プロセスを推定しようという研究もある．Saslis-Lagoudakis et al.（2014）では，Mace and Pagel（1994）と同じく言語による系統関係に基づいて，ネパールにおける 12 の民族（Chepang, Danuwar, Gurung, Lepcha, Limbu, Magar, Majhi, Raute, Sherpa, Sunuwar, Tamang, Tharu）に見られる薬草の文化がどのように進化したのか，その進化プロセスについて考察している．この研究では，(1) 言語に基づく民族の系統的距離，(2) 各民族が住む地域の植相の系統的距離，(3) 各民族で用いられている薬草の系統的距離（植物に関する系統的距離は，植物の分子系統樹から得られている），また (4) 各民族の地理的な距離，それぞれの相関関係を調べている．結果的に有意な相関関係が得られたのは (1) と (3)，(2) と (3)，そして (2) と (4) のみである．(2) と (4) が相関するのは地理的に離れるほど植相が変化するという一般的な事態

を示唆する．重要なのは，(1) と (3)，(2) と (3) の相関，そして (3) と (4) の間に相関が見られなかったことである．まず，(1) と (3) に相関が見られて (2) と (3) に見られなければ，薬草の文化は環境に対する適応ではなく，系統的制約を受けている可能性が高くなる．すなわち，ある民族における薬草の文化は，その民族が分岐する以前の祖先から継承されたものであるかもしれない．また，(3) と (4) が相関すれば，薬草使用は地理的に近い民族からの水平伝達の影響を受けている可能性が示唆されるが，この相関は見られていない．したがって，各民族における薬草の選択は，地域の植相に対する適応である可能性が高いと考えられるのである．

　以上の例が明確に示しているように，系統関係の考察，すなわち進化パターンの考察はさまざまな形で進化プロセスの考察に結びつきながら，文化進化に関して重要な洞察をもたらすことができる．他にもたとえば，第6章で見るような罰のような行動に関しても，言語や遺伝子によって民族の系統関係を構築し，その系統関係の上に行動の変異をマッピングすることによって，どのような進化プロセスを経てきたのか確認することができるかもしれない．そうすることで，その行動が環境に対する適応なのか，あるいは系統的制約によるものなのかがわかる場合もあるだろう．すなわち，人間行動生態学の予測と二重継承説の予測のいずれがより正しいのかが考察できるのである．このように，一部の人間行動を含む文化の進化を考察するにあたって，系統学的考察はさまざまな点で非常に有効かつ重要なものなのである．

3　方法論的問題

　ここまで概観してきたように，文化系統学は文化進化に関してきわめて重要な考察を蓄積してきている．ただ，その歴史がまだまだ浅いせいか，色々な問題が残されているのも確かである．本節では特に重要ないくつかの問題を取り上げ，文化系統学の妥当性を擁護しよう．

　まず取り上げるべきなのは，ネットワークとツリーの問題であろう．これは

度々指摘されてきたことであり（e.g., Bellwood 1996 ; Borgerhoff-Mulder 2001 ; Collard et al. 2005 ; Greenhill et al. 2009 ; Temkin and Eldredge 2007），決して目新しい問題ではない．すなわち，文化の場合は系統間での情報のやり取りが通常の生物よりも数多く見られ，系統関係を構築しようとすれば，それは本来ツリー状にはなるようなものではない．したがって，系統学の手法を持ち込むことには問題があるというのである．

しかし，もしそうだとしても，文化における系統推定が無理になるというわけではない．まず，ツリーがダメならネットワークを許容するような手法を用いればよい．これは既に写本系統学で採用されてきた手法でもあり，またそうしたネットワーク分析に用いられる NeighborNet などはそもそも水平伝播が一般的なウイルスなど生物の系統推定のために開発されたソフトウェアである．このように，生物学でもツリーではなくネットワークを用いることは珍しいことではないし，それが文化に輸入されたときだけ，きわめて大きな問題になるというのはおかしな話である．

次に，ツリーという表現自体についても注意が必要である．たとえば言語の系統推定を行なう場合，Gray and Jordan（2000）では最節約法を用いたツリーを構築している．しかし，日本語と英語のように言語間でも当然異系統での情報のやり取りは存在するはずで，本来ならツリーではなくネットワークを構築すべきだと言えるかもしれない．ここで注意すべきなのは，このツリーが完全に厳密な分岐関係を表しているわけではなく，分岐関係は近似として理解すべきであるということだ（e.g., Greenhill et al. 2009）．たとえ系統間での水平伝播が生じても，系統の分岐がある程度明確なものであるならば，近似図としてツリーで表現してもそこまで大きな問題にはならない．たとえば植物でも当然系統間での交配などは多々生じているだろうが，それでもツリーを書くことは可能である[6]．実際，Gray and Jordan（2000）におけるオーストロネシア語族の言語データをネットワーク解析してみると，水平伝播はそこまで多くは生じてお

---

6) たとえば http://www.mobot.org/MOBOT/Research/APweb/treeapweb2map.html などを参照．

ず，それぞれの枝はかなり明確に分かれていることがわかるだろう（図 5.5）[7]．

また，保持指数（retention index）や一致指数（consistency index）などから文化の系統パターンが必ずしもネットワークを形成しない（すなわち，それぞれの系統が融合しない）ということを論じた議論もある（e.g., Collard et al. 2005, 2006 ; Mesoudi 2011）．この議論によると，一致指数が小さいほどホモプラジー（すなわち，共通祖先から引き継がれた相同形質ではないが，類似した形質）が多く，データはツリー状でないことを意味するらしく，実際多くの文化系統では，ミトコンドリア DNA の系統樹と同程度の比較的低い保持指数の値になっている（Collard et al. 2005, p. 58）．しかし，最節約法によって復元された系統樹においてホモプラジーが少ないからといって，対象となる文化の系統パターンがツリー状であることを保証できることにはならないはずである．たとえば単純に収斂進化が多ければホモプラジーの数は増加するように思うが，それはそれらの系統が網目状であることを意味しないだろう．したがって，こういった指数のみからツリーかネットワークかを判断するのは少し無理があるように思われる．

もちろん，ネットワークがあまりにも入り組んだものになってしまった場合，可視性が損なわれてしまってそこから何かを読み取ることが困難である，というようなこともありうる．この問題をどう処理していくかについては今後の課題であるが，これもまた，もちろん文化だけに特有の問題ではなく，生物においても考えられるものである．

最後に，どのような単位で系統関係を構築すべきかという問題も考えられる．生物の場合，現在は遺伝子配列に注目した分子系統樹が主流になっているが，文化の場合は（ミームのようなものを想定しない限り）遺伝子に相当するようなものが存在しない．しかし，生物の場合でも遺伝子以外の形質データを系統推定に組み込むことはできるし，その際にはどの形質を重要視すべきかという問

[7) ここでは言語の変化に関するモデルを立てず，単に類似性のみに基づいてネットワークを作成する方法を用いているため，水平伝播の時期が直観的に考えられるもの（つまり，水平伝播はより近年でも生じているのではないか，など）とは異なって見えるかもしれない．ただそれでも，どれだけの水平伝播が生じたと考えられうるか，ということの指標の一つにはなるだろう．

128　第 II 部　文化進化研究へのアプローチ

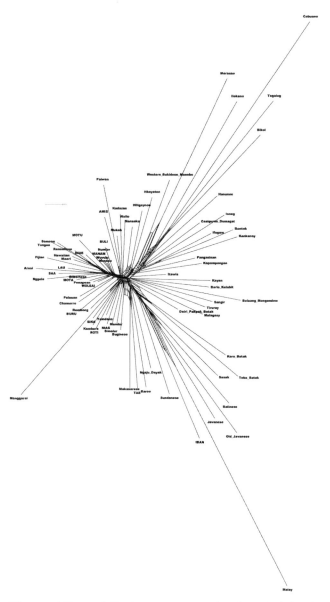

図 5.5　NeighborNet を用いた Gray and Jordan (2000) のデータセットのネットワーク分析.

題が生じ，この問題はおおむね研究者間での経験的な合意によって解決されてきている．その意味では，生物も文化も同じような問題を抱えており，文化に固有の問題とも言い切れないだろう．

4 結　語

　文化系統学は始まったばかりの分野であり，いくつかの方法論的問題を抱えていることも確かである．しかし，それらは文化系統学の原理的な可能性を否定するようなものではなく，また文化特有というよりは，生物の場合にも当てはまるような問題も多かった．さらに，ここまでさまざまな具体例を通じて確認してきたように，文化進化の考察にあたって系統学の手法が有効であることも間違いない．このように，文化系統学は十分妥当かつ有用な研究プログラムであると結論できるのである．

第 III 部
人間行動進化の実例を検討する

第 6 章

罰の進化

　本章と次章では，人間行動の進化の実例として罰の進化と教育の進化を取り上げ，両者に関してこれまでえられてきた経験的知見を批判的に検討する．先述したように，第 III 部での考察は次のような二つの観点から行なわれている．まず，人間行動進化学の哲学においては，研究プログラムといった大きな枠組みの考察だけでなく，実際の人間行動の進化の実例を詳細に検討するといった研究も数多く行なわれてきている (e.g., Carruthers 2009 ; Dennett 1995 ; Sterelny 2003, 2012)．以下の考察は，そうした流れの中に位置付けられる考察の一つでもある．次に，第 III 部での考察は，文化進化の一メカニズムとして，罰と教育がどのように機能してきたのか，という点に関する考察でもある．第 4 章第 3 節では，罰と教育が文化進化を促進する要因の一つであるという見方を紹介したが（そして，第 6・7 章においてこの見方に否定的な見解が論じられる，と示唆したが），それが果たしてどこまで正しいものなのかどうかを，罰と教育の進化過程を考察するなかで検討していく．以上二つの観点から，罰と教育の進化に関して考察を展開するのが，第 6・7 章の目的である．

　まず本章では，罰の進化について考察する．具体的には，以下二つの仮説の検討を通じ，罰が文化進化にとって重要な役割を果たすようになったのは，比較的最近である可能性を指摘する．罰の進化に関してはここ 20 年ほどの間にさまざまな研究が蓄積されてきているが，これらの研究では一つの仮説がかなり有力なものだと考えられている．それは，罰が行動修正戦略として進化してきたという仮説である．この仮説によれば，協力行動における罰は，最初は協力しないものの，罰を受けることで相手が行動を修正し，次回以降の相互作用において協力に転じることで進化しうると考えられている．しかし，本章では

この行動修正戦略としての罰に代わる新たな罰の進化メカニズムを提案し，さまざまな動植物に見られる罰から人間に至るまで，その代替案で説明が可能であることを論じていく．

　本章の具体的な内容は以下の通りである．まず，第1節では本章で用いられる，罰やそれ以外の概念に関して整理を行なう．次に，第2節では罰の進化をめぐる二つの主要な競合仮説を概観する．第3節ではまず植物や昆虫のケースを概観しながら，罰を受けた相手が罰を与えた側に有利になるような行動修正を行なわなくとも，罰の進化が十分説明できることを指摘する．第4節ではこの議論を，哺乳類を含む脊椎動物に拡大する．特に哺乳類などは罰を受けて行動を変化させる，すなわち学習が可能であることは広く知られた事実であり，一見すると行動修正戦略としての罰は彼らの学習行動などと調和的なものに見えるかもしれない．しかしそれでも，第5節における人間の罰のケースを含め，哺乳類や人間の罰は，行動修正戦略の観点からは説明できないような特徴を持っていることを指摘する．

　また，本書のテーマは人間行動の進化であるので，昆虫や植物，あるいはヒト以外の哺乳類における罰の進化を扱う必要はないのではないか，と思われるかもしれない．だが，後述するように，ヒトにおける罰の進化メカニズムは他の動植物とも共通しており，ヒトにおける罰の進化が特殊なものでないことを示すという意味でも，ヒト以外の生物における罰の進化も考察する価値は十分にあるだろう．

1　概念の整理

　罰という概念はかなり広い分野で使用されるものであり，それぞれの分野では異なった意味合いを与えられる場合も多い．たとえば教育の現場における罰はそれこそ相手の行動を修正させるための懲罰であろうし，各国の法律で定められた罰則に関しても，応報的なものから教育的なものまで，それが意図している内容については解釈が異なっているだろう．罰の進化を論じていくにあた

って，罰という概念の背後にあるこうした概念的な多様性は混乱を招きかねない．したがって，まずは以下の議論で罰という言葉が何を意味しているのかを明らかにしておこう．

1.1 罰の行動的特徴付け

基本的に，罰はある生物に損失を与える行為であると考えられる．もちろん，ここでの行為は植物やバクテリアにまで拡大できるようなものであり，人間のみに当てはまるような概念ではない．さらに，進化的な視点から罰を論じていくためには，この「損失を与える」度合いを適応度の観点から測らなければならない．すなわち，ある生物に損失が与えられる，あるいは，その生物にコストが課されるという場合，それはその生物の絶対適応度が減じられているときのみであると考えられる．損失を与えられた生物における適応度の減少は，（その生物体の生涯にわたって影響を及ぼしうるような，長期的な絶対適応度の減少に対して）基本的には短期的なものである．したがって，たとえば罰によって短期的に適応度が減少しても，別のメカニズムなどによって，罰を与えられた側の長期的な適応度は増加する場合もある（e.g., West et al. 2007）．

さらに，損失を与える他の行動と罰は，後者が条件的であるという点で区別されなければならない．すなわち，進化的な観点からの考察の対象になっている罰は，その罰の受け手となる生物によって引き起こされた最初の有害な行為（あるいは形質）が原因となって，その受け手に対して行なわれる，有害な（すなわち適応度を下げる）行為である，ということだ．これが本章で採用する罰の定義である．ここで，罰や罰の傾向性を誘発するような形質もしくは行動のことを（罰を与える生物に有害な行為であるという意味で）侵害（violation）と呼ぶことにしよう．また，この条件的であるという点において，損失を与えかねないさまざまなタイプの行動と罰は区別することができる．たとえば，嫌がらせ（harassment，たとえばチンパンジーにおける嫌がらせについては Gilby 2006 を参照）や単なる攻撃とも，罰は別物である．というのも，嫌がらせや通常の攻撃は一方的なものであり，嫌がらせを受けた個体はその相手に対して反撃もせず，

第6章 罰の進化 135

表6.1 利他性,利己性,相互扶助,意地悪行動の区別.

		行為者	
		適応度の増加	適応度の減少
行為の受け手	適応度の増加	相互扶助	利他性
	適応度の減少	利己性	意地悪行動

損失を与えることはないからである.

また,一般的には,行為者と行為の受け手の適応度の増減に基づき,その行為は利他的行動（altruism）,利己的行動（selfishness）,意地悪行動（spite,意地悪行動に関しては Hamilton 1970 ; Trivers 1985 ; Foster et al. 2001 ; Gardner and West 2004a, 2006 ; Lehmann et al. 2006 ; Gardner et al. 2007 ; West and Gardner 2010 を参照),相互扶助的行動（mutualism）という分類が行なわれることもあるが（表6.1を参照）,この分類に即して罰が持つ特徴をより明確にしておこう.West と Gardner（e.g., West et al. 2007）の議論によると,これらの行動は次のように定義される.まず,意地悪行動とは,意地悪行動の行為者とその行為の受け手の長期的な絶対適応度を減少させる形質／行動である.次に,ある形質が利他的であるのは,それが行為者の長期的な絶対適応度を減少させ,行為の受け手の長期的な適応度を増加させるときのみである.また,ある形質が利己的であるのは,それが行為者の長期的な絶対適応度を増加させ,他方で行為の受け手の絶対適応度を減少させるときのみである.最後に,ある形質が相互扶助的であるのは,それが行為者と受け手の両方の長期的な絶対適応度を増加させるときのみである.

以上の分類に基づくと,罰は相手に損失を与える行為であるのだから,意地悪行動もしくは利己的なものであると考えられるだろう.ただし,ここで重要なのは,罰が意地悪行動であるか利己的であるかを判断する際,想定されているのが長期的な適応度の増減であって短期的な適応度の増減ではないという点である.仮に罰が罰を与える個体の適応度を短期的に減少させていても,行為者に課されるコストが最終的に行為者の適応度を増加させるのであれば,この罰は利己的であると言える.たとえば,罰を受けた生物が罰から学習して行動

を修正し，罰を与えた者へ利他的に振舞う場合などはそうであろう．また，先述した嫌がらせや単なる攻撃も，基本的には利己的な行為だと考えられる．しかし，後者の行為は条件的でないという点で罰とは異なっていることに注意されたい．

さて，ここまで罰をさまざまな枠組みから特徴付けてきたが，これらの特徴付けは基本的に行動的，あるいは機能的な特徴付けである．すなわち，ある有害な行為もしくは形質への反応として，その行為を行なった生物へコストを課すことが罰である．この特徴付けには，たとえば罰を与えるためには規範に関する理解などが前提されていないことに注意しよう．何らかの行為が禁じられていたり要求されていたりすることを，罰を与える側が認識している必要はないのである．さらに，罰を与える側は，罰を受ける側がある特定の仕方で振舞うことや，特定の形質を持っていたり持っていなかったり，ということも予測できている必要はない．実際，ここでの罰は罰を与える側と受け手の両者に関して，心さえも前提していない．たとえば第3節で論じられるいくつかの具体例が示しているように，植物もまた罰を与えうるのである．こうした罰の行動的な特徴付けは，罰の進化をさまざまな系統で比較考察するためには必要なものである．たとえば認知的もしくは心理的な要素を罰の概念の中に組み込んで特徴付けを行なってしまえば，その特徴付けのせいで，罰はごく最近に進化した形質である，と結論せざるを得なくなるだろう．そして，罰が人間以外のさまざまな生物にも観察できるということを検証できなくなってしまう．本章ではさまざまな系統における罰の進化的道筋を考察することが目的であるため，心理的な要素を含まない特徴付けを採用する（同じような理由から進化的文脈における行動的な定義を擁護する議論としては，レイプに関する Thornhill and Thornhill 1989，教育に関する Caro and Hauser 1992，暴力や戦争に関する Wrangham and Peterson 1996 の議論を参照のこと．また，これらに対する検討は Mitchell 2003 などがある）．

ここまで行なってきた罰の特徴付けは，進化的な文脈における他の代表的な定式化と概ね同じ内容を持っている（e.g., Boyd and Richerson 1992；Clutton-Brock and Parker 1995；Boyd et al. 2003；Cant and Johnstone 2006；Jensen 2010）．たとえば

進化的な文脈で罰を最初に論じた Clutton-Brock and Parker（1995）は罰を次のように定義している．

> 個体もしくは集団は，一般的に，自分自身の適応度を下げるような行動に対して，［罰の］扇動者の適応度を減じるような，あるいはその扇動者が最初の行動を繰り返さないように仕向ける行動で反応する．われわれは，このような行動戦略を罰と呼ぶ．ただしそれは，・罰・を・与・え・る・側・に・意・識・的・な・決・定・も・道・徳・的・な・意・味・も・含・意・し・て・い・な・い．（p. 209, 強調は引用者による）[1]

この定義は，ここまでの定義と同様に行動的なものであり，さらには条件的な罰の性質を強調したものになっている．しかし注意しなければならないことは，以下で提案する筆者の仮説とは異なり，罰という概念の中に，罰が侵害の頻度を減じる結果に繋がることがあるというアイディアを組み込んでいるうえ，この頻度減少は罰を受けた側が罰に応答して行動を修正することによるものだ，と強調している．

Jensen et al.（2007b, p. 13046）も同様な定義を罰に与えている．「生物学的な意味において，罰はある行動が生じる可能性を減じる戦略として」定義できる．しかも「他者から受けた有害な行動の現状のように，罰を与える個体には将来的に利益を与えるという意味で，それは基本的に利己的なものである」と述べている．これもまた上記の定義と同様に行動的なものであり，なおかつ Clutton-Brock and Parkar（1995）のものと同様，侵害の頻度を減じることと罰を結びつけているという点で，以下で提案する仮説とは異なっている．Jensen（2010, p. 2637）はまた，罰を「コストを払って別の個体にコストを課し，それが罰を与える者に遅延された利益をもたらす」ものだと定義している．Jensen もまた，ここでは罰の要件として認知的能力を要求せず，しかし罰が最終的には利己的なものであると論じている．

---

1) こうした定義は次節で論じる第三者への罰を想定したものではないが，第三者への罰はこうした二者間での罰の対象が第三者に置き換わったものであり，両者とも同じ罰であると一般的には考えられている．

最後の例として，Raihani et al. (2012) の定義を確認しておこう．ここでも罰は「ある個体が自分自身の適応度を下げて裏切り者のパートナーに損失を与えるときに生じる」とされている．さらに，「このような罰によって，罰を与える者は裏切り者の利益を減じ，さらに次回以降の相互作用において裏切り者から協力的な行動が促進される」と述べている．この定義もまた，罰の条件的な性質を強調している一方で，罰の受け手の行為に影響を与え，さらには罰を与える側にコストのかかる行為として罰を定義している．

1.2　さまざまな罰の形

ここまでは罰そのものの特徴付けを行なってきたが，このように特徴付けされた罰にもさまざまなサブカテゴリーが存在する．ここではそうしたさまざまな種類の罰の形を確認しつつ，分類と整理を行なっておこう．

まず，第三者への罰と二者間での罰は，一般的に次のような形で区別が行なわれている．二者間での罰が生じるのは，罰を与える者に対して，侵害が直接損失を与える場合である．簡単な例を挙げておけば，顧客がレストランでウェイターにチップを払わなければ，そのウェイターは顧客を追い払おうとするかもしれない．他方，第三者の罰が生じるのは，罰を与える者自身が罰の受け手による侵害から損失を受けていない場合である．何らかの犯罪や被害を目撃した場合，たとえその犯罪や被害からあなた自身が何の損失を被っていなかったとしても，あなたはもしかすると怒りを感じてその犯罪を犯した者を罰してやろうという動機を抱くかもしれない．これがまさに第三者への罰の例である．

次に，罰は隠れて与えられる場合とオープンに与えられる場合がある．罰の受け手が罰されて何らかのコストを課されていることに気付いていれば，それはオープンな（あるいは開かれた）罰である．たとえばここまで論じてきた罰は，悪い事を行なった子どもを叱りつけて叩いたり，刑の執行者が囚人に刑を執行したりするような，他人に損失を与える場合を指している．これらはすべて開かれた罰であり，当然罰の受け手は罰されていることを認識している．しかし，罰は必ずしも開かれている必要はない．第5節で後述するように，評判

などのメカニズムによって罰が隠れて与えられる，すなわち罰の受け手が罰されていることに気付かないで与えられる場合も十分にありうる．

　第三に，罰は罰を与える者にとってコストがかかる場合，すなわち，罰を与える者の短期的な絶対適応度が罰によって減少する場合もあるが，常にコストがかかるとは限らない．たとえば同じく第5節で後述する村八分や評判による罰などは，罰を与える者にとってそれほど大きなコストのかからない罰の一種であろう．しかし，一般的には多くの罰がコストのかかるものだと考えられている．

　最後に，罰は二個体間（や小集団）もしくは大集団で与えられる場合がある．この区別は罰の進化を考察する上では非常に重要なものである．罰が二個体間や小集団でなく大集団で与えられ，その罰が集団のメンバーに利益をもたらすようなものであり，なおかつ罰を与える者がコストを支払わなければならないような場合，罰はある種の公共財であり，いわゆるフリーライダー（ただ乗り者）の問題が生じる．すなわち，誰もがコストを払ってまで罰を与えようとはせず，他の誰かに罰を与えさせようとするため，結果的に誰もが罰を与えなくなる，という問題である（Oliver 1980；Boyd and Richerson 1992；Henrich and Boyd 2001；Gardner and West 2004b）．しかし，この問題は二個体間や小集団では基本的に生じない，あるいはあまり大きな問題にならないと考えられている（e.g., Clutton-Brock and Parker 1995）．

2　罰の進化に関する二つの仮説

　本章の目的は，ヒトを含むさまざまな動植物において，罰が進化してきた道筋，そして罰が選択されてきたものであるなら，それに影響を与えてきた選択圧を推定することにある．本節では，この選択圧に関する二つの仮説を提示し，どの程度それらがもっともらしいのかを検討する．

2.1 行動修正戦略としての罰

　人間社会で与えられる罰の効果の中で最も顕著なものの一つが，罰の受け手の行動に影響を与える可能性である．罰の受け手が罰を受けているのだということを認識し，なぜ罰を受けているのかその理由を理解していれば，罰の受け手は自分の行動を変化させ，ひょっとすると侵害をやめたり，あるいは侵害を繰り返さなくなったりするかもしれない．確かに再犯は珍しいものではないとはいえ，この効果はかなり有効である場合もある．たとえば2年以内の刑を受け，刑務所への収監が初めてであるような男性受刑者は，出所から3年以内の間に再収容されない割合は53.6％にも及ぶ[2]．さらに親はいわゆる体罰によって自分の子どもを罰する，あるいは過去に罰するような風習もあったが，それは罰を受けなければならないような行為を子どもに二度と繰り返させないことを願って与えられている．また，人間は罰に応じてその行動を変化させる唯一の動物ではない．たとえば，犬などのペットをしつけるために，罰はごく一般的に用いられているものだろう．

　こうした人間社会やさまざまな動物における罰を念頭においてしまうと，罰の進化に関する次のような仮説が自然に受け入れられてしまうかもしれない．すなわち，罰が進化してきた理由は，罰への反応として，罰の受け手が行動や形質を修正し，侵害が繰り返されなくなってしまったからであろう，という仮説である．実際，Gardner and West（2004b, p.754）は明確に，人間がこのような仮説の原型を与えてくれていることを述べている．「われわれは自身のモデルを人間の観点から論じる．というのも，近年の理論的研究のほとんどが焦点を当てているのが，まさにこの人間社会における罰であるからだ．しかし，その含意は一般的なものであり，実にさまざまな生物に拡大することができる」．この仮説によれば，［罰によって罰の受け手が行動を修正し，そこから罰を与えた者へ与えられる利益］＞［罰が罰を与える者に対して課すコスト］という図式が成

---

2) このデータはアメリカの Bureau of Justice Statistics（BJS）から2011年11月に取得したものである（http://bjs.ojp.usdoj.gov）．

立すれば，選択によって侵害者を罰する傾向が進化する，ということになる（しかし，大集団での罰が生み出す問題については，5.4項を参照のこと）．この仮説が正しいとすれば，罰は「行動修正戦略 (behavioral modification strategy)」である，すなわち罰が進化したのは罰を受けた者が有害な行動を修正してきたからである，と考えられる．この見方にたてば，罰はある意味で教育的なもの，と言うことができる．

　罰が行動修正戦略として進化してきた，という仮説はかなり広く受け入れられている．まず，一部の研究者たちは罰が別の理由でも進化しえたことを認めつつも，罰が進化してきたのはほとんどの場合，罰の受け手の行動を修正させることができたことのおかげであると論じてきている．おそらくこれは，「生物が実際に罰に応答するということに関しては，膨大な経験的証拠がある」(Boyd and Richerson 1992, p. 177 ; Gardner and West 2004b ; West et al. 2011なども参照）という理由からだろう．先述したClutton-Brock and Parker (1995) も次のように述べている．

　　……最終的に，罰はある種の利己的な行動であり，罰の被害者が罰を与えた者に対して有害な行為を繰り返す，あるいは有益な行為を行なうことを拒否する可能性を減じることにより，罰を与える者に利益を与えている．ほとんどの場合，罰の被害者が有害な行為を繰り返さないことを学習することで，罰を与える者は利益を得ることができるのだが，極端な場合には，罰の被害者が集団から追い出されたり移住を強要されたりして，罰が利益を生み出す場合もあるかもしれない．(Clutton-Brock and Parker 1995, p. 209, 強調は筆者による）

　ここで，集団からの閉め出しのように，罰の受け手が行動を修正するかどうかとは独立に罰が利益を生み出しうること（この点に関しては3.2項や4節などを参照のこと）をClutton-BrockとParkerは認めているのだが，それはかなり極端な場合に限定されていると述べ，行動修正戦略としての罰の役割を強調している．Clutton-BrockとParkerの見方はかなり影響を持っており，たとえば彼らを引用しつつ，West et al. (2011, p. 239) は次のように述べている．「罰を受

けた個体は罰に応答してその行動を修正し，将来の相互作用において罰を与えた個体と協力する可能性が上がるのである」(Cant and Johnstone 2006 でも同様の言及が見られる)．

次に，人間の系統における協力（すなわち，行為者にとってコストがかかるが，他の個体に対しては利益を生むような行動や形質）の進化に関するモデルの多くで，罰が罰を受けた個体に行動を修正させ，彼らに協力を強いるということが前提されている (Boyd and Richerson 1992 ; Henrich and Boyd 2001 ; Boyd et al. 2003, 2010 ; Gardner and West 2004b)．さらに，罰の進化それ自体もまた，罰の受け手が罰によって行動を修正して協力に転じ，そこから得られた利益によって，罰が罰を与える側に課すコストが相殺されるということと結びつけられて論じられている．Gardner and West (2004b, p. 753) では次のように述べられている．「罰を与えるという行動はしばしば彼らにとってコストのかかるものであり，だからこそどのようにしてコストのかかる罰が進化しえたのがが自明ではないのである……最も重要な要素は，個体の罰戦略と罰を与える者が受け取る協力の間に正の相関関係がある，ということなのである．この相関はさまざまな仕方，たとえば行動の条件的な修正によって，より多く罰する個体と相互作用する時にはより多く協力する，という結果が得られるような形で生じうるのである」．

もちろん，罰の受け手が人間であれば，確かに罰に応じて行動を変化させることを前提にしてよいかもしれない．しかし，第 5 節では，人間の系統においてでさえ，罰は罰の受け手が行動を修正することによって進化してきたのではない可能性を指摘していく．

2.2 行動修正なしの罰

上記のような行動修正戦略としての罰という仮説（これを以下では行動修正戦略仮説と呼ぶことにしよう）が罰の進化に関して広く受け入れられている一方，他の代替メカニズムによって罰が進化することも可能である．このメカニズムは複数あるが，それらが共通して持っているのは，罰の進化が行動修正によっ

て生み出された利益を必要としない，ということである．

　最初のメカニズムは，生み出すのに（短期的な）コストのかかるような利益を，ある個体が別個体に与えるような場合に適用できる．すなわち，利益を与える側の個体が別個体に利益を与えることをやめてしまう場合，罰となるのである．罰の受け手はこの利益を失い，その意味でコストが課されることになる．他方，利益を与えていた側の個体は利益を与えるというコストをこれ以上被る必要はなくなる．すなわち，罰から利益を得ているわけである．こうしたメカニズムに基づく罰の進化はかなり容易なものである．利益を与えていた側が受け手に利益を与えて何の見返りも得られない場合，罰を与えないような個体はそのままずっとコストを被り続けるであろうし，一方で罰を与える個体はこのコストをこれ以上支払わなくてすむ．こうして罰を与える個体は罰を与えない個体よりも適応的である，ということになる．このようなメカニズムを，「損失削減戦略（loss-cutting strategy）」と呼ぶことにしよう．

　Bergmüller et al.（2007, p. 64）はこれと類似したメカニズムを「負の疑似互恵性（negative pseudoreciprocity）」と呼び，次のように特徴付けている．「ある個体（罰を与える個体）は，パートナー［すなわち侵害者］が投資してくれない，あるいは過剰に搾取しようとする場合，適応度の損失を避けるために相互作用をやめてしまう」．この疑似互恵性とは，2個体A, Bの間で利益をやり取りするのだが，Aが与える利益を生み出す際にコストがかからない一方，Bが与える利益を生み出す際にはコストがかかる，というような非対称関係を指す（e.g., Conner 1986）．Cant and Johnstone（2006, p. 1383）も同じメカニズムを「独善的な罰（self-serving punishment）」と呼び，それは「裏切りにあった際，プレイヤーが相互作用をやめてしまえるような場合に生じる」ものだと述べている．また，こうしたアイディアは小集団や二個体間での罰だけでなく，大集団にも拡張できる（数学的な取り扱いはHirshleifer and Rasmusen 1989を参照）．

　次はもう一つのメカニズムを見てみよう．これは，侵害者にコストを課すことにより，その侵害者が罰を与えた者やその血縁者に損失を与える能力を失ってしまうことによって，罰が進化しうるというものだ．このような場合，罰を与える側が被るコストが侵害者によって与えられる損失を減じることから得ら

れる利益よりも小さい場合，罰は進化しうるということになる．また，罰を与えない者は罰を与える者より大きなコストを被り続けるので，後者の方が前者よりも適応的であると考えられる．このようなメカニズムを，「損失負荷戦略（cost-imposing strategy）」と呼ぶことにしよう．あるいは，罰は損失を与えるためのもの（for harming）である，と言えるかもしれない．

このメカニズムによって罰が進化するシナリオは複数考えられる．まず，罰の受け手が殺されてしまうか，あるいはかなり深刻な被害を受けてしまい，罰を与えた個体に有害な行為を働くことができなくなってしまうような場合が考えられる（これは，第4節で紹介するミーアキャットの例に当てはまる）．次に，罰の受け手の適応度が減じられ，彼らの子孫（この子孫もまた，侵害者であると想定しておく）の数が減少するかもしれない．結果として，罰を与える側やその子孫に有害な行為を働くことができる個体の数が減少するかもしれない．これらのケースにおいて，罰は短期的にはコストのかかる行為であるのだが，そのコストは（罰の受け手が子孫の数をより多く減らしてしまったり，侵害を行なう能力を著しく減少させてしまったりすることによって）相殺され，長期的な利益を罰を与える側にもたらしている．したがって，罰は利己的なものだと考えられるのである．最後に，罰を与える者には直接的に利益が反映されないのだが，それでも彼らの血縁者にその利益が反映されるような場合が考えられる．すなわち，ある世代の個体による罰が同じ世代の侵害者の子孫数を減らし，罰を与えた者の子孫に間接的な利益をもたらすことも考えられる．この場合，罰は（罰を与えた者にとっては）意地悪行動になってしまう．

以上のように，罰の進化が行動修正を必要としないという仮説は全く支持を受けていないというわけではなく，一部の研究者からは，罰の初期進化に際して重要なメカニズムであると考えられている．たとえば，Cant and Johnstone (2006, p. 1383) は「罰が他のプレイヤーの反応に関わらず利益を生む場合，罰という戦略が罰を与えない個体の集団に侵入することができる」と述べ，罰が一旦進化した後には，それがある種の脅威や行動修正戦略として機能しはじめることを指摘している．Nowak and Highfield (2010, p. 223) では，人間の系統においても罰が「協力の進化のメカニズムとしてではなく」むしろ「互恵性の

枠組みに上手く当てはまる」ようなもの，すなわち罰は「私がある損失を被ったら，その結果として，あなたはさらに大きな損失を被る」という戦略として進化してきたものだと論じている．GardnerとWestもまた，罰が行動修正戦略として進化しうるという見方を大きく強調しているのだが，第三の損失負荷戦略のバージョンの可能性を認めている（West et al. 2007, p. 422）．「代替的な可能性としては，罰が血縁者と競合するような個体の適応度を減じることによって，［罰を与える個体に］間接的な利益をもたらす場合にも罰は進化しうる．この場合，罰は意地悪行動と見なせる」．

　これらの引用が共通して持っている特徴は，罰が行動修正なしでも進化しうるというアイディアである．ただし，それらはそれぞれ異なるメカニズムを強調している．CantとJohnstoneは独善的な罰もしくは負の疑似互恵性，すなわち損失削減戦略としての罰に言及しているし，NowakとHighfieldやWestらは利己的もしくは意地悪行動としての罰，すなわち損失負荷戦略としての罰を強調している．これらのアイディアは，もちろん（個体群構造や罰を与える際のノイズなどを考慮した上で）数学的に定式化して，それらがどれほどもっともなものであるかを示すことはできるだろう．しかし，本章ではこういった数学的定式化ではなく，むしろ人間を含むさまざまな系統における罰の具体的なケースを確認していくことにより，罰の進化が罰の受け手の行動修正によらないものであり，ここまで論じてきた代替的メカニズムで説明が可能であることを論じていく．

　また，行動修正が重要であるか否かが上記の代替メカニズムと行動修正仮説とを隔てる要因であるが，もちろん両者には共通点もある．それは，罰と何らかの形での利益の間に正の相関があって初めて罰が進化しうるということである．行動修正仮説と上記の代替メカニズムの違いは，この利益の発生源にあると言ってよい．すなわち，一方は行動修正から得られる利益であり，他方は相手が侵害を行なう能力を失うことから得られる利益である．

2.3 行動修正仮説の直観的妥当性

　罰が行動修正戦略として進化してきたという仮説は，動物界におけるオペラント条件づけなどから考えても，直観的には妥当なように思える（Raihani et al. 2012）．オペラント条件づけ（いわゆる刺激・反応学習）とは次のような現象である．ある生物（たとえばラットやウミウシなど）がある特定の仕方で振舞い，その行動が時間的に連続している有害行為を生み出す場合，同じ仕方で行動する可能性が低くなる，というものである（e.g., Thorndike 1901；Skinner 1953）．たとえば，レバーを押すと電気ショックが与えられるようなスキナー箱に入れられたラットは，そのレバーを繰り返し押す可能性は低くなるだろう．こうしたオペラント条件づけは幅広い動物で観察できる．たとえば蚊のような昆虫や，ウミウシのような軟体動物，ハトなどの鳥，ラットや霊長類，そして人間のような哺乳類などである．ここから示唆されるのは，このオペラント条件づけが生命史のかなり早い段階で進化したかもしれない，ということだ．こうした事実を踏まえるなら，オペラント条件づけに見られるような行動の可塑性が罰の進化において非常に重要な役割を果たしたと考えられるだろう．すなわち，侵害者は罰を受けることにより，オペラント条件づけによって罰と自身の行為を結びつけ，二度と同じ行為を繰り返さないように学習する，ということである．

　罰とオペラント条件づけを結びつけようという思弁は，確かに直観的にはもっともらしいものである．しかし，限界があるのも確かだ．オペラント条件づけが罰の進化の基礎になるためには，罰が侵害と時間的に連続的でなければならないだろう．そうでなければ，罰は生物に対して否定的に条件づける，すなわち侵害を繰り返す可能性を減じることができない．第4節での具体例でも見られるように，問題は，実に幅広い系統において罰がしばしば侵害と時間的に連続していないということなのである．

　上記の議論が正しいとすれば，オペラント条件づけに基づく罰の行動修正仮説の直観的妥当性は，疑わしいものになってしまうだろう．本章の残りでは，こうした直観的な議論を超えて，より具体的なケースを確認することにより，罰の進化メカニズムに関する考察を進めていく．

3 植物や昆虫における罰

罰の進化に関する近年の議論は人間や霊長類に焦点を当てる傾向にあった (Boyd et al. 2003, 2010 ; Henrich et al. 2004, 2006 ; Jensen et al. 2007a, 2007b ; Mathew and Boyd 2011). しかし罰は植物, 昆虫, 魚, 哺乳類など実にさまざまな分類群で観察できるものである. 本節では植物と昆虫における罰の例を検討し, その進化が罰の受け手の行動修正に依存しないということを示す. そして, この知見が罰の進化にどのような含意を持つかを論じる.

3.1 植物や昆虫でも一般的な罰

もしかするとこれは驚くべきことなのかもしれないが, 罰はさまざまな植物の間でも観察されている. その一例が, 根粒菌 (rhizobia) と大豆の相利共生関係における罰である (Kiers et al. 2003). 根粒菌は大豆の根にくっついている小さな根粒の中で生きており, その中で窒素を固定している. 窒素の固定は根粒菌にとってコストのかかるものであるが, 固定された窒素は, 自分自身では窒素を固定できない大豆の成長に貢献している. この窒素固定のお返しとして, 大豆は光合成から得られた栄養物を根粒菌に与えている. もちろん, 光合成はコストのかかるプロセスであり, こうして両者の間には栄養物と固定された窒素を与え合う相利共生関係が成立している. ただし, この相利共生関係は完全なものではなく, 根粒菌の系統の中には窒素を固定しないものもいる. この系統は大豆にとってコストのかかる（光合成によって得られた栄養を与えるという）形質から利益を得る一方, お返しに何も利益を与えることをしておらず, その意味で大豆にコストを課しているわけである. ただ, この大豆が裏切り者の根粒菌を認識したとき（常に認識できるわけではないのだが), 大豆は根に付属する根粒の酸素浸透性を減少させ, これは裏切り者の根粒菌に与える栄養分も減少させることにつながる. 裏切り者に栄養分を与えなくなることは, 大豆にとって利益を生む. というのも, 大豆はこれ以上自分自身にコストのかかる行動

148　第 III 部　人間行動進化の実例を検討する

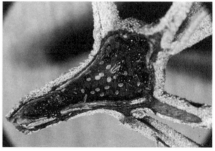

図 6.1　瘤とその中に住むアリ（http://academic.evergreen.edu/projects/ants/antplants/CORDIA/Cordia.html）．

（つまり，栄養分を与えるという行動）を行なわずにすむし，さらには罰を与えることによって，罰を与えないでこのままずっと裏切り者の根粒菌に搾取され続ける個体よりも適応度が高くなるだろう．これは前節で論じた損失削減戦略の例だと考えることができる．ただ，（根粒菌にコストを課すという点では）損失負荷戦略でもあるだろう．実際，栄養分の提供をやめてしまうことは根粒菌にとってコストのかかる行動であり，酸素浸透性を減じられた根粒にすむ根粒菌の数は，そうでない根粒菌よりも大きく数を減らすことが実験でわかっている．

　ムラサキ科の植物である *Cordia nodosa* は中に空洞をもった瘤を枝の付け根に形成する（これは domatia と呼ばれる．図 6.1 参照）．この瘤はあるアリの種（*Azteca* ants）のよい住処となっており，ときにはこのアリに食べ物（つまり自分たちの葉）まで提供することもある（Edwards et al. 2006）．domatia を生み出すことは当然生理的なコストがかかるものの，ここに住むアリが植物を外敵から守ることにより，*Cordia nodosa* は見返りを受け，相利共生関係が成立している．しかし根粒菌の例と同様，*Cordia nodosa* を守ろうとしないまま，この瘤の中に住もうとするアリの種がいくつか存在する．このアリは住処という *Cordia nodosa* にとってコストのかかる形質から利益を得て，見返りを与えることなく植物にコストを課しているわけである．ただ，この場合も *Cordia nodosa* はこの裏切り者のアリを罰することができる．自分たちの葉が一定の

割合以上傷つけられたとき，アリが十分に自分たちを守ってくれていない，すなわち瘤に住んでいるのは裏切り者のアリであると判断し，瘤の成長を止めてしまうのである．このような罰は Cordia nodosa にとって利益のある形質である．というのも，それは彼らにとってコストのかかる domatia の成長を止めることができるからである．これもまた，損失削減戦略の一例であり，domatia の成長を止めてアリにコストを課すという点では損失負荷戦略の一例でもあるだろう．さらに，この罰は裏切り者のアリにとってかなり効果的な罰であるようだ．実際，Cordia nodosa の上で発見できるアリの 90％が，きちんと彼らを守るアリの種なのである．

植物と昆虫の相利共生関係における罰は他にも例がいくつかある．たとえばイチジクとイチジクコバチ（Jandér and Herre 2010），ユッカとユッカ蛾（Pellmyr and Huth 1994）などがそうである．たとえばイチジクとイチジクコバチの例では，各々のイチジクの木が特定のパートナーとして数種のイチジクコバチを選んでいる．このハチはパートナーである木に花粉を運び（これはハチにとってはコストがかかるが，木にとっては利益となる行為である），その代わりにハチはイチジクの中に卵を産み，幼虫はそこで生活することができる（これは木にとってコストがかかり，ハチにとっては利益となる行為である）．こうした相利共生関係の中にも裏切り者のハチが存在し，花粉を運ばずにイチジクの中に卵を産もうとする種もいるのである．こうした裏切りが生じたとき，イチジクの木は裏切り者が卵を産みつけたイチジクの実を落としてしまうことにより，このハチを罰することができる．この罰は実の中にいる幼虫を殺すことにつながり，裏切り者のハチにとっては非常に大きな適応度の損失になる．これは実を落とす割合が減少するとハチの中で裏切り者の割合が増加するという事実からも確かめられる（Jandér and Herre 2010, p. 1485, figure 3）．罰はこの場合も効果的なものであり，最も小さな割合でしか実を落とさない Ficus popenoei でさえ，この木に特化した裏切り者のハチは非常に僅かな割合（5％）でしか存在しない．この罰は木にとってそこまでコストがかからないうえ，利益を生む形質である．つまり，裏切り者のハチからの搾取を止めることができるのである．この罰もまた，損失削減戦略と損失負荷戦略の両側面を持っている．

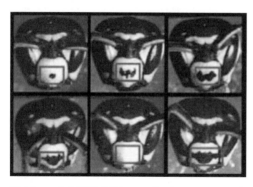

図 6.2 ハチの模様（Tibbetts and Dale 2004, p. 219 を改変）．

多くの植物と同じように，昆虫もまた裏切り者を罰することがある（e.g., West-Eberhard 1986 ; Monnin and Ratnieks 2001 ; Ratnieks and Wenseleers 2008）．たとえば，メスのアシナガバチ（*Polistes dominula*）は明確な社会階層を持っており，そこではアルファメスだけが卵を産む．彼らは額の上にある模様でお互いの社会的地位を認識しているのだが，この模様は体のサイズと社会的地位に相関しており，より体が大きく地位の高い個体ほど，より「散らばった」模様を持っている（図 6.2 参照）．ただし，この模様が地位を表す指標として機能するためには，それらが正直なものでなければならない．すなわち，もし模様によって嘘の情報を伝えられる可能性があった場合，この模様は信頼できる信号ではなくなり，ハチもこの模様を使って地位を表せなくなるだろう．クジャクの羽のように，多くの種では，この類いの信号が何らかの生理的コストを持っており，そのコストゆえに（一定のコストを払えるだけの資質を持った個体であるという点で，きちんと資質を反映しているので）信号の信頼性は保たれている（e.g., Zahavi 1975 ; Grafen 1990）．しかし，アシナガバチの模様の場合は，この模様を持つことそれ自体にそれほど大きなコストがかからないため，裏切り信号を妨げるための別のメカニズムが必要とされる．このアシナガバチの場合は，体サイズとは不相応な模様（たとえば小さな個体にかなり散らばった模様）が発見された場合，この裏切り個体はかなり酷い罰を受けることになる．実験的に小さな個体に不相応なほど散らばった模様を描いて放してやると，その個体はより上位の個体から，コントロール条件として見かけは変わらないように色を塗った個体の六倍以上の攻撃を受けたのである（Strassmann 2004 ; Tibbetts and Dale 2004）．このような攻撃は傷を負う可能性を大きく増加させ，裏切り個体

にとってコストのかかる行動だと考えられる．ここで重要なのは，裏切り個体が罰に反応して額の上にある模様を変化させることができないという点である．というのも，侵害を行なっている形質は行動的なものなのではなく，形態的なものだからだ．したがって，このケースにおける罰の進化は罰の受け手の行動修正に依存しないように思われる．こうした罰のために，裏切り者は選択されて個体数を失い，だからこそ地位を表す信号は機能しているのであろう．これもまた，損失負荷戦略の一例である．

3.2 罰と罰への反応

　第2節でも確認したように，Clutton-Brock and Parker（1995）以来，一般的に，罰の受け手が（たとえば次回以降に協力するなどして）行動を修正し，そこから得られる利益が罰のコストを相殺することにより，罰が進化してきたと想定されてきた．しかし，ここまで検討してきた植物や昆虫の例は，この想定が誤りであることを示している．

　上記の例が共通して持っている特徴は，侵害者が罰に反応して有害な行動をやめているわけではない，ということである．大豆が栄養分を与えることをやめたとき，根粒菌は窒素固定を始めるわけではないし，*Cordia nodosa* が domatia の成長を止めたときに裏切り者のアリがその植物を守りはじめるわけでもない．さらに，イチジクが実を落としたときにイチジクコバチが花粉を運びはじめるわけでもないし，アシナガバチは罰に応じて形態を変化させることができない．したがって，これらの系統において，罰に応じて罰の受け手が行動を修正したという理由で，罰が進化したわけではないのである．

　また，これらの例の多くでは，罰が損失削減戦略として機能している．根粒菌と大豆のケースを考えてみよう．ここまで見てきたように，裏切り者の根粒菌は大豆に利益を与えず，罰は根粒菌との相互作用をやめてしまう，という形で行なわれていた．また，いくつかのケースは損失負荷戦略と考えることもできる．支配的なハチは裏切り者のハチの適応度を減じ，裏切り者のハチの子孫数は減少するだろう．さらに，多くの例はこの損失削減戦略，損失負荷戦略の

両方の特徴を持っている.

　ではなぜ,根粒菌,アリ,イチジクコバチなどは罰に応答しないのだろうか.　もちろん,これらの生物が完全に無反応であるとは考えられない.他の生物と同様,彼らは環境に応じて行動を変化させているだろうし,第2節でも確認したようにオペラント条件づけは動物界に広く見られる現象であった.他方,これらの生物の行動の柔軟性がかなり限定されているのも事実である.彼らはかなり限定された種類の刺激にしか応答しないし,決まった形でしか行動を変化させることはできない.さらに,アシナガバチのように,侵害形質が遺伝的に決定されており,罰に応じて修正できないような場合もある.以上が正しければ,罰に応答して行動を修正するには,さらに大きな行動の柔軟性が要求されるのかもしれない[3].

4 脊椎動物における罰

　前節で確認したように,比較的行動に柔軟性のない,罰にもあまり応答しない生物において,罰は行動修正に基づかない形で進化してきた.他方,哺乳類を含む脊椎動物の場合は行動のレパートリーも増え,行動はより柔軟なものになっており,実際に罰にも応答するようになっている(以下で紹介する例を参照).したがって,こうした行動の柔軟性の増加が罰の進化に影響を与えているのかどうかを問うことは重要なことであろう.すなわち,一度柔軟な行動が進化してしまえば,罰は行動修正戦略として進化するのではないだろうか.確かに,脊椎動物や哺乳類の罰では,罰が行動修正戦略として進化してきたと考えるとよりよく説明できるようなさまざまな特徴を見ることができるかもしれない.しかし,こういった推測がある程度のもっともらしさを持っているとはいえ,この節では脊椎動物や哺乳類における罰の進化が,罰の受け手が罰に応

---

[3] 植物や昆虫などにおけるこうした罰(特に損失削減戦略で説明できるような罰)を近年では punishment ではなく sanction と呼ぶことも増えている (e.g., Raihani et al. 2012).

答して行動を修正することに影響を受けなかった可能性を指摘する．以下ではまず，具体的な罰のケースを検討したのち，それらが持つ含意を論じることにする．

4.1 魚類における罰

罰はさまざまな種類の魚類で発見されている．全てではないがいくつかの種では，罰が罰の受け手の行動修正をもたらしている場合もあり，これはひょっとすると行動修正戦略だと見なせるかもしれない．ここでは二つのケースを概観しておこう．

熱帯魚の一種であるハゼ科の *Paragobiodon xanthosomus*（図 6.3 参照）における社会階層は，罰によって安定なものになっている（Wong et al. 2007）．このハゼは体サイズに基づいた社会階層をもっており，最も大きな個体が最優位の個体であり，次に大きな個体が第二位の個体となっている．この社会階層は比較的安定しているのだが，それは下位個体の成長が調整され，あるサイズの閾値を超えないようになっているからである．もし下位個体のサイズがこの閾値を超えてしまうと，第一位の個体がこの個体を追いかけて集団から追い出してしまう．この追出しは侵害者である下位個体にとってかなり深刻な適応度の減少をもたらす．というのも，この環境では追い出された個体は別の群れに移動することもできないし，さらには群れの外では繁殖を行なうことができないからである．さらに，罰を与える第一位の個体は下位個体を追い出すために多少のコストを被るとはいえ，このコストは下位個体が自分から群れを奪ったときのものよりは遥かに少ないものである（群れを奪われた場

図 **6.3** *Paragobiodon xanthosomus*（http://www.blubber-fisch.de/aquarium.html）．

合，自分は繁殖もできないし他の群れに移ることもできない）．

　罰はまた，掃除魚と掃除される側の関係などでも重要な役割を果たしている（Bshary and Grutter 2005；Mills and Cóte 2010；Raihani et al. 2012）．掃除魚であるベラ科の魚，*Labroides dimidiatus* は掃除される側の口の中にいる寄生虫を食べるのだが，これは掃除魚と掃除される側の両方に利益となる行動である．しかし，このベラは寄生虫よりも口の中の粘液や筋細胞を好むらしいのだが（Bshary and Grutter 2005），もしベラが粘液や筋細胞を食べようとすると，掃除される側が別のパートナーを探したり，あるいは裏切り者の掃除魚を追い払ったりするのである．Bshary and Grutter（2005）は実験的に，掃除魚が罰に応じて行動を変化させ，追い払われた後は寄生虫だけを食べるようになるということを示している．このように，掃除される側による罰が両者の相利共生関係を維持しているのである．同じことは掃除魚のオスとメスの間の関係にも言えるようだ（Raihani et al. 2012）．この種における罰は一見すると行動修正戦略に見えるかもしれないが，必ずしもそうではない．罰を与えない個体は罰を与える個体よりも大きく搾取されるであろうし，罰を与える個体の適応度の方が高くなるだろう．この意味において，掃除される側による罰は前節で検討した損失削減戦略とほぼ同じ形式を持っているからである．

4.2　人間以外の哺乳類における罰

　哺乳類，特に霊長類は実際にしばしば罰に応答し，自身の行動を変化させている（以下で紹介する研究も参照）．しかし，以下ではこれらの柔軟な動物でも，罰の進化に影響を与えた選択圧が行動修正に依存していないということを論じる．

　まず，ミーアキャットの協力繁殖行動は，行動修正なしの罰の非常に良い例である．彼らの集団では，第一位の個体だけが独占的に繁殖を行なうのだが，この独占状態は妊娠した下位個体を追い出すことによって維持されている．群れから追い出されることによって下位個体は深刻な生理的ストレスを受けるようで，ホルモンレベルが変化し，妊娠した個体は高い中絶率を示している

(Young et al. 2006). こうして，追出しは下位個体の適応度を大きく下げることに繋がるが，これはある種の罰であると考えられる．重要なことは，この罰が行動修正を目的にしたもの，すなわち教育的なものでないということだ．罰の受け手（この場合は追い出された妊娠下位個体）は罰に応じて自分自身の行動を変化させたわけではない．むしろ，罰が大きなコストを罰の受け手に課して，この受け手が今後上位個体に損失を与える（つまり，子孫を生む）能力を失ったのである．このような罰は，第3節で論じた損失負荷戦略の明らかな例である．

図 6.4　カヨ・サンティアゴ島のアカゲザル（http://www.iavireport.org/Back-Issues/Pages/IAVI-Report-13%284%29-LookingforthePefectChallenge.aspx）.

次は霊長類である．カヨ・サンティアゴ島に住むアカゲザル（rhesus monkey, 図 6.4）は食べ物を見つけたとき，しばしば声を上げて仲間と食べ物を共有する．しかし，中には食べ物を見つけても声を上げず，自分だけでその食べ物を独り占めしようという個体もいる．他のサルがこのような独り占め行動を見つけた場合，彼らはこの裏切り個体を攻撃し，食べ物を奪ってしまう場合がある（Hauser 1992）．Hauser はこの食べ物共有が上記のような罰で維持されている可能性を指摘している（Hauser 1992, p. 12139）．この例は行動修正戦略としての罰のよい例に見えるかもしれない．というのも，裏切り個体が行動を修正して食べ物共有という協力行動を罰が誘発しているように見えるからだ．しかし，まず，アカゲザルが果たして罰を受けた後，実際に声を上げる可能性が上がっているのかどうかは明らかでない（Raihani et al. 2012）．さらに，罰から得られる重要な利益は，罰が誘発しているかもしれない行動修正からきているわけではない．というのも，食べ物を独り占めしようとした個体が将来的に声を上げて共有しようとするかどうかにかかわらず，罰を与える個体は食べ物という直接

的な利益を手にすることができるからである (Stevens et al. 2005, pp. 506-507).
さらに, 独り占めしようとする個体を攻撃するのは通常上位の個体であり, 他の地位の低い個体が独り占め個体を見つけた場合, その個体を攻撃せずに, 側に座っているだけの場合もある. こうして, 罰のコストも低いことがわかっている (つまり, 反撃される可能性が低い). 罰のコストも低く, なおかつ直接的な利益が得られることから, このケースも罰による行動修正がなくても, 十分に罰は進化しうるものだと考えられる.

Jensen et al. (2007b) はチンパンジーが他の個体を罰するかどうかを実験的に検証している. 彼らの研究では, 一方のチンパンジーがトレイに入れられた食べ物を提示され, 別のケージに入ったもう一方のチンパンジーはそのトレイを自分の方に引き寄せることができ, 最初のチンパンジーに提示された食べ物を盗むことができる (実際, 74％の個体が盗もうとしている). しかし, 最初のチンパンジーもトレイを引っくり返して別のチンパンジーによる侵害を妨害することができるということを教えられると, 人間の実験者が食べ物をトレイから取って別のチンパンジーに渡す場合に比べ, より多くの割合でトレイを引っくり返すようになった. このように, チンパンジーは罰を与えられる (すなわち, 相手からの盗みという有害な行為に対して, こちらも盗みの妨害という有害な行為で応答することができる) のである. しかし, 重要なことは, 罰が二番目のチンパンジーの盗みを減らすことができなかったという点である. むしろ, 「盗みは増える傾向にあり, 反撃が非協力的な行動に影響を与えることはなかった」 (Jensen et al. 2007b, p. 13408) という. すなわち, 罰は行動修正なしで与えられているのである.

もちろん, Jensen らの実験結果を過大評価すべきではない. 特に, チンパンジーが罰に反応しないというのは, この実験状況の特異性によるものかもしれないし, もしかすると自然状況では罰への反応が見られるかもしれない. しかしそれでも, この実験が示しているのはチンパンジーが常に罰に反応するわけではなく, (少なくともコストのかからない) 罰は罰の受け手の反応に依存していないということである (罰が効果的でなくとも, チンパンジーは罰を続けて与えている). これらの特徴は罰の行動修正仮説から予測できない点である. さら

に，Raihani et al.（2012）が述べているように，自然環境でも罰は彼らの行動を修正していないようである．

4.3 行動修正なしの罰

　本節で紹介してきたいくつかの例が示唆しているように，魚や霊長類を含む哺乳類では，罰に反応して行動を修正することもある．罰を受けた掃除魚は粘液や筋細胞を食べなくなるし，アカゲザルは食べ物を見つけたときに声を上げる可能性がより高くなるかもしれない．したがって，いくつかの種では，罰が行動修正戦略として機能しているかもしれない．しかし，必ずしもそうではない可能性がある．

　まず，罰の受け手が行動を修正しなくても，罰が別の形で利益を生み出す可能性がある．裏切り行為を受けた場合，掃除される側はパートナーを変えることによって相互作用をやめ，これ以上のコストを避けることができている（これは，掃除される側にとって重要な利益となる）．さらに，アカゲザルの場合でも，相手が行動を修正し，食べ物を見つけたときに声を出すようになるかどうかに関わらず，食べ物を奪えるという直接的な利益がある．

　次に，他の例ではより明らかに，罰による行動修正以外の点で，罰は罰を与える者に利益をもたらしている．罰を受けたハゼ科の魚は繁殖できない一方で，罰を与えた魚は自身の群れと地位を保持し，繁殖する能力を保つことができる．群れから追い出されて生理的変化が生じることで，罰を受けたメスのミーアキャットは繁殖率を大きく下げてしまうし，彼らの子孫は罰を与えた第一位の個体と競争することもできないだろう．そして最後に，チンパンジーは罰を受けた後でも行動を修正することがない．

　さらに，いくつかの例は明らかに損失負荷戦略と見なすことができるだろう．たとえば，ハゼ科の魚が下位個体を追い出すことは多少コストがかかる行為だとはいえ，追い出された個体はその適応度を大きく下げることになるし，ミーアキャットでも同様であろう．

　ではどうして，行動を柔軟に変化させることができるはずの脊椎動物におい

てでさえ，行動修正戦略としての罰がほとんど見られないのだろうか．これは ひょっとすると，長期記憶や将来的な利益の見積もりといった認知能力の性質 によるものかもしれない (e.g., Stevens and Hauser 2004 ; Stevens et al. 2005)．たと えば，動物の場合は将来的な利益を上手く評価できない．今日食べ物を一つも らえることと，明日十個の食べ物をもらえるという選択肢があったとき，われ われは（よほど腹が減っていない限り）おそらく後者を選ぶだろう．しかし，他 の動物は明日の十個を適切に評価することができず，今日の一個を選んでしま うのである．もしかすると，こうした将来的な利益の評価のせいで，罰による 行動修正からもたらされる利益を上手く評価できず，その場で利益を得られな いようなケース以外では罰を与えないのかもしれない．さらに，人間以外の動 物は長期記憶も限定されており，罰の受け手が罰を受けたことを忘れてしまい， それゆえ将来の相互作用で行動を変化させることができないという可能性も考 えられる．

4.4　まとめ

　罰は魚や哺乳類を含む脊椎動物で広く見られる現象である．脊椎動物は罰に 応じて行動を変化させることが可能なのだが，罰の進化に関して，行動修正か ら得られる利益は大きな影響を与えてこなかったと考えられる．というのも， 相手にコストを課して，今後はこちら側にコストをかけられないようにする， といった損失負荷戦略として進化してきた可能性があるからだ．したがって， 罰は脊椎動物においてもまた，教育的なものではないと思われる．

5　人間の系統における罰

　他の動物とは異なり，人間は非常に高度な認知能力を持っているし，罰を受 けた個体は罰に応じて行動を修正することができる．実際，現代社会において， 法的な罰則は飲酒運転などの犯罪の頻度を減らすのに一定の効果を持っている

ようだ (e.g., Nagin 1998)．したがって，人間の系統（すなわちチンパンジーとの共通祖先から分岐して以降）における罰の進化を，行動修正仮説によって説明しようとするのはかなり自然なことのように思える．しかし，一見するとこの仮説はかなりもっともらしく見えるものの，人間の罰に関するさまざまな証拠を見ると，この仮説では説明できない部分が少なくないことがわかる．以下ではやはり他の種と同様，人間社会における罰が行動修正仮説によって説明できる，すなわち罰が最初に進化した原因が罰を受けた相手の行動修正によるという仮説に疑問を呈するような特徴をいくつも持っているということを指摘していくことにしよう．

5.1 隠された罰

もし人間の系統において，罰が受け手の行動を修正することによって進化してきたのだとすれば，罰は（隠された罰ではなく）オープンなものである，すなわち，罰の受け手が，自身が罰されていることを認識しているものであると期待されるだろう．というのも，そうでなければ罰の受け手は行動を修正することができないからである．

しかし，われわれはしばしば隠れた罰を与える．すなわち，罰の受け手が罰されていることに気付かないまま，彼らにコストを課しているのである．そのような場合，罰の受け手は自分自身の行動を適切に変化させることはできないだろうし，こうした行動が見られれば，それは行動修正仮説にとって大きな問題となるだろう．

だが，隠された罰はそれほど珍しいものではない．たとえばゴシップが良い例だろう．まず，ゴシップは第2節で特徴づけた罰の一種である．誰かが第三者について（その人の行動の結果として）悪い噂話をしているとき，噂されている人は将来の協力機会に入れてもらえる可能性を減じているのであり，それは彼の適応度を減じることにつながるだろう（Nowak and Sigmund 1998；Leimar and Hammerstein 2001；Pannchanathan and Boyd 2005；Wiessner 2005）．

Seinen and Schram (2006) では，この適応度の減少が実験によって見事に示

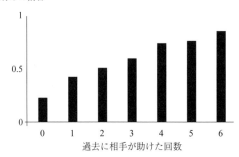

図 6.5　Seinen and Schram (2006) による実験結果 (p. 589).

されている．この実験では各々の相互作用において，参加者が別の相手を助ける（これは参加者にとってコストのかかる行為である）か，別の相手を助けずに放っておくかのどちらかを選ぶことができる．この選択の際，参加者は相手がこれまで行なわれてきた相互作用の 6 回分の（もしくは 6 回目よりも前の相互作用であれば，ここまですべての相互作用における）情報を与えられる．すなわち，相手がここまでどれだけ別の相手を助けたか，助けていないか，という情報である．これが参加者の意思決定に大きく影響を与えるようで，毎回相手を助けてきた人間が相手になった場合と一度も助けなかった人間が相手になった場合を比較してみると，前者を助ける割合は後者を助ける割合の四倍以上に達していたのである（図 6.5）．この実験結果が示唆しているのは，悪い噂をされてしまうと，協力してもらえる機会を失い，大きく適応度を減らしてしまいかねないということである．このように，ゴシップは侵害を犯した個体に損失を与える条件的戦略としての罰の典型例なのである．

　第二に，ゴシップは隠された罰の良い例である．噂をされた第三者は噂されていることに気付かないことも多い．そもそも多くの場合，噂というのは噂されている相手がいない場所でなされるものである．Boehm (1999, p. 73) もまた，ゴシップに関して次のように述べている．「ゴシップは……密かな行動であり，他人の道徳的記録が絶えずそれによって評価され，しかも，誰かを操作しようと意図されているわけではない」．このように，隠された罰としてのゴシップは，たとえ噂をされた相手が適応度を下げたとしても，その相手が行動を修正して利益を得るという可能性は低いままだろう[4]．

　さらに，ゴシップは現代社会だけでなく狩猟採集社会でもかなり一般的なも

のである (e.g., Cashdan 1980 ; Dunbar 1998 ; Boehm 1999 ; Shermer 2004 ; Wiessner 2005, 2009). 一部の研究では，観察された会話の中で他人の噂話はごく限られた割合しか見られないという研究結果もあるが（Dunbar 2004によれば，5％以下であるという），これはおそらく，われわれがゴシップをオープンな形であまり行なわないからだろう．他方，別の研究では日常会話においてゴシップが重要な役割を果たしていることを指摘している．たとえば人間行動生態学者のPolly Wiessner（2005, 2009）はJu/'hoanの人々について，彼が分析した308の会話のうち，賞賛を含んでいるものはたった22（7％）にすぎず，他方で171（56％）の会話は批判を含んだものであったと報告している．Averill（1982）による怒りの研究でも，人々は怒りを感じた場合の42％で侵害者についてゴシップを行ないたいという衝動に駆られており，その中でも34％の人が実際にゴシップを行なったと報告している．ゴシップはさらに，われわれの社会生活の重要な場面で生じるものであり（Wiessner 2005），発達のかなり早い段階で見られるものでもある（Ingram and Bering 2010）．

　ここで重要なポイントは，ゴシップもまた罰なのであり，もし人間の系統において罰が行動修正戦略として進化してきたのであれば，そうした罰が隠されたものであるとは予想できないことである．これは行動修正仮説にとってかなり大きな痛手と言えるかもしれない．というのも，ゴシップは先述したように，現代社会のみならず狩猟採集社会を含む，かなり幅広い社会で見られる行動だからである．対照的に，罰は人間の系統においても損失負荷／削減戦略として進化してきたのだという本章の仮説から考えると，隠れた罰であるゴシップはまったく問題なく説明できる（噂された相手がゴシップを聞きつけたり噂していた相手に出会ったりしない限り）．ゴシップはほとんどの場合コストもかからないし，罰の受け手が協力してもらえなくなるという点において，彼らの適応度を下げることもできる．このように，ゴシップは罰の受け手の行動修正によらず，進化が可能な罰の一種であると考えられるのである．

---

4) もちろん，ゴシップはオープンなものでもありうる．たとえば，噂をする人が噂されている人に聴こえるように噂をしている場合などはそうであろう（e.g., Wiessner 2009）．

5.2 村八分（オストラシズム）

村八分もまた，人間の系統における罰の行動修正仮説，すなわち罰が最初に進化したのは行動修正が重要な選択圧であったという仮説に対する反例となりうるだろう．まず，これもまた明らかな罰の一例である．何らかの侵害を働いて村八分にされた人々は，一旦集団から追い出されたり無視されたりするようになってしまえば，共通の資源にアクセスすることもできないし，この集団内での社会的な相互作用から利益を得ることもできない．したがって，村八分にされた人は大きなコストを課されることになる．第二に，村八分は非常に多くの社会で見られるもので（Brown 1991, Pashtuns における村八分については Mahdi 1986 など），霊長類やライオンなど，他の社会的動物にも見られるものであるため，人間の系統においてもおそらく非常に古い起源を持っていると予想される（Gruter and Masters 1986 ; Williams 2007）．したがって，もし罰の行動修正仮説がこの村八分を説明できないとすれば，それはこの仮説にとって大きな痛手になるだろう．

実際，村八分を行動修正戦略と見なすのは難しい．仮に罰の受け手が行動を修正したとしても，追い出された人々は集団内部の人たちと相互作用ができないのだから，彼らに影響を与えることは困難だろう．Boehm（1999, p. 77, 強調は筆者）は次のように述べている．「集団からの永続的な追放もしくは集団自体がこっそりその人から去って距離を置こうとすることは，贖罪の可能性を拒絶してしまうことを示唆している」．同じく Mahdi（1986, p. 303）もより穏健な形の村八分（「忌避」と彼は呼んでいる）を次のように特徴づけている．「忌避もしくは集団での村八分の表明は，矯正的な目的を欠いており，［罰された人の］品行不良に注意を向けさせようということも意図されていない」．もし罰が行動修正戦略として進化してきたのであれば，こういった罰の形態は予想できないはずである．

こうした村八分は，損失軽減戦略と損失負荷戦略の両方の側面を持っていると考えられる．まず，罰を与える側は（たとえば，受け手がお返しをすることなく，罰を与える側からコストのかかる協力行動を享受し続けてきた場合）罰の受け

手との相互作用をやめることで，彼から課されてきたコストを避けることができる．これは第4節で論じてきた植物と昆虫の相利共生関係などに見られる罰の形態と類似している．罰を与えない人間は（侵害者が村八分にされないので）侵害者からずっと搾取を受け続けるだろうし，そうなると，罰を与える人間の方がそうでない人間よりも適応度が高くなるだろう．次に，村八分は罰の受け手の適応度を下げることができる．たとえば誰かが集団から追い出された場合，追い出された人間は結婚相手を見つけたり，子孫を残せたりする可能性が減じられてしまうだろう．

5.3 罰の背後にある心理メカニズム

罰の背後にある心理メカニズムについても，人間の系統で罰に作用してきた選択圧が行動修正でなく，むしろ損失削減や損失負荷であったとすればよりよく説明できるような特徴を備えている．本項では，二つの特徴について検討しておこう．一つ目は，罰の意思決定を行なう際，行動修正仮説が正しければ考慮に入れてしかるべきであろうと思われる特徴を，人々は重視しないという点である．二つ目は，罰の受け手の行動にどのような影響を与えるのか，という点と独立に，人々は罰を与えようとすることがあるということである．

まずは罰の意思決定の際に用いられる手がかりについて検討しよう（さらに包括的なレビューは Baumard 2011 を参照)[5]．もし人間の系統で行動修正仮説が正しいとすれば，罰の意思決定を行なう際に，われわれは罰が受け手の行動を変化させるかどうかに敏感であるような心理メカニズム（あるいは心的モジュール）を備えていると予想できるだろう．すなわち，罰が受け手の行動を修正させるかどうかをチェックし，受け手が罰に対していかに応答するかに基づいて，最適な罰を与えようとするだろう．たとえば Boyd et al. (2010, p. 617) は

---

5) Baumard (2010, 2011) は本章での議論と独立に類似した結論を得ているものの，罰の分類が不十分である上，彼が挙げている証拠はむしろ彼自身の議論の反例になりかねないものが多い．

次のように述べている．「人々はしばしば団結してフリーライダーに挑み，協力を維持するにあたって罰のコストに見合うような［行動修正からの］利益が得られる際に彼らを罰している」．

しかし，罰に関する人々の判断からは，こういった予測に反した結果が得られているのである．Baron and Ritov (1993) では，罰が罰の受け手の行動修正を阻むような場合でさえ，人々が罰を与える傾向にあることが示されている．この実験では，被験者が次のようなストーリーを聞かされる．ある会社が薬を生産しており，それはある病気によく効くのだが，一定の割合で死亡者も出してしまうような場合がある．参加者は次の二つの条件で，この会社を罰するかどうかを決めなければならない．(1) 罰によって，会社はよりよい製品を作れるようになる，(2) 罰によって，会社は製品自体の生産をやめなければならない．もしわれわれの心が罰による行動修正から得られる利益に敏感であるような心理メカニズムを備えているのであれば，(2) よりも (1) の状況でより多くの人々が罰を下すという判断をするはずである．しかし，結果は両方のケースで多くの人々が罰を下す結果になった．

同じような実験結果が Baron et al. (1993) でも得られている．この場合も会社が有用な製品を作っているのだが，その副産物として生じるゴミを不法に投棄している．この実験でも同じく，被験者は (1) 罰によって，会社は不法投棄だけをやめる，(2) 罰によって，会社は製品自体の生産をやめなければならない，という二つの状況で罰を与えるかどうかを判断させられた．結果としては，75％以上の人が (2) の状況でも罰を与えることを選んでいる．こうした実験結果は，人々が罰の帰結に敏感な心理メカニズムを備えていないことを示唆している．

さらに，もし罰が行動修正戦略として進化してきたのであれば，侵害が見つかりにくい場合に，より深刻な罰を与える傾向にあると予想される．というのも，人々は見つかりにくい侵害であればあるほど，それを犯す誘惑にかられがちであるからである．すなわち，罰が行動修正戦略として進化してきたとすれば，こうした犯しがちな侵害の再犯を防いでより多くの利益を得ようとするだろう．しかし，Baron and Ritov (1993), Sunstein et al. (1998), Carlsmith et al.

(2002), Sunstein et al. (2000) の実験結果では, こうした見つかりやすさと罰は無関係であることが示されている. これらの実験では, 参加者が見つかりやすさの異なるさまざまな侵害を提示されても, 罰の大きさはほとんど変わらなかったのである.

　では, 二つ目の点である罰を与えようとする動機について見ていこう. まず, 実験経済学の実験では, 罰が行動修正を引き起こさず, 協力を誘発できないような場合でさえ, 人々はしばしば罰を与えることが示されている (Dawes et al. 2007). これは前節で論じたチンパンジーの例を思い出させるような結果であり, こうした動機が存在することは, 罰の行動修正仮説からは予測できないはずである.

　次に, Aharoni and Fridlund (2012) では, 脳腫瘍による病気のせいで重大な犯罪を犯してしまった人に対しても, われわれはかなり重い刑罰 (平均で5ヶ月の実刑) を下す傾向にあることが示されている. これもまた罰が行動修正戦略として進化してきたのであれば予測できない事態である. というのも, 病気が原因で罪を犯してしまった人の行動を修正するには, 罰でなくて治療を行なうべきだからである.

　また, 人々は偶然の出来事 (すなわち, 意図されたわけではなく, 怠慢のせいでもない出来事) でも罰する動機を持つことがある. もし罰の行動修正仮説が正しければ, こうした偶然の出来事に関して罰を与えることはしないだろう. というのも, こうした出来事が繰り返される可能性は低いからである.

　最後に, 誰かが罰されるべきかどうかを判断する際, われわれはまず罰が与える結果, そして誰がその出来事に関して責任を持つのかを同定したのちでしか, 罰される相手の心的状態 (意図や知識) を考慮しない, という実験結果もある (Cushman 2008 ; Cushman et al. 2009). もし罰が教育的なものとして進化したのであれば, まずは侵害者の意図こそが考慮されるべきだろう.

　こうした実験は欧米以外の場所でも行なわれなければならないが (e.g., Henrich et al. 2010), 少なくとも罰の行動修正仮説からは期待できないものである. 対照的に, これらの結果は罰が損失負荷戦略や損失削減戦略として進化してきたのであれば, 十分に説明できる結果である. すなわち, われわれは, 相手が

166 第 III 部 人間行動進化の実例を検討する

罰によって行動を修正するかどうかによらず，相手により多くのコストを効果的にかけるために罰を与えているのである．

もちろん，われわれは罰の受け手がどう反応するかに応じ，罰の種類や強さを変えることはある．たとえば罰の受け手が責任を認めて謝罪している場合や，裁判官が罰の受け手の更正可能性を考慮した場合，与える罰を軽減するだろう．しかし，これらの現象から人間の系統における罰の行動修正仮説が支持できるとは考えにくい．罰の強さは制度的な文脈で決まることが多いし，進化的構造としての心ではなく，歴史的・文化的な制度の影響を受けている場合が多いように思われるからである．

5.4 罰と協力の関係

罰の行動修正仮説に対するここまでの批判に関しては，次のような反論が考えられるかもしれない．すなわち，罰は協力行動を維持するための道具として進化してきたはずだ，という反論である（e.g., Boyd and Richerson 1992 ; Henrich and Boyd 2001 ; Boyd et al. 2003, 2010）．第 2 節でも確認したように，これらのモデルでは罰が行動修正を引き起こすことを前提にしており，もしこれらのモデルが正しいのであれば，人間の系統では罰の行動修正仮説が正しいと考えられるかもしれない．

もちろん，罰を受けていることとその理由に気付いた場合，われわれヒトが罰に応じて行動を修正し，協力に転じることもあるのは確かである．典型例は親や教師からしかられた場合などであろう．たとえ反抗期とはいえ，中学高校で教師に逆らい続けるのは大変なことである．さらに，罰が（特に大規模社会において）協力行動などに必要とされる規範を安定化させる可能性も否定できない．それは後述するようなさまざまな実験経済学的検証からも明らかだろう（e.g., Henrich et al. 2006）．ただ，ここで強調しておきたいのは，罰が最初に進化した際の選択圧が，こうした行動修正ではない，ということである（Rand et al. 2009 ; Baumard 2010 ; Nowak and Highfield 2010 ; Guala 2012）．すなわち，もし罰が進化して，それが相手の行動修正を引き起こせるようになり，協力行動や，そ

の協力行動に関連するその他の規範を安定化するのに重要な役割を果たすようになったとしても，それは（おそらく損失削減や損失負荷などの）別の理由で進化した罰の副産物であると考えるべきなのである．

このような議論にはさまざまな証拠があるが，それらは主に地域間比較に由来するものである．まず，協力行動に対する罰の効果は地域によってさまざまである．欧米を含めた多くの国では，確かに罰は協力行動をかなり高いレベルで維持することに貢献し，それが集団レベルの利益を生み，罰の持つコストを相殺する結果になっている (Fehr and Gächter 2002)．後述するように，罰あり・なしの条件で行なわれた公共財ゲームの結果は，この点を明らかに示している．しかし，地域によってはこうした罰の機能が見られないケース，すなわち罰によって協力行動が維持されないケースも見られるのである．以下ではそうしたいくつかのケースを検討しよう．

ただ，その前にいくつかの背景知識を準備しておいた方がいいだろう．まず，先述したような罰の機能は，公共財ゲーム（public good game）と呼ばれるゲームを用いた実験で確かめられていることが多い．公共財ゲームでは，まず実験者が複数のプレイヤーに対して均等にお金を配分する．ここでは4人のプレイヤーにそれぞれ2000円ずつ分配するとしておこう．もちろん，通常はこうした実在の貨幣単位ではなく，実在の貨幣単位と互換性のある架空の単位（たとえば money unit, MU など）が用いられる．これは後述する最後通牒ゲームでも同様である．次に，プレイヤーはそのお金の中からいくらかを出し合い，その出し合われたお金が数倍され，各プレイヤーに平等な額が再分配される．たとえば合計で6000円が集まってそれを2倍した場合，各プレイヤーが最終的に受け取るお金は，1万2000円を4人で均等で分配した3000円となる．ここでもし，各プレイヤーが1500円ずつ出し合った結果，6000円が集まっていたとすれば，それぞれが1500円ずつの利益を得たことになる．しかし，たとえば3人のプレイヤーが2000円ずつ出し，1人だけが何も出さなくとも6000円を集めることはできる．この場合，3人は1000円ずつの利益を得ることができるが，何も出さなかった1人は3000円の利益を得る．すなわち，抜け駆けをしたフリーライダーが最も大きな得をしてしまうのである．一般的に，公共財

ゲームでは全員がまったくお金を出さないという状態が理論的な均衡状態であることが知られており（e.g., Guala 2005），実際，実験でもそのままの状態で公共財ゲームを進めていけば，多くのプレイヤーがどんどんお金を出さなくなっていってしまう（Fehr and Gächter 2002）．

　だが，ここで罰が有効に機能するのである．すなわち，抜け駆けをしたプレイヤーに（たとえある程度のコストを払ったとしても）罰を与えることができれば，公共財ゲームで出し合われる金額がかなり高いレベルで維持されることがわかっている（Fehr and Gächter 2002）．この結果は，二つの重要な意義を持っている．まず，個々人の協力レベル，そして結果的に集団の協力レベルが罰によって高く維持されているということである．さらに，罰にコストがかかるにもかかわらず，抜け駆けしたプレイヤーには他のプレイヤーから自発的に罰が与えられるという点である．こうした利他的な罰（altruistic punishment）は，まさに行動修正仮説によって上手く説明できる行動である．罰は特定の個人にコストをかけるかもしれないが，その罰の存在が（潜在的な）裏切り者の行動を修正し，その行動修正によって集団の協力レベルが高くなる．二重継承説を概観した際にもごく簡単に触れたが，利他的な罰は上記のような理由から，おそらく集団選択によって進化したのだろうと指摘されてきている（e.g., Boyd et al. 2003）．もしもこうした罰の機能や第三者への利他的な罰がさまざまな社会で一般的であれば，それは行動修正仮説の強い証拠となるだろう．実際，多くの人がこうした証拠に基づいて，人間の罰の進化における行動修正仮説を支持してきている．

　しかし，一部の社会，とくに協力行動の規範がかなり弱い社会では，行動修正仮説の予測とは反するような興味深い行動がいくつも見られるのである．まず，Herrman et al.（2008）の公共財ゲームを用いた実験では，一部の社会において，協力レベルが高くなるどころか，協力それ自体が罰を誘発する「反社会的罰（anti-social punishment）」という現象が見られている．この Herrman らの実験では，公共財ゲームを 10 回繰り返す実験設定になっているが，1 回前のゲームにおいて協力度合いが低いせいで罰されたプレイヤーが，1 回前のゲームで協力を行なったプレイヤーに対し，報復的な意味合いで罰を与えるという行

動が見られたのである．これはもちろん，罰を与えられたものが行動を修正するはずだという行動修正仮説における罰の機能としては予測できない事態だろう．

さらに，このHerrmanらの実験でも多くの社会で罰が安定化していることが示されているが（Herrman et al. 2008, Figure 2），反社会的罰が与えられるような社会ではその安定レベルがかなり低いものになってしまっている．これはおそらく，これらの社会では協力することによって罰されるという可能性のせいで，人々があまり協力したがらないせいなのだろう．実際，理論的モデルでは反社会的罰が協力行動の進化を妨げてしまうという結果も得られている（Rand et al. 2010）．

また，一部の街たとえばアテネ，ミンスク，リヤドといった都市では，罰がまったく協力を誘発していない場合さえある（Herrman et al. 2008, Figure 4, 図6.6も参照）．すなわち，公共財ゲームを罰あり・罰なしの両条件で行なった結果からは，これらの都市において両者の間に統計的に有意な差異が見られなかったのである．このように，罰の有効性も地域によって大きく変化することがわかる．

最後に，実に多くの都市で，罰が公共財ゲームにおける平均利得を減少させている（Herrman et al. 2008, Table S6 ; Dreber et al. 2008 ; Rand et al. 2009も参照）．平均利得が上昇したのは，実験が行われた16の都市のうち，ボストン，コペンハーゲン，メルボルンの3カ所のみであった．したがって，すべての地域において，罰が集団レベルの利益を増加させているわけではないのである．

このように，協力行動に対する罰の効果には非常に大きな地域差が見られている．こうした地域差は，人間の系統における行動修正仮説の反例となる．すなわち，もし行動修正仮説が正しく，人間の系統で罰が進化した理由が行動修正による利益であるのなら，そうした利益がどの地域でも幅広く観察できるはずだからである．

次に，罰の受け手に行動を修正させるために罰を与えようとする傾向が，普遍的に備わっているかどうかも明らかではない．もし罰の行動修正仮説が正しければ，協力行動を高いレベルで安定化させるための二者間での罰や，第三者

170　第III部　人間行動進化の実例を検討する

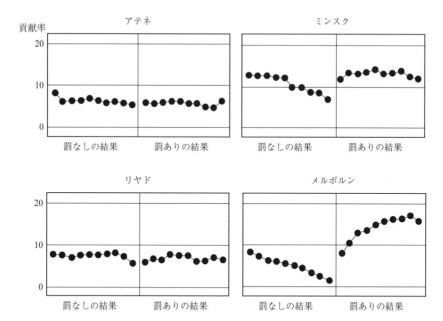

図 6.6　Herrman et al.（2008）の Figure 4 から一部の国での結果を抽出．それぞれの図が 10 回行なわれた公共財ゲームの結果を示し，左が罰なしのゲームの結果，右が罰ありの結果である．この図においては，メルボルン以外の国では罰ありとなしの結果の間に統計的有意差が見られなかった．

への（利他的な）罰，すなわち自分自身が損失を被っていなくとも，その侵害者を罰するという傾向性がかなり広い地域で観察できるものであると予想されるだろう．確かに二者間での罰はさまざまな地域で一般的だが，一部の社会では，その機能が行動修正仮説の予測と反するものとなっている．さらに，第三者への罰はいくつかの地域では一般的であるものの（Fehr and Fischbacher 2004），やはり一部の地域では見られない場合がある．

　ここでは，人間行動生態学者である Frank Marlowe（Marlowe 2004, 2009, Marlowe et al. 2008）が Hadza で行なった最後通牒ゲーム（ultimatum game）の結果を見ていこう．ただその前に，まずはこのゲームの内容を確認しておいた方がいいだろう．最後通牒ゲームとは，2 人のプレイヤー A，B から構成されるゲームで，実験者からお金を与えられた A が，そのお金から B にたいしてどれだ

け配分するかを決定できる．ここではたとえば実験者がAに1000円を与え，AがBへの配分額を700円にしたとしよう．Bがその分配金額700円を受け入れればA，Bともに300円，700円ずつお金を手にできるが，Bが分配金額を拒否した場合，AもBもお金を手に入れることができず，両者への配分額は0円になる．このゲームで調べられるのは，Aがどの程度の金額をBに提示するのか，そしてBがどの程度の金額なら受け入れるのか，といった点である．まず重要なのは，もし人間が完全に合理的な思考を行なうのであれば，Bはたった1円の提示でさえも断るべきではない．断ってしまえば1円たりとも入手できないからである．しかし，多くの場合，Bになったプレイヤーは低い提示額を断ることが知られている．また，もし拒否額の割合がおおむね50%程度であれば，それはプレイヤーに公平性が備わっていると判断され，公平性の地域差を調べるためにも，このゲームは頻繁に用いられてきた（e.g., Henrich et al. 2006）．たとえば日本人の場合，提示額の割合の平均が45%程度，拒否する額の割合が20%程度のようである（Oosterbeek et al. 2004）．

また，もう一つ有名なゲームが独裁者ゲーム（dictator game）である．これは最後通牒ゲームと構成がほぼ同じなのだが，Bには提示額を断る権利がなく，Aの提示額がBの最終的な配分額となる．このゲームは，プレイヤーの公平性を調べるために用いられることが多い．このゲームも色々な地域差が見られ，たとえばHadzaの場合，最も多い提示額の割合は0%である（Marlowe 2009）．したがって，第1章でも少し触れたように，公平性に関して汎地域的な心理メカニズムや心的モジュールは期待できないと考えられるだろう．

さて，上記のような最後通牒ゲームをHadzaで行なった結果は，非常に興味深いものとなっている．まず，Hadzaの人々は低い提示額を拒絶することが多い（Marlowe 2004, 2009）．たとえば提示額が0の場合は80%近く，10，20%の提示額の場合は40%以上の人々が拒絶している．したがって，Hadzaの人々の間でも二者間での罰は非常に一般的であると考えられる．しかし，二者間での罰が与えられているにもかかわらず，彼らの提示額の割合は非常に低いままで，最頻値が10%，そして平均値は26.5%となっている．このように，罰は相手の協力を誘発できておらず，これは行動修正仮説とは矛盾する結果で

ある.

　Marlowe が説明しているように（Marlowe 2009, p. 426），これらの実験結果は，他者に協力行動を行なわせるためにわざわざコストを払うようなことをしたがらない，という観察結果とも上手く一致している（Woodburn 1979 も参照）．「私が Hadza の人々に，もし誰かが怠けていたりケチなことをしようとしていたりすればどうするか，と聞いてみたところ，一番多かった回答が『彼らを追い出すね』というものではなく，『その人との付き合いを考えるね』というものだった．彼らは対立を嫌うし，付き合いをやめることで対立を解消しようする．誰かが威張り散らそうとしたときにも，彼らはそうしている」．こうした知見は，人間の系統で罰が行動修正戦略として進化してきたのであれば，予想できない結果であろう．

　次に，Marlowe（2009）は最後通牒ゲームを少し変更し，自分以外の二人が独裁者ゲームを行なった結果に対し，配分額を提示したプレイヤー A を自分が罰するかどうか，すなわち第三者への利他的な罰が見られるかどうかを調べている．その結果，やはり行動修正仮説の予測に反し，Hadza の人々はほとんど第三者へ罰を与えなかったのである．こうした傾向性は他の狩猟採集社会でも共通しており（Marlowe 2009），むしろ，第三者への罰は社会のサイズに相関して見られ，大規模社会でしか一般的には見られないのである（Henrich et al. 2006 ; Marlowe et al. 2008 ; Marlowe 2009）．

　社会サイズとの相関からは，第三者への利他的な罰の進化はおそらく，農業のような大規模集団作業の維持と集団選択が原因になったのだろうと推測されている（e.g., Boyd et al. 2003 ; Henrich et al. 2006, 2010）．こうした大規模集団作業では一人が抜け駆けしても，集団作業は利益を生み出し，抜け駆けした人もその分け前を得られるかもしれない．しかし，皆が同じことを考えて抜け駆けすれば，集団作業自体が成立せず，利益を生み出せなくなるだろう．もちろんこうした抜け駆けは罰によって防ぐことが可能だが，罰自体もコストを伴う場合があり，その場合はもちろん罰自体が利他的な行動となる．こうした利他的な罰が進化しなければ集団作業は維持できないし，罰が可能になれば，それは集団自体の利益を高めることにつながる．こうして，集団作業からより大きな利

益を生み出した集団が，そうでない集団より拡大していき，最終的に利他的な罰が可能な集団が選択されていったというシナリオである．また，第3章でも述べたように，こうした利他的な罰は当初，学習されて広まった行動であったが，最終的には遺伝的に固定されているとも考えられている．

5.5 まとめ

人間は罰を受けた際に行動をしばしば修正するし，罰への応答から罰の内容や強さを変化させることもある．しかしそれでも，罰の背後にある心（罰の帰結や侵害の見つかりやすさの鈍感さなど）や多くの罰行動（ゴシップのような隠れた罰や村八分など）は，行動修正仮説よりも，損失削減もしくは損失負荷戦略としての罰の観点から，よりよく説明できるのである．

6　反論への応答

以下では，人間の系統において罰が最初に進化した際の選択圧が損失削減もしくは損失負荷であったという仮説に対して，想定されるいくつかの反論に応答しておこう．まず，もし相対的に適応度を下げることが罰の進化の理由であるとするならば，手当たり次第に相手の適応度を下げるという行為が進化して良さそうなものだが，そうした行為は必ずしも進化していない，というような反論が考えられるかもしれない．しかし，罰の進化で重要なのは，罰のコストもしくはリスクを念頭においておかねばならない，ということである．手当たり次第に攻撃することは非常に高いリスクを伴うため，たとえ罰の進化が相対的に適応度を下げることによるものだとしても，同じ理由でそうした手当たり次第の攻撃が進化するとは限らない．

次に，罰はある種の脅威として機能する可能性があり，その脅威に応じて協力者が増加するからこそ，罰が進化したのだ，という反論が考えられる．実際，裏切った場合に酷い罰が与えられるのであれば，皆罰を恐れて多少のコストを

我慢しつつ協力行動に従事するであろう．しかし，Herrman et al.（2008）や Marlowe（2004, 2009）が示しているように，必ずしもすべての地域で罰がこうした機能をもっていない可能性がある．もし罰が脅威としての機能をもっているのなら，皆さまざまなゲームにおいて罰を恐れ，協力率ももっと上がっているはずだからである．もちろん，このような脅威として，罰が機能しうることを否定するわけではない．しかし，上記のような地域間比較の研究から考えると，罰が最初に進化する際にこの機能が重要な選択圧になってきたとは考えにくく，これもまた，損失削減戦略や損失負荷戦略として進化した罰の副産物であると考えられるだろう．

しかし，もしかすると，上記ケースでは罰が与えるコストが小さ過ぎたせいで，罰が脅威として機能しなかっただけだ，という反論も可能かもしれない．だが，大きなコストを与える罰は，往々にして罰を与える側にも大きなコストがかかってしまうし，そうすると，あるジレンマが生じてしまうのである．罰に大きなコストがかかってしまうと，行動修正から得られる利益が罰のコストを下回ってしまう可能性もあるのだ（Sterelny 2012, pp. 184-185，邦訳 pp. 259-260）．したがって，たとえ相手に大きなコストを課すことができ，脅威として機能しそうな罰でも，罰を与える側に大きくコストがかかるままではなかなか進化しえないかもしれない．

また，罰にはもっと他の機能があったと考えられるかもしれない．たとえば，罰を与えることにより，次回以降に協力のよりよいパートナーとして信頼され，相手から協力を受けやすくなるかもしれない（Barclay 2006 ; Sterelny 2012）[6]．しかし，まず，罰を与える相手が協力行動におけるよりよいパートナーだと見なされるかどうかが疑わしい．相手が厳しい人間であった場合，逆に敬遠されるかもしれない．むしろ協力行動でのパートナーとして重要視されるのは，裏切らないという点や，さらには相手となる自分に対して寛容である，という点だろう（相手となる自分にまで罰を与えられるようでは，当然自分自身の利益が減

6）Sterelny（2012）は他にも罰の思弁的な進化のシナリオを挙げているのだが，それらはどれも証拠に乏しいため，ここではすべてを取り上げることはしないでおく．

じられる可能性が大きくなるからである).さらに,この機能のために罰が進化してきたのだとすれば,罰を与える場面は自分を評価してくれる人の前に限られるか,そういった場合が多いと予想されるが,われわれは特にそういった事を考慮していないように思われる.実際,ある実験では協力者に報酬を与える者には高い評判が与えられるものの,裏切り者を罰した者にはさほど高い評判が与えられないという結果も得られている (Ozono and Watabe 2012).したがって,こうした効果が罰の進化に大きな影響を与えたかどうかは定かでないのである.

7 結　語

　ここまで罰が植物から人間まで,行動修正戦略よりも,損失削減戦略もしくは損失負荷戦略でよりよく説明できることを論じてきた.ここまでの議論が正しければ,罰はどの系統においても相手の行動修正によらないで進化してきたということになる.さらに,(一部の魚を除く)人間以外の動物の系統ではそれが顕著であり,チンパンジーなどでさえも罰が相手の行動修正にはさほど影響を与えていない.もちろん,現代社会において,罰が人間の行動を修正し,そうした行動修正によって特定の(文化的)行動や規範が集団内に広まっていることは否定しない.それは実験経済学のさまざまな研究からも明らかだろう.とはいえ,それは集団サイズが大きくなった比較的最近のことかもしれないし,われわれの心理メカニズムは,そうした行動修正の結果にはそれほど敏感ではない.このように,本章の考察が正しければ,行動修正は罰の進化にそれほど大きな影響を与えてこなかった可能性があると考えられるのである.

　さらに,ここまでの議論を踏まえると,何らかの行動や規範を正確に学習・模倣する際,罰が重要な役割を果たすようになったのも比較的最近であると考えられるかもしれない.実際,文化間比較のデータやさまざまなヒト以外の動物におけるデータからは,罰が行動修正として機能してこなかった可能性が示唆されている.したがって,第4章3節で触れた,文化の継承に関する罰の見

方（すなわち，罰が文化の正確な継承に重要な役割を果たすという見方）には，懐疑的にならざるをえないのである．

第7章

教育の進化

　前章では罰の進化について検討を加えたが，本章では，もう一つの人間行動の進化の実例として教育の進化を取り上げよう．前章と同様，まずはヒト以外の動物における教育行動の進化から考察を始める（第1節）．この考察は，罰の場合とは反対の意味で重要である．すなわち，教育の場合，おそらくヒトとヒト以外の動物で大きな違いがあり，進化のメカニズムも多少異なっているからである．実際，ヒト以外の動物における教育行動の事例は，罰の場合ほど広く見られるものではなく，そもそも後述するように，ヒト以外の動物ではっきりとした教育行動が見つかったのは2006年である．

　ヒト以外の動物の次には，ヒトにおける教育の進化を考察する．特に検討の対象となるのは，ナチュラル・ペダゴジー説（the theory of natural pedagogy）である．ナチュラル・ペダゴジーは基本的に教育のために進化した適応形質の集まりであると考えられており，ナチュラル・ペダゴジー説の提唱者であるGergely Csibra や György Gergely は，人間の文化が大きく進化・多様化するにあたってナチュラル・ペダゴジーが必要不可欠であると論じてきている．本章では，こうしたナチュラル・ペダゴジー説の基本を確認した後（第2節），ナチュラル・ペダゴジー説に反するような証拠がいくつか出てきており（第3節），なおかつナチュラル・ペダゴジー説を支える経験的証拠もさまざまな不備を抱えていることを論じる（第4節）．

1 ヒト以外の動物における教育の進化

1.1 ヒト以外の動物における教育行動

冒頭でも述べたように，ヒト以外の動物において教育行動の確かな実例が報告されたのは 2006 年のことである（e.g., Franks and Richardson 2006 ; Thornton and McAuliffe 2006）．それまで，さまざまな候補は挙げられてきたが，教育行動と言い切れるような実例がなかった．

では，そもそもいったいどのような行動が教育と考えられてきたのだろうか．現在最も一般的な教育の定義は，Caro and Hauser（1992）によって与えられたものである．彼らによると，教育とは次の三条件を満たさなければならない．(1) 未熟な観察者 B がいる前にかぎって，個体 A は行動を変化させる．すなわち，教育は未熟な観察者だけに向けた行動であり，学習の機会になっている必要がある．(2) この行動により，A は何らかのコストを払う，もしくは少なくとも直接的な利益を得ることがない．したがって，この行動は A が得る利益によって進化しているわけではなく，教育行動が協力行動であることを含意している．(3) この A の行動は，B を促すもしくは罰する，経験を積ませる，あるいは具体例を提示することになる．結果として，この行動がない場合よりも迅速かつ効率的に，もしくはより生涯の早い段階で，知識を獲得したり技術をえたりするだろうし，その知識や技術は，この行動がなければまったく学習できなかったかもしれない．彼らはこうした定義を満たす教育行動が見られる動物の候補として，チンパンジーから家ネコまで実にさまざまな動物を挙げているが，筆者の知る限り，彼らの挙げた候補動物ではっきりとした教育が観察できたという報告は今のところ得られていない．

より確かな教育行動の実例は，Caro and Hauser（1992）たちが想定していなかった動物で報告されつつある．ここではそれらの事例を確認しておこう．まずはミーアキャットにおける教育である（Thornton and McAuliffe 2006）．ミーアキャットはサソリをエサにするのだが，もちろんサソリは猛毒を持っている．

猛毒を持ったサソリの殺し方を試行錯誤で学習していては，学習段階でサソリに刺されて死んでしまうかもしれない．だが，若いミーアキャットはこの危険なサソリの殺し方を成体の教育によって学習しているのである．成体のミーアキャットは，個体の年齢に応じて死んだサソリ，あるいは毒針を取り除いたサソリを与え，若い個体がサソリに興味を示さない場合でも，繰り返しサソリを若い個体に提示して学習を促す．さらに，この行動は先の定義を十分に満た

図 7.1　シロクロヤブチメドリ（http://upload.wikimedia.org/wikipedia/commons/thumb/3/3b/Provision.jpg/220px-Provision.jpg）．

すことも示されている．まず，(1) この行為は若い個体の前でしか見られない．次に，(2) 自分のエサ（になりうるもの）をわざわざ若い個体に与えており，成体にコストがかかっている．最後に，(3) 死んだ，あるいは毒針を取り除いたサソリを自然状態よりも早い段階で与えると，通常よりも早くサソリの扱い方を覚えることが明らかにされており，成体の行動が実際に若い個体の学習を効率的にしているのである．したがって，ミーアキャットのサソリ提供は，まさしく教育行動であると言える．

次は，シロクロヤブチメドリ（*Turdoides bicolor*，図 7.1）の教育行動である (Raihani and Ridley 2008)．このチメドリの親は，エサを持って巣に帰ってきた際，喉を鳴らすような音（purr call）をたててヒナを呼んでいる．Raihani and Ridley (2008) によると，ヒナはこの音とエサの関係を親の教育によって学習しているようだ．まず，そもそもこの音をたてても，親には何の利益もない．したがって，Caro and Hauser (1992) による定義の (2) は満たされている．さらに，この音はヒナの前でしか鳴らされない．したがって，(1) の条件も満たされている．最後に，Raihani と Ridley は次のような実験を行ない，親の音とヒナの学習が (3) の条件を満たすことを示している．自然環境において親が音を鳴らすようになるのは，ヒナが巣立つ直前頃（卵から孵化して 12〜16 日後頃）なのだが，Raihani と Ridley は実験的に孵化後 9〜11 日頃に親の音をヒナに聞

かせるようにした．その結果，ヒナは孵化後 11 日頃には親の音とエサの結びつきを学習し，音が聞こえるとエサをねだるようになったのである．こうして，実際に親の声からより効率よくエサの機会を学習できるようになっており，(3) の条件も満たされていることになる．以上のように，シロクロヤブチメドリにおける親の声とエサの関係の学習もまた，ヒト以外の動物における教育行動の良い例であると考えられる．

また，ある種のアリ (*Temnothorax albipennis*, Franks and Richardson 2006) も教育を行なうことが報告されている．このアリは，エサ場まで二匹の縦列を作って移動することがあるのだが，この縦列が続くのは，エサ場の場所を知らないアリが，場所を知っているアリの足や腹部を触覚で頻繁に打ったときだけなのである．すなわち，エサ場の場所を知らないアリがいるときにだけ，場所を知っているアリが，わざわざ縦列を作る．したがって，(1) の条件が満たされている．さらに，エサ場を知っているアリは，縦列を作らない方が四倍も早く，エサ場に着けることがわかっている．したがって，(2) の条件，すなわちエサ場を知っているアリにコストがかかっていることになる．最後に，エサ場を知らないアリは，縦列を作ってエサ場まで連れて行ってもらったときの方が早くエサ場にたどり着ける．こうして，(3) の条件も満たされ，このアリの縦列行動がある種の教育であると言えるのである．

1.2 ヒトとヒト以外の動物における教育行動の比較

このように，ヒト以外の動物においても教育行動は観察できており，また上記の例以外にも，たとえばタイセイヨウマダライルカ (*Stenella frontalis*, Bender et al. 2009) の採餌行動などでも示唆的な例が報告されている．しかし，教育の進化を考えるにあたり，たとえばこうしたヒト以外の動物の教育行動がヒトの教育行動の起源である，などと考えることはできない．そもそも，あまりにもわずかな系統でしか教育行動は観察できていないうえ，ヒトに一番近い種であるチンパンジーではたった一つの報告しかなく (Boesch 1991)，その追加報告は今のところ得られていない．以上のような状況を踏まえると，いくつかの種

で見られる教育行動は，各系統で独自に進化した収斂形質と考えるのが妥当だろう．

たしかに，ヒトの教育行動もまた，先述したようなヒト以外の動物における教育行動と類似した行動から進化してきたものと考えられるかもしれない．とはいえ，ヒト以外の動物における教育行動とヒトの教育行動の間には，いくつかの重要な違いが見られ，この違いを説明することが必要になる．まず，教育の際に相手の意図を理解できているか否かという違いである．ヒトの教育の場合，特に教える側は教えられる側の意図や思考を推論しようとする（e.g., Sterelny 2012）．実際，相手の意図を理解できていれば，教育による情報の伝達がさらに効率的なものになることは容易に想像できるだろう．たとえば，相手が自分と同じ情報を共有できているのかどうか，あるいは間違った情報を共有しているのではないかなどを理解できれば，相手に何を教えればよいのか，自分が持っている情報を教えるべきなのかどうかなどを判断することができる．さらに，相手の意図を理解し，情報の伝達が必要であることを理解できなければ，そもそも教育など行なわれないかもしれない．このような理由から，ある研究者は「つまり，教育が心の理解に依拠していることを示唆するような，理論的な支持がえられている」（Davis-Unger and Carlson 2008, p. 27, 強調は筆者による）とまで述べている．

実際，心の理論（theory of mind）[1]が大きく発達する3歳半ばくらいから5歳にかけて，相手が知らない情報を伝える時間や頻度はかなり大きく増加するし，手段も変化する（e.g., Davis-Unger and Carlson 2008 ; Strauss et al. 2002）．たとえば，あるゲームのルールを子ども同士で教える実験を行なうと，ルールを理解していない相手に対してルールを例示するだけでなく，年齢とともに心の理論の発達が進むにつれ，ルールを口頭で説明するようになっていく．また，このような変化は西欧社会だけでなく，メキシコのマヤなどでも見られるもので

---

1) 心の理論とは他者の意図や信念を理解する能力を指す．15ヶ月幼児（Onishi and Baillargeon 2008）や7ヶ月幼児（Kovacs et al. 2010）でさえ，相手が誤った信念を持っているということを理解できるかもしれないという報告もなされているのだが，現時点では，そのような信念を明確に理解できるようになるのは3～4歳だと考えられている．

(Maynard 2002), 教育と心の理論の関係は特定の文化に限定されたものではないようだ. さらに, 3歳半以前だと, 自分が習熟している課題に関して（課題を上手くこなせない）相手がその課題のこなし方を理解できているのかどうかを自分自身が理解できないため, 相手に課題のこなし方を上手く教えることができない, というような実験・議論まである (Ashley and Tomasello 1998).

　もちろん, 意図の理解が教育にとって必須だと言いたいわけではない. 実際, 先述したように, ミーアキャットの例で言えば, 若い個体は差し出されたサソリで殺し方を学習すればよいだけだし（成体が何を考えてサソリを差し出したかを理解する必要はない）, 成体も若い個体の年齢や行動（サソリを上手く殺せるかどうか）にしたがい, さまざまなサソリを差し出してそれに注意を向けさせればよいだけである.

　上記の違いはヒト以外の動物に見られたような教育行動に心の理論が加わるだけで十分に説明が可能かもしれない. しかし, 依然としてヒトとそれ以外の動物の教育行動には大きな違いが残されている. 最も大きな違いは, ヒト以外の動物における教育行動が血縁個体間に限定されているという点である. ミーアキャットにシロクロヤブチメドリ, さらにはイルカも親子間での教育であり, またアリの場合はコロニー全体が強い血縁関係にある. このように, ヒト以外の動物における教育行動はおおむね血縁選択によって進化したのだろうと考えられている (e.g., Thornton and Raihani 2008). 他方, 次節以降でも指摘するように, ヒトの教育行動はもちろん非血縁個体間でも観察できる. だとすれば, ヒトの教育行動は血縁選択で説明できるようなものではなく, 別の枠組みによる説明が必要になるだろう.

　また言うまでもなく, 教育される内容・対象もかなり限定的である. ヒト以外の動物の場合, 継承される情報はサソリの殺し方や鳴き声など, たった一種類のみであり, 複数の情報が教育され継承されているわけではない. ミーアキャットやチメドリの場合, もしかすると教育行動は給餌に特化した遺伝的に継承される形質なのかもしれない. だが, ヒトの場合はきわめて多様な情報が教育によって継承されていると考えられており, この点もヒト以外の動物の教育とはかなり異なっている.

以上のように，罰のケースなどとは異なり，ヒト以外の動物における教育行動とヒトの教育行動は，かなり異なる説明の枠組みが必要になるかもしれない．そうした説明枠組みの候補と考えられているアイディアが，次節以降で扱うCsibra や Gergely たちによるナチュラル・ペダゴジー説である．

2 ナチュラル・ペダゴジー説

本節ではまず，ナチュラル・ペダゴジーの基礎について確認する．ナチュラル・ペダゴジー説は Gergely Csibra や György Gergely といった発達心理学者が中心になって提唱している議論であり，われわれにはナチュラル・ペダゴジーという教育に特化した複数の心的適応形質が備わっているという．Csibra や Gergely によると，このナチュラル・ペダゴジーの進化によって，ヒトとヒト以外の動物における教育行動が大きく変化してしまったという．以下，まずは発達心理学から得られた証拠，そして彼らが想定しているナチュラル・ペダゴジーの進化に関する議論を確認する．

2.1 発達心理学からの証拠

ナチュラル・ペダゴジー説の提唱者である Csibra や Gergely によると，ナチュラル・ペダゴジーは「教育を通じて同種の仲間に知識を受け渡す／受け取ることに特化した人間特有の生得的な，一連の認知的適応形質」（Csibra and Gergely 2006, p. 252）であるという．ナチュラル・ペダゴジーという認知的適応形質は他にもさまざまな性質を持つが（それらについては以下で詳しく見ていく），まずこの定義で注意しておかねばならないのは，「人間特有の」ものであるという点，すなわち，たとえ他の動物で人間に類似した教育行動が見られたとしても，それらの動物にはナチュラル・ペダゴジーが備わっていないだろうという点である（e.g., Csibra and Gergely 2009 ; Thornton and Raihani 2008）．また，ナチュラル・ペダゴジーが「生得的」であるという主張を支える根拠としては，ナ

チュラル・ペダゴジー説を支持すると考えられている実験がかなり早い段階の乳児（たとえば9ヶ月や14ヶ月児）を対象にしていることが挙げられる（e.g., Futó et al. 2010 ; Gergely et al. 2007 ; Topál et al. 2008 ; Yoon et al. 2008).

さらに，このナチュラル・ペダゴジーによってわれわれは以下のような学習が可能になっている．

> ［ナチュラル・ペダゴジーによって］ある行為の一度きりの実演からでも，不透明な（opaque）内容を持った知識が効率的に他者へと伝えられる．これは受け手がその行為を，意図を持った実演として認識するよう用意されているだけでなく，実演の内容が共有された文化的知識を表象しており，他の対象や機会，もしくは個人にとって何らかの関連を持った一般化可能な内容であるという期待を受け手が最初から持っているからである．（Csibra and Gergely 2011, p. 1150）

この引用文にはいくつか注意すべき点がある．まず，ナチュラル・ペダゴジーによって獲得される知識は一般化可能／一般的なものもしくはその個人が所属する集団に共有されたものであり，その場限りの情報ではない．ここでの一般化可能な知識には，物体の種類や機能に関するもの，さらには社会規範に関するものが含まれている．次に，一般化可能な知識は何らかの（文脈との）関連性を持っている．たとえば，大人がある対象を指差すか，あるいはそれに手を伸ばそうとしているかという異なった文脈で，乳児は異なる種類の一般的知識を獲得しているかもしれない（e.g., Yoon et al. 2008, 4.2 項も参照）．最後に，学習者は一般的かつ関連性のある知識を，複数の経験に基づく統計的推論ではなく，たった一度きりの機会から学習できるという．

ナチュラル・ペダゴジー説によれば，たった一度きりの機会から一般的かつ関連性のある知識を獲得するという学習は，大人の明示的な（ostensive）シグナルによって可能になるという．この明示的シグナルには，子どもに向けられた会話（Hello！や Hi！といった挨拶を含む），視線を合わすこと（アイコンタクト），子どもの名前を呼ぶこと，眉毛を上げることなどが含まれている（Csibra and Gergely 2006, p. 262 ; Gergely 2008, p. 174).

実際，乳児たちはこうしたシグナルに大変敏感であること，そしてそれらが乳児にとって特別な意味を持っているかもしれないことが，いくつかの実験から示されてきている．たとえば，生後2ヶ月の乳児に関して，視線を逸らした顔と視線を乳児に向けた顔を提示すると，乳児は前者よりも後者の方を有意に長く見つめることがわかっている（e.g., Farroni et al. 2002）．発達心理学における選好注視法（preferential-looking method, e.g., Spelke 1985）によれば，乳児はより好ましいものを長く見つめるという．したがって，発達心理学では注視時間の差異から乳児の選好や認知を探ろうとする研究が盛んに行なわれてきている．さらに，6ヶ月の乳児でも類似した結果が得られている．たとえば実験者が視線を動かしてある対象を見る前に，アイコンタクトを送らない場合と送る場合，あるいはアイコンタクトは送らないが挨拶をする場合としない場合を比較すると，やはりアイコンタクトを送った場合か，挨拶をした場合の方が，そうでない場合よりも有意に，乳児は実験者の視線を追従することがわかっている（Senju and Csibra 2008）．上記のような実験から示唆されるのは，明示的シグナルから乳児が何らかの意味を持った指示対象の存在を期待しているということである．最後に，14ヶ月乳児は明示的シグナルによって，対象に対する実験者の主観的な選好ではなく，対象の客観的特徴を学習しているかもしれない（Gergely et al. 2007 ; Egyed et al. 2013）．詳細は4.2項でも触れるが，ある実験では，実験者が明示的シグナルを送って対象を選んだ場合，乳児はその実験者以外の相手に対しても，この実験者の選択を一般化する傾向にあるという．

次に，ナチュラル・ペダゴジー説は学習者だけでなく教育者側にも何らかの認知的適応を想定している．しかし，たとえばGergely（2008）は，教育者がナチュラル・ペダゴジーを使用して一般的かつ関連性を持った情報を明示的シグナルによって伝達していることを論じているものの，理論的なものだけでなく経験的なデータも，彼らの考察のほとんどが学習者側に関するものである．たとえばナチュラル・ペダゴジー説は，大人が通常の会話などの非教育的文脈よりも教育的文脈でより多くの明示的シグナルを用い，より多くの一般的な情報を教育していると予測するかもしれない．確かに，教育的文脈では大人が一般的な言葉をより多く用いるという証拠もあるのだが（Gelman et al. 2012），教

育者側に予測されるような認知的適応を大人が持っていることを示すような経験的データは，今のところ存在しない．したがって，以下の議論は基本的に学習者側のナチュラル・ペダゴジーに話を限定して進めていく．

先述したように，Csibra や Gergely，そして彼らの共同研究者たちによれば，ナチュラル・ペダゴジーは非常にさまざまな領域で有効に機能しているという．まず，彼らの実験が主に対象としているのは物体の認識に関するもので，物体の種類（kinds, Futó et al. 2010；Topál et al. 2008；Yoon et al. 2008），物体の価（valence, Gergely et al. 2007；Egyed et al. 2013），物体の機能（Sage and Baldwin 2011）などである．しかし，これら以外でも，たとえば一般的な習慣，慣習，伝統（Csibra and Gergely 2006, 2011；Gergely 2008），言語（Gergely 2008），宗教的な迷信，儀式（Gergely 2008）などにおいてナチュラル・ペダゴジーが有効であることを論じている．ただし，これらの領域においてナチュラル・ペダゴジーが有効であることを示唆するような経験的データは今のところ得られていない．むしろ後述するように，これらの領域においては，彼らの予測に反するようなデータが得られている．

2.2　ナチュラル・ペダゴジーの進化

以上の議論は発達心理学のデータに基づくものだが，Csibra と Gergely はナチュラル・ペダゴジーの進化に関する議論もいくつか展開してきている．彼らによれば，ナチュラル・ペダゴジーは心の理論や言語よりも系統的に古い起源を持っているとされ，その進化は複雑な道具使用に関係しているという．

> われわれは，「ペダゴジーの誕生」は初期ヒト族の集団における膨大な道具使用，特に，手段と目的がかけ離れており，不慣れな観察者にとって機能的な側面が不透明で推測が難しいような「再帰的な」目的関係（teleology）を通じて生み出された道具の出現に必要なものであったという仮説を想定している．実際，道具使用の拡大や豊かな道具文化の出現は，[ナチュラル・ペダゴジーのように] 観察可能な行動だけでなく観察できない知識の伝達を可能

にするような社会的学習メカニズムなしでは不可能であっただろう．(Csibra and Gergely 2006, p. 256)

道具の機能やメカニズムが複雑になるにつれ，それらは当然初心者にとってより不透明なもの，すなわち分かりにくいものになるだろう．したがって，ナチュラル・ペダゴジーのような効率的な社会的学習メカニズムがなければ，高度に複雑な道具の忠実な複製や人間の文化に見られるような累積的な進化は不可能であるだろう，と彼らは考えている．彼らはまた，考古学的な証拠もこうした進化的仮説を支持すると論じている．石器や木製の道具などは250万年前頃に考古学的証拠として現れるが，そうした道具を作成する技術は初心者にとって非常に不透明なものであり，ナチュラル・ペダゴジーはすでにこの時期に進化していたはずだという (Csibra and Gergely 2011, p. 1155). また，Csibra と Gergely がここで行なっている推論は，進化心理学と同様，過去の選択圧から現在のわれわれに備わっているであろう認知的適応（おそらくは心的モジュールに相当するもの）を推測する，というものである．

実際，一部の道具などの文化に関して，教育の重要性が指摘されてきている．たとえば Tehrani and Riede (2008) では，第5章でも触れた，イランや中央アジアで作られている織物について，教育の重要性を論じている．この織物は幾何学的な模様が非常に細かく並べられたデザインを備えているが，こうしたデザインはかなり正確に継承され，系統間での情報のやり取りが少ない（すなわち，第5章での言葉を用いれば，混態の少ない）系統関係を構築するようである (Tehrani and Collard 2002). こうした継承は，実際に作る過程を見せたり，あるいは間違った場合は正しいやり方に修正したりして，作り方を教育した結果であるという．

Sterelny (2012) も Wadley (2010) の研究を引用しながら，石を木の柄につけた道具を作成することの難しさを指摘し，こうした道具作成の学習には教育が重要であっただろうと示唆している．こうした道具は7万年前にはすでに使用されていたようだが，重要なのはこの道具を作成するにあたって，接着剤が用いられていることである．自然にある接着剤としては，たとえばアカシア樹

脂などが用いられる．これは一見して粘性が高く，接着剤として自然に利用できそうに見えるが，話はそう簡単ではない．あまりに液状だとそのままでは接着剤として使用できず，たとえば黄土などを混ぜ込まなければ接着剤としては機能しないのである．また，熱し方，あるいは乾燥のさせ方にもかなりの技術が必要になる（下手に乾燥させればひび割れて使えなくなる）．さらに問題なのは，この接着剤作成技術は手順を何度も行き来させられるようなものではないという点である．手順を自由に戻せなければ学習の効率は大きく下がってしまい，それは正確な学習の可能性も大きく下げてしまうことになる．したがって，こうした複雑で単独では学習が困難であるような技術について，Wadley (2010, p. S116) は洗練されたさまざまな認知能力に加え，言語を用いた，かなり明示的な教育が重要な役割を果たしたはずだと論じている．

　最後に，第1節でも確認したように，教育は通常教育者にとってコストがかかるものであり，教育の進化は多くの場合において血縁選択によって説明がなされてきた．(e.g., Thornton and Raihani 2008)．しかし，Csibra や Gergely はナチュラル・ペダゴジー説が血縁関係にない人々の間にも拡大できると考えている．その証拠として，「乳児は自分自身とコミュニケーションをとろうとするどんな大人にも微笑みかけるし，母親よりも見知らぬ人の視線を追う傾向があり……その状況についてより多くの情報を必要とするときほど，見知らぬ人の視線を追うのである」(Csibra and Gergely 2011, p. 1155)．このように，現代社会の乳児は非血縁者による明示的シグナルからでも学習できるのかもしれないし，ナチュラル・ペダゴジー説は血縁者間に限定されないのかもしれない．また，こうした非血縁者間での明示的シグナルに基づく教育行動は，われわれの協力的繁殖によって進化したものであり，それは人間以外の霊長類では見られないものだという．

　以上のようなナチュラル・ペダゴジー説をまとめておくと，まず，ナチュラル・ペダゴジーは人間特有の生得的な認知能力の集まりであり，このナチュラル・ペダゴジーによって，初心者は，特に不透明な文脈において，明示的なシグナルを与えれば，たった一度の実演から実にさまざまな領域の知識や情報に関して一般化可能もしくは共有された関連性のある知識をより効率的かつ頻繁

に学習できるということになる.

3 ナチュラル・ペダゴジー説への反論 (1): 矛盾する証拠

　本節では，狩猟採集民における教育のデータと幼児の学習に関する実験から，前節で概観したナチュラル・ペダゴジー説におけるいくつかの想定が誤りであることを示す.
　まず，ナチュラル・ペダゴジー説にとって重要なこととして，乳児が明示的シグナルを学習の機会として捉え，またこのようなシグナルによって学習が効率化され，さらには一部の複雑な文化がこうした効率的な学習抜きでは忠実に伝達されないだろう，と考えられている. しかし，子どもが社会的伝統や一般的な知識を獲得する際に，明示的なシグナルやあるいは明示的シグナルを用いた能動的な教育が不要であるかもしれないということを示すデータがいくつかある.
　そもそも，Csibra や Gergely は促進的教育 (facilitative teaching) の重要性を軽視しているように思われる. 促進的教育とは，教育者が学習者に明示的な指示を出すことなく，学習の機会を与えるというものである. こうした促進的教育は，後述するようにさまざまな地域で観察できるものであり，狩猟や道具作成などの複雑な技術を学習する際の手段として用いられている. 実際，狩猟採集社会では，教育者が直接に教えるべき内容を伝えるような能動的教育 (active learning) の証拠が限定的である一方 (e.g., Csibra and Gergely 2009, 2011)，多くの民俗誌的証拠は，促進的教育がいかに重要であるかを示唆し続けてきている (Bock 2005 ; MacDonald 2007 ; Marlowe 2005, 2007). たとえば，さまざまな狩猟採集民社会の学習に関する民俗誌的データをサーベイした MacDonald (2007) では，「ここで論じられたソースが示唆しているのは，狩猟技術を獲得するのにさまざまな学習プロセスが関わっており，教育と実演が限定的な役割しか果たしていないということである」(p. 398, 強調は引用者) と結論している. むしろ，彼女のサーベイからは，もちろん直接的な能動的教育も多少は行なわれ

ているものの，初心者を狩猟の旅に連れ出したり，初心者に道具などを渡したりして学習させるという促進的教育が，狩猟採集文化ではより一般的であることがわかる（p. 397 の表 2 も参照）．

こうした促進的教育の重要性は，Sterelny（2012）による徒弟学習モデルにおいても主張されている．このモデルでは，人間が学習のために非常に組織化された環境で進化してきており，明示的な教育がなくても人間は複雑な文化を累積させられるかもしれない可能性が指摘されている．たとえば，ミーアキャットは若い個体に死んだサソリや弱ったサソリを与えながら危険なサソリの殺し方を徐々に教えていくのだが，人間もまた同様に，複雑な技術をさまざまなステップに分解し，順を追ってそれらを与えていく，という教育法をしばしば行なっている（Sterelny 2012, p. 35, 邦訳 p. 49）．もちろん，Sterelny 自身は彼のモデルがナチュラル・ペダゴジー説と矛盾しないと考えている．しかしそれでも，彼のモデルが Csibra や Gergely によるナチュラル・ペダゴジーの進化的議論に対する反論になっていることは確かである．

以上のような Sterelny の徒弟学習モデル，MacDonald のサーベイ，そして他の民俗誌的研究が正しいのであれば，Csibra や Gergely の主張に反して（Csibra and Gergely 2006, pp. 253-255, 2011, p. 1155），複雑な技術が社会に現れたからといって，そこから直接的に，人々が明示的な教育を行なうようになったはずだという推論はできないはずである．というのも，複雑な技術の学習は，促進的学習でも十分である可能性があるからだ．

また，こうした民俗誌的証拠はナチュラル・ペダゴジーの進化に関する説明の反論にもなりうる．もしナチュラル・ペダゴジーが複雑な道具使用の進化にとって必要不可欠なものだとすれば，もっと幅広い地域で，なおかつもっと高い頻度で明示的シグナルを用いた能動的教育が行なわれるべきであろう．もちろん，実際そういった証拠はいくらか観察されている．Hewlett et al.（2011）でも示されているように，アカ族の女性たちは，食べられる食材とそうでない食材の区別を母親からの能動的教育によって学習しているという（e.g., Csibra and Gergely 2011）．とはいえ，これらの証拠は非常に限定的であり，進化的仮説から予測されるほどに十分なものにはなっていない．

第 7 章　教育の進化

　さらに，ある領域に関しては，明示的シグナルが子どもの学習を促進していない例もあり，Csibra と Gergely が想定していたほどに広い領域ではナチュラル・ペダゴジーが有効ではない可能性がある．Schmidt et al. (2010) の研究では，3 歳児が明示的シグナルなしで一般化された規範を学習し，しかも明示的シグナルがその学習を促進していないことが示されている．この実験では，実験者が二つの異なる状況である対象を操作し，それを子どもが観察する．一つ目の状況が「再認識」状況であり，実験者である大人はその対象の操作法をあたかも既に知っているかのように操作する．もう一つが「考案」状況であり，実験者は対象を初めて操作するかのような仕草を見せる．さらに，これらの状況は明示的なシグナルを伴う場合と，明示的なシグナルを伴わないがノイズなどで子どもの注意を引く場合に分けられる．すなわち，(1) 再認識-明示的，(2) 再認識-非明示的，(3) 考案-明示的，(4) 考案-非明示的状況という四つの状況で子どもは実験者の行為を観察する．次に，実験者は対象を子どもに渡すのだが，この際規範的な発言や指示は一切行なわない．子どもは自由に実験者の行動を選ぶことができる．最後に，Max という名前をつけられたぬいぐるみ（ぬいぐるみ自身の動きは実験者が操作している）が部屋に入ってきて，実験者とは異なる仕方でぬいぐるみを操作する．ここではこの Max の操作に対して，子どもたちが抗議を行なうかどうかが確認されるのだが，もし子どもたちが Max に抗議を行なったとすれば，それは対象の操作に関する規範を学習し，自分自身だけでなく Max など他の対象にも適用可能な，すなわち一般化可能な知識を学習したことが示唆される．

　もし Csibra と Gergely が正しく，明示的シグナルが子どもに一般化可能もしくは共有された知識を効果的に学習させるのであれば，明示的シグナルを与えるかどうかで結果が変わってくるはずである．すなわち，(1)-(3) と (2)-(4) の間に有意な差が見られるはずだろう．しかし，結果は明らかに (1)-(2) の「再認識」状況と (3)-(4) の「考案」状況の間で有意な差が見られ，また (1)-(3) と (2)-(4) の間では有意差が見られなかった．このように，明示的シグナルがなくても，規範の学習に関しては十分一般的な知識の学習が可能なのであり，さらに，明示的シグナルが一般化可能な知識の学習を促進していないので

ある.

　また，ナチュラル・ペダゴジー説では，明示的シグナルが非常に強力なもので，そのシグナルを発する人からなら誰でも，子どもたちが学習できると想定している．たとえば，先述したように，Csibra and Gergely（2011, p. 1155）では，「乳児は自分自身とコミュニケーションをとろうとするどんな大人にも微笑みかけて」学習しようとするなどと述べられている．しかし，いくつかの実験ではこの想定も成り立たないことが示されている．Chudek et al.（2012）の実験では，3〜4歳児が明示的シグナルによらず，権威のある人間，すなわち「他の学習者が優先的に注意を向けたりしたがったりしている」（p. 47 ; Henrich and Gil-White 2001）人間から，対象の操作を優先的に学習できることが示されている．彼らの二つ目の実験ではまず，傍観者が一方のモデル（権威モデル）に注意を向け，もう一方には向けていない様子を子どもたちがビデオで見る．このとき，両モデルは明示的シグナルをカメラ（すなわち子ども）に向けているのだが，傍観者は子どもに何ら明示的シグナルを送っていない．傍観者は子どもに直接話しかけることなく，モデルを見ているだけである．次に，子どもは二人のモデルが同じ新奇な対象を異なる道具で操作している様子を見せられ，最後に子どもはどちらのモデルの行動を模倣するかを尋ねられる．結果は，70％以上の子どもが権威モデルの行動を模倣していた．

　ここで重要なのは，ナチュラル・ペダゴジー説にしたがえば，権威モデルの行動と非権威モデルの行動の模倣率に有意な差が出ないはずだ，ということである．というのも，両者が明示的シグナルを同様に送っていたからである．だが結果的には，子どもは権威モデルを有意に模倣していた．著者たちが論じているように，この実験が示唆するのは新奇な対象が見せられ，なおかつどちらが信用できるかもわからないという不透明な状況において，子どもは傍観者からの明示的シグナルがなくても，権威モデルを信頼できるモデルだと見なして，その行動を学習するのである．さらに，この実験からは，明示的シグナルを送った人なら誰からでも，学習しようとするわけではないことも示されている．したがって，明示的シグナルが何らかの効果を持つとしても，それはかなり限定的なものであると考えられるだろう．

たしかに，子どもが獲得した知識が一般化可能なものかどうかは，この実験だけではわからない．特に信頼できるか否かに関して言えば，権威が付与される際にモデルが道具を操作しており，その後二人のモデルがある新奇な二つの食べ物を食べる様子を見せられ，最後にどちらの食べ物を食べるかを尋ねられた場合，子どもは権威モデルの食べ物を有意に選んでいない．したがって，相手が信頼できるかどうかに関して子どもが学習した知識にとっては，権威が付与された文脈が重要であり，その文脈の外にまでは一般化できるようなものではない．しかし，道具の操作という同じ領域であれば，規範の場合と同様に，権威性はそのまま維持されるかもしれず，その意味では一般化可能な知識である可能性もあるだろう．

　ここで次のような批判が考えられるかもしれない．ここまでの実験やあるいは民俗誌的データに出てきた対象はすべて3歳児や4歳児，あるいはもう少し年長の子どもであり，Csibra や Gergely の実験が対象にしてきた子どもよりも遥かに年長の子どもである．だとすると，こうした年長の子どもは発達過程を通じて，明示的シグナルなしでも一般的知識の獲得が可能になっているだけであると考えられるかもしれない．しかし，子どもが学習相手を選び，明示的シグナルを送るだけでは学習が促進されない，という点に関しては，14ヶ月児に関しても Chudek et al. (2012) と同様の結果がえられている．Buttleman et al. (2013) の実験では，14ヶ月児と同じ国の言葉を話す実験者と他国語を話す実験者が登場し，それぞれ明示的シグナルを幼児に送る．結果として，幼児たちは自国語を話す実験者の行動しか模倣せず（これはおそらく，自国語を話す相手がより信頼できる相手だと判断したからだろう），Chudek et al. (2012) と同様，そしてナチュラル・ペダゴジー説の想定に反して，この結果からは幼児たちが学習相手を選んでいることが示唆される．

　ここまでの議論をまとめておくと，まず，多くの民俗誌的データは複雑な技術の獲得に際し，明示的シグナルなしの促進的学習が有効であることを示唆している．さらに，いくつかの実験からは，明示的なシグナルが学習を促進しないケース（たとえば規範の学習や，信頼できない相手からの学習の場合）があることも示唆されている．こうした実験やデータから判断すれば，ナチュラル・ペ

ダゴジー説をそのまま受け入れることはできないだろう．

もちろん，より限定された形，すなわち規範などではなく，たとえばこれまでのさまざまな実験で示唆されてきたような道具に関する学習で，さらには特定の相手（たとえば信頼できる相手など）からの学習であれば，ナチュラル・ペダゴジー説は成立するかもしれない．以下では，ナチュラル・ペダゴジー説を支持すると考えられている諸実験を批判的に検討しながら，この可能性を排除していく．

4 ナチュラル・ペダゴジー説への反論（2）：経験的証拠への批判

本節では，ナチュラル・ペダゴジー説を支持すると考えられている経験的証拠に関して批判的検討を行なう．Csibra や Gergely，そして彼らの共同研究者たちは主に乳児（特に 14ヶ月まで）を対象としつつ，ナチュラル・ペダゴジー説を裏付けるような実験をいくつか積み重ねてきている（e.g., Egyed et al. 2013 ; Futó et al. 2010 ; Gergely et al. 2007 ; Sage and Baldwin 2011 ; Topál et al. 2008 ; Yoon et al. 2008）．これらはすべて物体の種類や価などに関する研究であり，物体以外の領域で行なわれた実験は現時点では存在しない．これらの研究結果とその解釈が妥当であれば，たとえば物体に関してのみ，ナチュラル・ペダゴジー説が有効であると言えるだろう．しかし，以下ではこれらの証拠に関して批判的検討を行ない，それぞれの実験の解釈に問題があることを論じていく．

4.1 過剰模倣

ナチュラル・ペダゴジー説による説明・議論の中でも興味深いのが人間の子どもにおける過剰模倣（overimitation）の傾向性に関するものである．過剰模倣とは，実験者やモデルの行動のうち，行為の目的を達成するのに不必要／非合理的な行動まで模倣してしまうというものである．Meltzoff（1988）の有名な研究では，実験者が明示的なシグナルを示し，箱のスイッチを頭でオンにする，

というような行動を 14ヶ月の子どもに見せている．その一週間後に，子どもにスイッチをオンにするよう促したところ，彼らはたった一度しか大人の行動を見ていないにもかかわらず，さらには一見すると非合理的な手段であるにもかかわらず，頭を用いてスイッチをオンにした（いちいち頭を使わなくても，手でスイッチをオンにするのがより合理的な手段である）．

　こうした過剰模倣に関しては少なくとも三つの説明が試みられてきている．一つが Meltzoff 自身による "just-like-them" 仮説である（Meltzoff 1996 ; Meltzoff and Moore 1977, 1989, 1997）．この仮説によると子どもは実験者や他のモデルの行動をそのまま模倣しようとする傾向を持っている．しかし，しばしば指摘されてきたことではあるが，こうした傾向性ではどうして子どもがある状況下では過剰模倣を行なわないかが説明できない（Gergely and Csibra 2005）．もう一つは Tomasello による説明である．彼によると，モデルと自身を同一視し，行為の目的，意図を知ることが模倣には必要であり，他者と目的を共有することが生得的傾向性として備わっているという（Tomasello 1999, 2008）．この仮説にも問題があり，たとえば Meltzoff の実験のように認知的に不透明な状況において，子どもは行為者の目的を理解できていないにもかかわらず，模倣を行なってしまうことが説明できない（Gergely and Csibra 2005）．こうして，Tomasello も Meltzoff の仮説も過剰模倣を上手く説明できないのである．

　最後が，ナチュラル・ペダゴジー説による説明である．この説では過剰模倣がナチュラル・ペダゴジーによる学習の典型例だと説明されている．

> ペダゴジー的学習の教科書的な例が以下である．教師（モデル）が (1) 明示的な刺激（アイコンタクト）によって教育的文脈を確立し，(2) 指示対象（スイッチのついた箱）に目を向けたり触ったりしてそれを同定し，(3) 新奇な帰結（箱のスイッチをオンにして光をつける）を作り出す新奇な行為（箱に頭で触れる）を実演する．反応として，乳児は新奇な対象の機能とその機能が実行される方法の両者をたった 1 回の試行から学習することができ，この知識を比較的長い時間保持する．(Csibra and Gergely 2006, pp. 11-12)

他の仮説とは対照的に，教育的状況では子どもが認知的に不透明な新奇な行為

を模倣する傾向にあると Csibra と Gergely は主張している．こうした文脈における過剰模倣により，目的やそれを達成するのに必要な因果的相互作用を最初は理解できていなくても，子どもは新しい行動を学習することができる．そして，過剰模倣によって重要な技術が世代を超えて忠実に伝達されるというのである．

　Csibra と Gergely は過剰模倣に関してナチュラル・ペダゴジー説の説明を支持する証拠として，以下二つを挙げている．(1) 子どもたちが奇妙な行為に関して合理的な理由を理解している場合，彼らはその行為を過剰模倣しない (Gergely et al. 2002)．さらに，(2) 明示的シグナルがない場合には過剰模倣を行なわない傾向にある (Király et al. 2004)．以下ではこの証拠のそれぞれに関して批判的考察を進めていく．

　まずは Gergely et al. (2002) による実験である．この実験は Meltzoff (1988) の実験を少し改変したものになっている．まず，実験者は二つの状況で頭を使って箱のスイッチをオンにする．一つ目の状況では実験者の手が布で覆われており，手を用いることができない．もう一方の状況では手が机の上に置かれているものの手を用いることが可能であることは見てわかるようになっている．こうした二つの状況を観察した後の子どもに箱を操作させると，最初の状況では手を使ってスイッチをオンにするのだが，後者の状況では頭を用いてスイッチをオンにしたのである．すなわち，後者のように不透明な状況（すなわちどうして手ではなく頭を使うのかがわからない状況）では過剰模倣が観察でき，前者のように認知的に透明な状況（実験者がどうして手を使わないかがわかるような状況）では過剰模倣が見られなかったわけである．

　こうした証拠に関しては次のような批判が考えられる．まず，認知的に不透明な状況であっても過剰模倣が行なわれない場合がある．たとえば18ヶ月の乳児は実験前に（手を使った）箱の操作に馴染んでいれば，実験者が手を布で覆わずに頭で箱に触れる様子を見せても，その行為を模倣しないのである (Pinkham and Jaswal 2011)．このように不透明な文脈で過剰模倣が生じないことは，ナチュラル・ペダゴジー説からは予測できない事態である．

　もちろん，ナチュラル・ペダゴジー説は次のように応答することも可能であ

ろう．すなわち，子どもはすでに手を使って箱を操作する方法を知っているのだから，これは認知的に透明な文脈である．しかし，Gergely (2008) の説明によれば，認知的に不透明な行為とは「効率が悪い」手法による行動であり，透明な行為とは「正当化が明らかに行なえる」行為であるという．この区分にしたがうなら，すでに箱の操作を知っていても，実験者は手が使えるにもかかわらず頭を使って箱を操作しているので，やはり手法としては「効率が悪い」手法である．したがって，認知的に不透明な文脈のままであると考えられるだろう．

図7.2 過剰模倣の実験で使用される箱．下の筒を操作するだけで目当ての操作は完了するが，実験者は上の筒まで操作して見せ，子どもたちはこの操作まで過剰に模倣することがある．

　さらに，もしこうした意味で認知的に透明な文脈，すなわち子どもが操作法をすでに知っている文脈でも，子どもは過剰模倣を行なう場合がある．たとえば Lyons et al. (2007) の実験では，3歳から4歳の子どもにある箱を開ける操作（これはもちろん不必要なステップを含んでおり，なおかつそれが不要であることは一見して明らかである）を見せた後，「ばかげた」ステップを模倣せず，必要な行為だけを模倣するように警告されたときでも，子どもたちは不必要な行為を模倣してしまう．このように，箱の操作が一見して明らかであり，不要な行為が存在することを指摘されている場合でも，子どもは過剰模倣を行なうことがある．さらに，この箱を子どもたちに実際に操作させてみると，彼らはかなり容易に（不必要な操作を経由することなく）箱の操作を学習してしまい，Lyons et al. (2011) は箱の操作自体は子どもたちにも透明なものであると結論している．したがって，子どもが操作法をすでに知っているという意味で認知的に透明な文脈でも，彼らは過剰模倣を行なってしまうのである．

もちろん，Lyons らの研究は 3 歳から 5 歳を対象にしているが，もっと幼い子どもでも様相はさらに複雑である．18ヶ月児の場合，実験者の行為の目的が明瞭で，なおかつ実験者がその目的達成に失敗した場合，ある実験では幼児が失敗した行為を模倣し，別の実験では達成されなかった目的を幼児が代わって達成しようとしている（e.g., Bellagamba and Tomasello 1999 ; Call et al. 2005 ; Nielsen 2006 ; Meltzoff 1995）．また，Poulin-Dubois et al.（2011）の研究では，信頼できる相手に対してしか過剰模倣が生じないと報告されている．この実験では 13～16ヶ月の幼児に対して，明示的シグナルを送りながら，実験者が箱を覗き込んで中に何かがあるような仕草をする．その後幼児は箱を渡され，実際に箱の中に何かが入っているかどうかを確かめる．入っていれば，その実験者は嘘を言っていないという意味で信頼できる情報源であり，入っていなければ信頼できない情報源だと見なされる．その後，例のスイッチを頭で押すという行動を見せ，幼児にもスイッチを押すように仕向けると，信頼できる実験者のときのみ，幼児たちはスイッチを頭で押すという過剰模倣を行なう．さらに，上記研究はどれも明示的シグナルを送っているので，明示的なシグナルを送った場合にのみ過剰模倣が生じるという主張にも疑問が残るのである．

4.2　明示的シグナルの機能

　ナチュラル・ペダゴジー説の鍵となっているのが明示的シグナルの重要性である．Csibra, Gergely，あるいは彼らの共同研究者たちは明示的シグナルが幼児の情報獲得に重要な役割を果たし，こうした明示的シグナルの機能が人間特有なものであることを指摘し続けてきている．本項ではこの明示的シグナルの機能について焦点を当て，この機能を支持すると考えられている経験的証拠について批判的検討を加える．

　最初の証拠は次のような実験である．Yoon et al.（2008）の実験では，9ヶ月の乳児を対象とし，実験者が子どもたちにアイコンタクトを送りながらある物体を指差している場合，もしくは明示的シグナルなしでその物体に手を伸ばそうとしている場合を見せる．さらに，物体が一度隠された後，乳児たちに物体

の場所が変わっている場面と異なる物体が現れる場面を見せると，興味深い違いが見られた．すなわち，指差し条件を経た乳児は異なる物体が現れた場合を（何の変化もない場合や物体の場所が変わっている場合）より有意に長い時間眺め，手を伸ばした状況を見た乳児は物体の場所が変わっている場面を（何の変化もない場合や異なる物体が現れた場合）より有意に長い時間眺めたのである．著者たちによると，これは指差しやアイコンタクトなどの明示的シグナルから物体の種類に関しての一般的知識を獲得したことを示唆しているという．

　しかし，この実験の解釈にもいくつかの問題がある．まず，確かに現れる物体の変化に敏感であることからは，物体の同一性に注意を向けていたことは示唆されるだろうが，同一性と物体の種類を混同すべきではない（これは Futó et al. 2010 の実験にも同様に当てはまる批判である）．さらに，指差し条件には指差しとアイコンタクトなど他の明示的シグナルが含まれているが，指差しは他の明示的シグナルとは異なる機能を持っている可能性がある．たとえば，14ヶ月までの乳児は指を差された方向を探すようになるが（Behne et al. 2005），それはかなり強い衝動のようで，指を差された方向を探さないのを抑えるのが難しいくらいであるという（Couillard and Woodward 1999）．さらに，3歳半から4歳半の子どもは，物体が置かれた場所を知らないはずの相手でも，その人間が指を差すことで，その相手に物体の場所の知識を帰属させてしまう（Palmquist et al. 2012）．著者たちはこの結果から，子どもが指差しの内容を相手の知識状態を示すものだと理解しているのだと解釈している．このように，指差しは子どもにとってかなりさまざまな意味を持ちうる行為であり，指差しを一般化可能な知識の獲得だけに関わるような明示的シグナルの一つであると考えることには疑問が残る．もちろん上記の実験では，アイコンタクトなどから物体の種類に関する一般的知識を獲得しているのだと主張することも可能だが，その主張を確かめるには，少なくとも指差しとアイコンタクトを分けて実験を行なわなければならないだろう[2]．

---

2) 関連する実験である Topál et al.（2008）に関してはここでは扱わないが，Vorms（2012）による的確な批判がある．

200　第 III 部　人間行動進化の実例を検討する

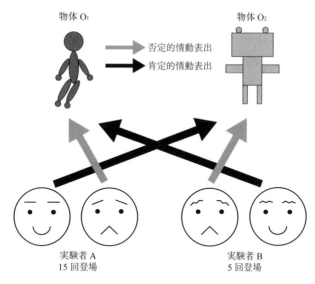

図 7.3　Gergely et al.（2007）による実験.

　もう一つの実験が，Gergely et al.（2007）によるものである．この実験では二人の実験者が 14 ヶ月児の前に登場し，二つの物体に対してそれぞれ異なる情動表出を子どもに向けて行なう（たとえば実験者 A が O_1 に対して否定的，O_2 に肯定的，B が O_1 に肯定的，O_2 に否定的な情動表出を行なう）．さらに，一方の実験者（たとえばここでは A）がもう一方（ここでは B）より多くの回数（たとえばここでは A が 15 回，B が 5 回）子どもの前に現れてそれぞれが情動表出を行ない，最後にまたしばらくしてから実験者が物体に対して情動表出を行ない，それに対して乳児がどのような反応を示すかが観察された（図 7.3）．すると結果はたとえ A であれ B であれ，より多くの否定的情動が向けられた物体を選んだ場面を（それ以外の場面より）長く眺めたのである．ここから示唆されるのは，乳児たちが実験者たちの主観的な選好を学習したわけではない，ということである．もし主観的選好を学習していたのだとすれば，彼らは実験者 B が O_2 を選んだときに驚き（B は一貫して O_2 に否定的情動表出を行なっていた），より長くその場面を眺めるはずなのである．しかし，実際は B が O_2 を選んだときには驚かなかった．こうした実験結果の解釈として，Gergely たちは乳児

が物体に対する肯定的／否定的情動表出の頻度から物体の一般的価（valence）を学習したからだと述べている．

　しかし，この実験結果には他の説明も可能である．たとえば社会的参照（物体や人に対する親の反応から，その物体や人に関する知識を学習すること）に関する研究では，1歳になるまでに乳児は新しい物体や状況に対して他者の反応を用いて自分の行動を制御することが知られている（Klinnert 1984；Walden and Ogan 1988）．さらに，「間接的効果（indirect effect）」（Feiring et al. 1984）と呼ばれるものにより，明示的シグナルを与えなくとも，乳児は他人に対する別の他者の情動表出からその他人に対する反応を制御できる．Feiring et al.（1984）の実験では，15ヶ月の幼児が，母親が見知らぬ人と親しそうに相互作用している場合，あるいは無視している場合を観察する．この時，幼児たちは自分たちが遊んでいる横で母親たちの相互作用を観察するだけで，母親が明示的に働きかけることはない．その後，見知らぬ人が幼児たちの遊びに参加しようとすると，母親と親しそうにしていた人より母親から無視された人が参加しようとした場合に，幼児たちはより慎重になる．すなわち，母親の評価を間接的に学習したのである．この説明が正しければ，Gergelyらの実験は次のように解釈できるだろう．幼児たちは最も頻繁に示された情動表出から物体への反応を学習し，さらに2歳以下の乳児は同じ対象に対して他者と自分が同じ選好を持つと考える傾向にあるため（e.g., Repacholi and Gopnik 1997），学習された反応を他者へと拡張して，結果的に実験者BもO_2に肯定的な評価を持つと考えるようになったと考えられる．少なくとも，Gergelyらはこうした説明の可能性を検討できていないのである．

　類似の結果はEgyed et al.（2013）からも得られている．彼らの実験では，アイコンタクトなどの明示的シグナルを送る場合と送らない場合を設定し，両設定で実験者が対象に対して肯定的・否定的情動表出を行なう様子を，18ヶ月児が観察する．その後，別の実験者が出てきて，幼児にいずれかの対象を手渡してくれるように頼む．明示的シグナルを送った場合と送らなかった場合の結果（幼児がどちらの対象を後の実験者に手渡すか）を比較すると，最初の実験者が肯定的な情動表出を行なった対象を別の実験者に渡す割合は，後者に比べて前者

の方が有意に高かった．これもやはり，幼児たちは明示的シグナルから実験者の選好でなく，一般的な価を学習したからだと Egyed らは解釈している．

　もちろん，この実験では14ヶ月児ではなく18ヶ月児を対象としているため，Gergely et al. (2007) の実験に対する上記の批判は当てはまらない（18ヶ月児はすでに他者と自分が違う選好を持つ事を理解し始めている，e.g., Repacholi and Gopnik 1997）．しかし，彼らの実験結果もまた，ナチュラル・ペダゴジーに訴えずとも説明が可能である．そもそも，幼児たちから目をそらすという行為はかなり大きな意味を持っている．たとえば，ある研究によれば，目をそらすことは「関係がないということを発信する」ものであり，「社会的に疎外された」感覚をもたらすという（Wirth et al. 2010, p. 870）．この実験では，26人の学部生が8種類の映画を見せられるのだが，その映画では登場人物が学部生に目を向けて話すものと，目をそらして話すものが含まれている．この映画を見せた後，学部生にどのくらい疎外感を感じたか，自尊心が損なわれたか，などを質問したところ，やはり目をそらした映画を見たときの方が，より強い疎外感を感じ，自尊心を損なったと答えている．こうした実験を踏まえれば，実験者が明示的シグナルを送らずに幼児から目をそらすことにより，相手が自分とは関係のない，信頼できない相手だと考え，それゆえその相手の行動を模倣しなかったとも考えられるだろう．信頼のできない相手より信頼のできる相手から学習する幼児の傾向性についてはすでに第3章や本章第2節でも触れたが，ナチュラル・ペダゴジーを想定せずとも，Egyed et al. (2013) の結果はこうした信頼性判断メカニズムの観点から十分に説明が可能なのである．

　このようにナチュラル・ペダゴジー説を支持する実験的証拠はさまざまな代替的説明が可能であるが，特に重要なのは信頼性判断に基づく説明だろう．実際，ナチュラル・ペダゴジー説は信頼性バイアスの一つを指摘しているに過ぎない，と考えられるかもしれない．すなわち，アイコンタクトなどの明示的シグナルは，送信者の信頼性を高めていると考えられるのである．とはいえ，この修正を受け容れてしまえば，もちろん教育に特化した心的適応形質は不要になってしまうし，ナチュラル・ペダゴジー説の特色は大きく損なわれてしまう．こうした修正が可能であり，またナチュラル・ペダゴジー説の支持者がこの修

正を受け容れる可能性も否定はできないが，それはナチュラル・ペダゴジー説の魅力を大きく損なってしまうことには注意する必要がある．

5　結　語

　ここまで主に二つの点からナチュラル・ペダゴジー説を検討してきた．まず，民俗誌的データやいくつかの実験はナチュラル・ペダゴジー説からは予測できないような部分があり，特に明示的シグナルなしでも（一般化可能な知識や複雑な道具技術などに関して）十分な学習が可能な場合もある．さらに，ナチュラル・ペダゴジー説を支える経験的証拠もさまざまな問題を抱えており，現時点ではナチュラル・ペダゴジー説を受け容れることはできず，教育に特化した適応形質が進化したかどうかに関しては疑問が残る．

　もちろん，たとえ教育に特化した心的適応形質が進化していなかったとしても，第3章でも指摘したように教育が文化の継承において何らかの重要な役割を果たしてきた可能性はある．Sterelny (2012), Tehrani and Riede (2008), Wadley (2010) などが指摘するように，単なる模倣や個人的な試行錯誤だけからでは忠実に学習できないような技術（しかしそれでも，現に忠実に学習され，何世代にもわたって継承されている技術）があるのは確かである．こうした技術の継承は，実際教育によって可能になっていたのかもしれない．しかし，それが教育に特化した適応形質の進化を支えるほどに大きな選択圧であったのかどうかは，（たとえば民俗誌のデータなどからしても）それほど明らかではない．たとえ一部の技術のみに関して教育が行なわれていたとしても，それは教育に特化していない別のメカニズムによる可能性も十分考えられるだろう．

　さらに，ここまで論じてきたように，もし教育に対する選択圧がそれほど大きなものでなかったとすれば，文化の継承過程において，教育がそれほど重要でなかったということも示唆される．したがって，罰のケースと同様，本章での議論が正しければ，教育が文化の継承にとって大きな役割を果たしてきたという見方には同意できないのである．

おわりに

　各部における議論を簡単に要約しながら，本書の目論見を再度強調し，議論を締めくくることにしよう．第Ⅰ部では，進化心理学，人間行動生態学，二重継承説といった人間行動進化学の代表的研究プログラムを認識論・方法論の観点から検討した．すなわち，「（科学の一分野としての）人間行動進化学はいかにあるべきか」という問いの考察である．第1章で取り上げた進化心理学は，これまでかなり激しい批判にさらされてきたが，原理的な批判はおおむね退けられることを中心に論じた．その具体的な仮説やモデルの有望さについては，第3章3節，あるいは第4章において文化進化研究などを題材にしながら検討した．もちろん，進化心理学に問題がないわけではない．たとえば今後の進化心理学では，更新世以外での心的モジュールの進化などについても，よりいっそうの考察が必要になるはずである．第2章では人間行動生態学を取り上げ，最適化モデルの使用がどのように正当化できるかを考察した．表現型戦略による従来の正当化は失敗しているものの，別の角度からそれが正当化できることを論じた．最後に，第3章では二重継承説について考察した．その際，この研究プログラムで提案されている文化の累積的進化モデルの妥当性・有望さは認めつつも，そこで想定されている模倣バイアス以外の心理メカニズムが重要になる可能性も指摘した．このように，各研究プログラムはそれぞれ改良すべき点や問題などを持っているとはいえ，それでも十分な可能性を持っており，今後もさらにそれぞれの研究を進めていくべきだと結論できる．

　ただし，第Ⅰ部の最後でも述べたように，各研究プログラムの間にはまだ大きな論争点がいくつか残されている．われわれの心がどの程度モジュール化され，またわれわれの行動がどの程度最適化されているのか，などである．さまざまな学習バイアスの存在や不安定な環境でも適応形質が進化しうることなど

を踏まえれば，筆者自身はそこまで心的モジュールの数が限られているとも考えていないし，さらに，そうした心的モジュールの存在が二重継承説における累積的進化の図式を否定するものだとも考えていない．とはいえ，上記の問い，また個別の人間行動がどのように進化してきたかなどは，今後のさらなる経験的研究やそれらの検討によって考察されるべきであり，現段階で最終的な結論を下せる問題ではないだろう．

　次に，上記のような第Ⅰ部での考察（すなわち，各研究プログラムのアプローチの妥当性）を，文化進化研究や人間行動の進化の実例を通じてさらに実証していくというのが第Ⅱ部と第Ⅲ部の目的の一つであった．第Ⅱ部では現在行なわれている文化進化研究が，過去の類似の研究とどう違うかなどを踏まえた上で，特に第4章においては，第Ⅰ部で論じた研究プログラムを念頭におきながら，文化進化のプロセス研究について論じた．文化の疫学モデルで想定されている心的モジュールもまた，文化の累積的進化に十分貢献しうるのであり，他二つの研究プログラムと同様，進化心理学も文化進化を考察する際に重要な役割を果たすことは間違いない．一方，第5章では，第Ⅰ部では取り扱わなかった系統学的手法が，文化の歴史を考察する際にどれほど重要かつ有用であるかを考察した．このように，文化進化研究は，もちろん困難さは残されているとしても，十分に可能かつ有望なものであり，今後も推進されるべき研究なのである．

　また，第4章でも論じた点だが，こうした文化進化研究（あるいは人間行動進化学全般）が拡大したからといって，もちろん従来の人文・社会科学研究が大きく脅かされるというわけではないし，また従来の人文・社会科学研究が不要になるわけでもない，という点にも注意すべきだろう（e.g., Mesoudi 2011）．文化進化研究は従来とは異なる観点から文化の歴史的系譜を考察しようとしているのであり，もし文化進化に関して本当に包括的な見取り図と理解を得たいのであれば，従来の人文・社会科学研究についてもこれを当然参照し，それとの整合性をはかる，あるいは両者を相互に比較しながらお互いの問題点を考察することが必要になってくる．本書で論じた文化進化研究は，文化進化のあくまで一側面を考察する研究であり，第4章ではその（これまであまり顧みられて

こず，なおかつ重要な）一側面を適切にとらえうる研究であるかどうかを考察した．重要なのは，こうした重要な一側面を適切にとらえうる研究であるからこそ，文化に関する従来の人文・社会科学研究もまた，文化進化研究を十分に参照していく必要があるということである（繰り返すが，逆に文化進化研究の方も従来の人文・社会科学研究を参照していく必要がある）．このように，両者は決して排他的なものではないのである．

第 III 部では罰と教育という人間行動の実例の進化を検討したが，この検討はさまざまな経験的研究の詳細な批判的考察に基づいていた．人間の進化過程の大部分において，現代ではかなり一般的でほとんどの国で制度化されている明示的な教育，あるいは罰の行動修正機能がそれほど重要でなかったとすれば，罰や教育の姿は比較的最近に，かなり大きく変わったと考えられるだろう．実際，集団サイズが大きくなるにつれて，われわれの生活はかなり大きく変わったのかもしれない．

また，もしこの見方が正しければ，文化進化の要因としての罰・教育に関しても次のような可能性が指摘できるだろう．すなわち，文化継承の要因として罰や教育が大きく機能し始めたのも比較的最近であり，人間進化の歴史の大部分では，それほど重要でなかったと考えられる．したがって，これまでの見方では，文化進化における罰や教育の役割がいくぶん過大評価されてしまっているのである．

第 III 部の哲学的意義についても再度述べておこう．第 III 部での考察は本書の「はじめに」でも述べたように，科学的知識の妥当性を考察するという目的だけでなく，自然界における人間の位置付けや人間性について，すなわち「人間とは何か」という問いを探究するという意図も持っている．もちろん，こうした問題を考察するには，科学的探究では明らかにしにくいような側面に関する考察もきわめて重要である．しかし同時に，当然科学的知見についても詳細な検討が必要であるのは，文化進化研究と従来の人文・社会科学研究の関係とまったく同様だろう．第 III 部での検討は，罰や教育の進化という限られた側面ではあるが，経験的研究の詳細な検討から浮かび上がってくる，人間性の（歴史の）一部を考察している．「はじめに」でも触れたことだが，こうしたか

なり詳細な文脈にまで科学哲学者が目を向けることに対して，その必要性を疑問に思う人は少なくないだろう．しかし，時間や空間とは何かを問うためには，物理学の知見を詳細に検討する必要があるように（e.g., 内井 2006），こうした詳細かつ（本書では罰や教育といった，かなり局所的な対象の考察になっているが）総合的な検討がなければ，「人間とは何か」についてより確かな答えには近づけないだろう．このように，一見すると哲学に見えない第III部の作業も，哲学の根本的問いの一つへたしかに貢献するものなのであり，科学哲学の作業として極めて重要なものの一つなのである．

　最後に，本書の試みに残された課題について触れておきたい．ここまでも何度か述べてきたように，本書は人間行動，しかもその進化的研究というかなり限られた側面について，さまざまな研究プログラムの妥当性を第一に論じてきた．すなわち，「人間行動進化学はいかにあるべきか」という問いである．しかし，それらが従来の人文・社会科学研究と排他的でないことは論じたものの，両者を実際にどう擦り合わせ，また接合・総合していくかについては，結局のところほとんど示せていない．この問題を考察するには，従来の人文・社会科学研究に対しても，もっと具体的な考察が必要になるだろう．さらに，それは文化，あるいは罰や教育だけでなく，より多様な行動に関する詳細な考察が伴っていなければならないはずである．それができてはじめて，少なくとも「（人間行動に関する）科学はいかにあるべきか」という科学哲学の根本的（認識論的）問いの一つ，さらには「人間とは何か」という哲学の根本的問いの一つに対して，より十分な答えに近づけるのである．

参考文献

Aharoni, E. and Fridlund, A. J. 2012. Punishment without reason : Isolating retribution in lay punishment of criminal offenders. *Psychology, Public Policy, and Law*, 18 : 599-625.
Alexander, R. 1971. The search for evolutionary philosophy of man. *Proceedings of the Royal Society of Victoria*, 84 : 99-120.
———. 1975. The search for a general theory of behavior. *Behavioral Science*, 10 : 77-100.
———. 1979. *Darwinism and human affairs*. Seattle, WA : University of Washington Press. [『ダーウィニズムと人間の諸問題』山根正気・牧野俊一訳,東京：思索社,1988 年]
———. 1990. Epigenetic rules and Darwinian algorithms : The adaptive study of learning and development. *Ethology and Sociobiology*, 11 : 241-303.
Allen-Arave, W., Gurven, M. and Hill, K. 2008. Reciprocal altruism, not kin selection, maintains nepotistic food transfers on an Ache reservation. *Evolution and Human Behavior*, 29 : 305-318.
Andrews, K. 2012. *Do apes read minds? Toward a new folk psychology*. Cambridge, MA : The MIT Press.
Arthur, B. W. 2009. *The nature of technology : What it is and how it evolves*. New York : Free Press. [『テクノロジーとイノベーション――進化／生成の理論』有賀裕二・日暮雅通訳,東京：みすず書房,2011 年]
Asch, S. E. 1951. Effects of group pressure on the modification and distortion of judgments. In H. Guetzkow (ed.), *Groups, leadership and men*. Pittsburgh, PA : Carnegie Press, pp. 177-190.
Ashley, J. and Tomasello, M. 1998. Cooperative problem-solving and teaching preschoolers. *Social Development*, 7 : 143-163.
Atkinson, A. P. and Wheeler, M. 2004. The grain of domains : The evolutionary-psychological case against domain-general cognition. *Mind and Language*, 19 : 147-176.
Atkinson, Q. D. and Gray, R. D. 2005a. Are accurate dates an intractable problem for historical linguistics? In Lipo et al. (2005), pp. 269-296.
———. 2005b. Curious parallels and curious connections : Phylogenetic thinking in biology and historical linguistics. *Systematic Biology*, 54 : 513-526.
Atran, S. 1998. Folk biology and the anthropology of science : Cognitive universals and cultural particulars. *Behavioral and Brain Sciences*, 21 : 547-609.
———. 1990. *Cognitive foundations of natural history : Towards an anthropology of science*. New York : Cambridge University Press.
Atran, S. and Medin, D. 2008. *The native mind and the cultural construction of nature*. Cambridge, MA : The MIT Press.
Averill, J. R. 1982. *Anger and aggression : An essay on emotion*. New York : Springer-Verlag.
Axelrod, W. and Hamilton, W. D. 1981. The evolution of cooperation. *Science*, 211 : 1390-1396.
Barbrook, A. C., Howe, C. J., Blake, N. and Robinson, P. 1998. The phylogeny of *The Canterbury*

Tales. Nature, 394 : 839.
Barclay, P. 2006. Reputational benefits for altruistic punishment. *Evolution and Human Behaviors*, 27 : 325-344.
Barkow, J., Cosmides, L. and Tooby, J. Eds. 1992. *The adapted mind : Evolutionary psychology and the generation of culture.* New York : Oxford University Press.
Baron, J., Gowda, R. and Kunreuther, H. 1993. Attitudes toward managing hazardous waste : What should be cleaned up and who should pay for it? *Risk Analysis*, 13 : 183-192.
Baron, J. and Ritov, I. 1993. Intuitions about penalties and compensation in the context of tort law. *Journal of Risk and Uncertainty*, 7 : 17-33.
Barrett, H. C. 2005. Adaptations to predators and prey. In Buss (2005b), pp. 200-223.
Barrett, H. C. and Kurzban, R. 2006. Modularity in cognition : Framing the debate. *Psychological Review*, 113 : 628-647.
Basalla, G. 1988. *The evolution of technology.* New York : Cambridge University Press.
Baumard, N. 2010. Has punishment played a role in the evolution of cooperation? A critical review. *Mind & Society*, 9 : 171-192.
——. 2011. Punishment is not a group adaptation : Humans punish to restore fairness rather than to support group cooperation. *Mind & Society*, 10 : 1-26.
Beatty, J. 1992. Random drift. In E. F. Keller and E. Lloyd (eds.), *Keywords in evolutionary biology.* Cambridge, MA : Harvard University Press, pp. 273-281.
Beatty, J. and Mills, S. 1979. The propensity interpretation of fitness. *Philosophy of Science*, 46 : 263-288.
Behne, T., Carpenter, M. and Tomasello, M. 2005. One-year-olds comprehend the communicative intentions behind gestures in a hiding game. *Developmental Science*, 8 : 492-499.
Beissinger, S. R. and McCullough, D. R. Eds. 2002. *Population viability analysis.* Chicago, IL : The University of Chicago Press.
Bellagamba, F. and Tomasello, M. 1999. Re-enacting intended acts : Comparing 12- and 18-montholds. *Infant Behavior & Development*, 22 : 277-282.
Bellwood, P. 1996. Phylogeny vs reticulation in prehistory. *Antiquity*, 70 : 881-890.
Bender, C. E., Hezing, D. L. and Bjorklund, D. F. 2009. Evidence of teaching in atlantic spotted dolphins (*Stenella frontalis*) by mother dolphins foraging in the presence of their calves. *Animal Cognition*, 12 : 43-53.
Bennett, J. 1978. Some remarks about concepts. *Behavioral and Brain Sciences*, 4 : 557-560.
Bentley, R. A. 2008. Random drift versus selection in academic vocabulary : An evolutionary analysis of published keywords. *PlosOne*, 3 : e3057.
Bentley, R. A., Hahn, M. W. and Shennan, S. J. 2004. Random drift and culture change. *Proceedings of the Royal Society B*, 271 : 1443-1450.
Bentley, R. A., Lipo, C. P., Herzog, H. A. and Hahn, M. W. 2007. Regular rates of popular culture change reflect random copying. *Evolution and Human Behavior*, 28 : 151-158.
Bergmüller, R., Johnstone, R. A., Russell, A. F. and Bshary, R. 2007. Integrating cooperative breeding into theoretical concepts of cooperation. *Behavioral Processes*, 76 : 61-72.
Bering, J. 2011. *The belief instinct : The Psychology of souls, destiny, and the meaning of life.* New

York : W. W. Norton and Company. [『ヒトはなぜ神を信じるのか——信仰する本能』鈴木光太郎訳, 京都：化学同人, 2012年]
Bernerd, A. 2000. *History and theory in anthropology*. New York : Cambridge University Press. [『人類学の歴史と理論』鈴木清史訳, 東京：明石書店, 2005年]
Bettinger, R. L. and Eerkens, J. 1999. Point typologies, cultural transmission, and the spread of bow-and-arrow technology in the prehistoric Great Basin. *American Antiquity*, 64 : 231-242.
Birch, S. A. J., Akmal, N. and Frampton, K. L. 2010. Two-year-olds are vigilant of others' non-verbal cues to credibility. *Developmental Science*, 13 : 363-369.
Blackmore, S. 1999. *The meme machine*. Oxford : Oxford University Press. [『ミーム・マシーンとしての私』垂水雄二訳, 東京：草思社, 2000年]
Blidge Bird, R., Smith, E. A. and Bird, D. W. 2001. The hunting handicap : Costly signaling in human foraging strategy. *Behavioral Ecology and Sociobiology*, 50 : 9-19.
Blurton-Jones, N. G. 1984. A selfish origin for human food sharing : Tolerated theft. *Ethology and Sociobiology*, 5 : 1-3.
——. 1987. Tolerated theft, suggestions about the ecology and evolution of sharing, hoarding and scrounging. *Social Science Information*, 26 : 31-54.
Bock, J. 2005. What makes a competent adult forager? In B. S. Hewlett and M. E. Lamb (eds.), *Hunter-gatherer childhoods*. New Brunswick, NJ : Transaction, pp. 109-128.
Boehm, C. 1999. *Hierarchy in the forest : The evolution of egalitarian behavior*. Cambridge, MA : Harvard University Press.
Boesch, C. 1991. Teaching in wild chimpanzees. *Animal Behaviour*, 41 : 530-532.
——. 2008. Culture in evolution : Toward an integration of chimpanzee and human cultures. In M. Brown (ed.), *Explaining culture scientifically*. Seattle, WA : University of Washington Press, pp. 37-54.
Borgerhoff-Mulder, M. 2001. Using phylogenetically based comparative methods in anthropology : More questions than answers. *Evolutionary Anthropology*, 10 : 99-111.
Borgerhoff-Mulder, M., Bowles, S., Hertz, T., Bell, A., Beise, J., Clark, G., Fazzio, I., Gurven, M., Hill, K., Hooper, P., Irons, W., Kaplan, H., Leonetti, D., Low, B., Marlowe, F., Naidu, S., Nolin, D., Piraino, P., Quinlan, R., Sear, R., Shenk, M., Smith, E. A. and Wiessner, P. 2009. The Intergenerational transmission of wealth and the dynamics of inequality in pre-modern societies. *Science*, 326 : 682-688.
Boseovski, J. J. 2012. Trust in testimony about strangers : Young children prefer reliable informants who make positive attributions. *Journal of Experimental Child Psychology*, 111 : 543-551.
Boseovski, J. J. and Lee, K. 2008. Seeing the world through rose-colored glasses? Neglect of consensus information in young children's personality judgments. *Social Development*, 17 : 399-416.
Boyd, R., Gintis, H. and Bowles, S. 2010. Coordinated punishment of defectors sustains cooperation and can proliferate when rare. *Science*, 328 : 617-620.
Boyd, R., Gintis, H., Bowles, S. and Richerson, P. 2003. The evolution of altruistic punishment. *Proceedings of the National Academy of Sciences of USA*, 100 : 3531-3535.
Boyd, R. and Richerson, P. 1985. *Culture and the evolutionary process*. Chicago, IL : The University of Chicago Press.

――. 1988. The evolution of reciprocity in sizable groups. *Journal of Theoretical Biology*, 132 : 337-356.
――. 1989. Social learning as an adaptation. *Lectures on mathematics in the life sciences*, 20 : 1-26.
――. 1992. Punishment allows the evolution of cooperation (or anything else) in sizable groups. *Ethology and Sociobiology*, 13 : 171-195.
Boyd, R., Richerson, P. and Henrich, J. 2013. The cultural evolution of technology : Facts and theories. In P. Richerson and M. H. Christiansen (eds.), *Cultural evolution : Society, technology, language, and religion*. Cambridge, MA : The MIT Press, pp. 119-142.
Boyer, P. 2001. *Religion explained*. New York : Basic Books. [『神はなぜいるのか？』鈴木光太郎・中村潔訳, 東京：NTT 出版, 2008 年]
Boyer, P. and Ramble, C. 2001. Cognitive templates for feligious concepts : Cross-cultural evidence for recall of counter-intuitive representations. *Cognitive Science*, 25 : 535-564.
Brandon, R. 1990. *Adaptation and environment*. Princeton, NJ : Princeton University Press.
Brown, D. E. 1991. *Human universals*. Philadelphia, PA : Temple University Press.
Bryant, D., Filmon, F. and Gray, R. D. 2005. Untangling our past : Languages, trees, splits and networks. In Mace et al. (2005), pp. 67-83.
Bshary, R., and Grutter, A. S. 2005. Punishment and partner switching cause cooperative behaviour in a cleaning mutualism. *Biology Letters*, 1 : 396-399.
Buller, D. J. 2005. *Adapting minds : Evolutionary psychology and the persistent quest for human nature*. Cambridge, MA : The MIT Press.
Burian, R. 1986. On integrating the study of evolution and of development. In W. Bechtel (ed.), *Integrating scientific disciplines*, Hingham, MA : Kluwer Academic Publishers, pp. 209-228.
Buss, D. 1983. Evolutionary biology and personality psychology : Implications of genetic variability. *Personality and Individual Differences*, 4 : 51-63.
――. 1984. Evolutionary biology and personaliy psychology : Toward a conception of human nature and individual differences. *American Psychologist*, 39 : 1135-1147.
――. 1989. Sex differences in human mate preferences : Evolutionary hypotheses tested in 37 cultures. *Behavioral and Brain Sciences*, 12 : 1-49.
――. 2005a. *The murder next door : Why the mind is designed to kill*. New York : Penguin Press. [『「殺してやる」――止められない本能』荒木文枝訳, 東京：柏書房, 2007 年]
――. Ed. 2005b. *The handbook of evolutionary psychology*. New York : Wiley.
Buss, D. M. and Hawley, P. Eds. 2011. *The evolution of personality and individual differences*. New York : Oxford University Press.
Buttelmann, D., Zmyj, N., Daum, M. and Carpenter, M. 2013. Selective imitation of in-group over out-group members in 14-month-old infants. *Child Development*, 84 : 422-428.
Byrne, R. and Whiten, A. Eds. 1989. *Machiavellian intelligence : Social expertise and the evolution of intellect in monkeys, apes, and humans*. New York : Oxford University Press. [『マキャベリ的知性と心の理論の進化論――ヒトはなぜ賢くなったか』藤田和生・山下博志・友永雅己訳, 京都：ナカニシヤ出版, 2004 年]
Call, J., Carpenter, M. and Tomasello, M. 2005. Copying results and copying actions in the process of social learning ; Chimpanzees (*Pan troglodytes*) and human children (*Homo sapiens*). *Animal

Cognition, 8 : 151-163.
Cant, M. A. and Johnstone, R. A. 2006. Self-serving punishment and the evolution of cooperation. *Journal of Evolutionary Biology*, 19 : 1383-1385.
Caporael, L. R. 1989. Mechanisms matter : The difference between sociobiology and evolutionary psychology. *Behavioral and Brain Sciences*, 12 : 17.
Carlsmith, K. M., Darley, J. M. and Robinson, P. H. 2002. Why do we punish? Deterrence and just deserts as motives for punishment. *Journal of Personality and Social Psychology*, 83 : 284-299.
Caro, T. M. and Hauser, M. D. 1992. Is there teaching in nonhuman animals? *Quarterly Review of Biology*, 67 : 151-174.
Carruthers, P. 2005. Distinctively human thinking : Modular precursors and components. In P. Carruthers, S. Laurence and S. Stich (eds.), *The innate mind volume 1 : Structure and contents*. New York : Oxford University Press, pp. 69-88.
——. 2006. *The architecture of the mind : Massive modularity and the flexibility of thought*. New York : Oxford University Press.
——. 2009. How we know our own minds : The relationship between mindreading and metacognition. *Behavioral and Brain Sciences*, 32 : 121-182.
Cashdan, E. 1980. Egalitarianism among hunters and gatherers. *American Anthropologists*, 82 : 116-120.
Cavalli-Sforza, L. L. and Feldman, M. W. 1981. *Cultural transmission and evolution*. Princeton, NJ : Princeton University Press.
Chagnon, N. and Irons, W. Eds. 1979. *Evolutionary biology and human social behaviour*. Cambridge, MA : Duxbury.
Charlesworth, B. 1970. Selection in populations with overlapping generations. I. The use of Malthusian parameters in population genetics. *Theoretical Population Biology*, 1 : 352-370.
——. 1972a. Selection in populations with overlapping generations. II. Relations between gene frequency and demographic variables. *The American Naturalist*, 106 : 388-401.
——. 1972b. Selection in populations with overlapping generations. III. Conditions for genetic equilibrium. *Theoretical Population Biology*, 3 : 377-395.
——. 1972c. Selection in populations with overlapping generations. IV. Fluctuations in gene frequency with density-dependent selection. *The American Naturalist*, 106 : 402-411.
——. 1973. Selection in populations with overlapping generations. V. Natural selection and life histories. *The American Naturalist*, 107 : 303-311.
——. 1974. Selection in populations with overlapping generations. VI. Rates of change of gene frequency and population growth rate. *Theoretical Population Biology*, 6 : 108-133.
Charnov, E. L. 1993. *Life history invariants : Some explorations of symmetry in evolutionary ecology*. New York : Oxford University Press.
Cheney, D. L. and Seyfarth, R. M. 2007. *Baboon metaphysics : The evolution of social mind*. Chicago, IL : The University of Chicago Press.
Chomsky, N. 1975. *Reflections on Language*. New York : Pantheon.
Chudek, M., Heller, S., Biro, S. and Henrich, J. 2012. Prestige-biased cultural learning : Bystander's differential attention to potential models influences children's learning. *Evolution and Human*

Behavior, 33 : 46-56.
Claidière, N. and André, J. B. 2012. The transmission of genes and culture : A questionable analogy. Evolutionary Biology, 39 : 12-24.
Claidière, N. and Sperber, D. 2007. The role of attraction in cultural evolution. Journal of Cognition and Culture, 7 : 89-111.
Clement, F., Koenig, M. and Harris, P. 2004. The ontogenesis of trust. Mind & Language, 19 : 360-379.
Clutton-Brock, T. H. and Parker, G. A. 1995. Punishment in animal societies. Nature, 373 : 209-216.
Cochrane, E. E. 2009a. Evolutionary archaeology of ceramic diversity in ancient Fiji. Oxford : Archaeopress.
———. 2009b. Evolutionary explanation and the record of interest : Using evolutionary archaeology and dual-inheritance theory to explain the archaeological record. In Shennan (2009), pp. 113-132.
Collard, M., Shennan, S., and Tehrani, J. J. 2005. Branching versus blending in macroscale cultural evolution : A comparative study. In Lipo et al. (2005), pp. 53-63.
———. 2006. Branching, blending, and the evolution of cultural similarities and differences among human populations. Evolution and Human Behavior, 27 : 169-184.
Conner, R. C. 1986. Pseudo-reciprocity : investing in mutualism. Animal Behaviour, 34 : 1562-1566.
Conradt, L. and Roper, T. J. 2005. Consensus decision making in animals. Trends in Ecology and Evolution, 20 : 449-456.
Cooper, R. 2007. Psychiatry and philosophy of science. Montreal, Quebec : Mcgill-Queens University Press.
Corriveau, K. H., Fusaro, M. and Harris, P. L. 2009. Going with the flow : Preschoolers prefer nondissenters as informants. Psychological Science, 20 : 372-377.
Corriveau, K. H. and Harris, P. L. 2009. Preschoolers continue to trust a more accurate informant 1 week after exposure to accuracy information. Developmental Science, 12 : 188-193.
Cosmides, L. and Tooby, J. 1989. Evolutionary psychology and the generation of culture, Part II. Case study : A computational theory of social exchange. Ethology and Sociobiology, 10 : 51-97.
Cosmides, L., Tooby, J. and Barkow, J. 1992. Introduction : Evolutionary psychology and conceptual integration. In Barkow et al. (1992), pp. 3-15.
Couillard, N. L. and Woodward, A. L. 1999. Children's comprehension of deceptive points. British Journal of Developmental Psychology, 17 : 515-521.
Crawford, C. and Krebs, D. Eds. 2008. Foundations of evolutionary psychology. New York : Psychology Press.
Cronk, L., Irons, W. and Chagnon, N. Eds. 2000. Adaptation and human behavior. Brunswick, NJ : Aldine de Gruyter.
Csibra, G. 2010. Recognizing communicative intentions in infancy. Mind & Language, 25 : 141-168.
Csibra, G. and Gergely, G. 2006. Social learning and social cognition : The case for pedagogy. In Y. Munakata and M. H. Johnson (eds.), Processes of change in brain and cognitive development (Attention and performance vol. 21). Oxford : Oxford University Press, pp. 249-274.
———. 2009. Natural pedagogy. Trends in Cognitive Sciences, 13 : 148-153.
———. 2011. Natural pedagogy as evolutionary adaptation. Philosophical Transactions of the Royal

Society B, 366 : 1149-1157.

Cushman, F. 2008. Crime and punishment : Distinguishing the roles of causal and intentional analyses in moral judgment. *Cognition*, 108 : 353-380.

Cushman, F., Dreber, A., Wang, Y. and Costa, J. 2009. Accidental outcomes guide punishment in a "trembling hand" game. *PlosONE*, 4 : e6699.

Currie, T. E. 2012. 系統比較法による仮説検定――社会・政治進化のパターンとプロセス（中尾央訳）．中尾央・三中信宏（編）『文化系統学への招待――文化の進化的パターンを探る』東京：勁草書房，pp. 65-84.［Thomas Currie "Using phylogenetic comparative methods to test hypotheses about the pattern and process of human social and political evolution" Original paper in English is downloadable : http://www.keisoshobo.co.jp/files/9784326102167/Cultural-Phylogenetics_ch4_TomCurrie.pdf］

Currie, T. E., Greenhill, S. J., Gray, R. D., Hasegawa, T. and Mace, R. 2009. Rise and fall of political complexity in island South-East Asia and the Pacific. *Nature*, 467 : 801-804.

Daly, M. and Wilson, M. 1988. *Homicide*. Brunswick, NJ : Aldine Transaction.［『人が人を殺すとき――進化でその謎をとく』長谷川眞理子・長谷川寿一訳，東京：新思索社，1999 年］

Darwin, C. 1859［1964］. *On the origin of species (A facsimile of the first edition)*. Cambridge, MA : Harvard University.

Davies, P. S. 1996. Discovering the functional mesh : On the methods of evolutionary psychology. *Minds and Machines*, 6 : 559-585.

Davis-Unger, A. C. and Carlson, S. M. 2008. Development of teaching skills and relations to theory of mind in preschoolers. *Journal of Cognition and Development*, 9 : 26-45.

Dawes, C. T., Fowler, J. H., Johnson, T., McElreath, R. and Smirnov, O. 2007. Egalitarian motives in humans. *Nature*, 446 : 794-796.

Dawkins, R. 1976. *The selfish gene*. Oxford : Oxford University Press.［『利己的な遺伝子』日高敏隆他訳，東京：紀伊国屋書店，1989 年］

――. 1992. Progress. In E. F. Keller and E. Lloyd (eds.), *Keywords in evolutionary biology*. Cambridge, MA : Harvard University Press, pp. 263-272.

Day, R. L., MacDonald, T., Brown, C., Laland, K. N. and Reader, S. M. 2001. Interactions between shoal size and conformity in guppy social foraging. *Animal Behaviour*, 62 : 917-925.

Dennett, D. C. 1978. Beliefs about beliefs. *Behavioral and Brain Science*, 4 : 568-570.

――. 1995. *Darwin's dangerous idea : Evolution and the meanings of life*. New York : Simon and Schuster.［『ダーウィンの危険な思想――生命の意味と進化』山口泰司・大崎博・斉藤孝・石川幹人・久保田俊彦訳，東京：青土社，2000 年］

Dindo, M., Whiten, A. and de Waal, F. B. M. 2010. In-group conformity sustains different foraging traditions in capuchin monkeys (*Cebus apella*). *PlosOne*, 4 : e7858.

Downes, S. 2009. The basic components of the human mind were not solidified during the Pleistocene epoch. In F. J. Ayala and R. Arp (eds.), *Contemporary debates in philosophy of biology*. New York : Wiley-Blackwell, pp. 243-251.

Dreber, A., Rand, D. G., Fudenberg, D. and Nowak, M. A. 2008. Winners don't punish. *Nature*, 452 : 348-351.

Dunbar, R. I. 1998. *Grooming, gossip, and the evolution of language*. Cambridge, MA : Harvard

University Press.
—— . 2004. Gossip in evolutionary perspective. *Review of General Psychology*, 8 : 100-110.
Dunbar, R. C. and Barrett, L. Eds. 2009. *The oxford handbook of evolutionary psychology*. New York : Oxford University Press.
Dunnell, R. C. 1971. *Systematics in prehistory*. New York : Free Press.
Durham, W. 1991. *Coevolution : Genes, culture, and human diversity*. Palo Alto, CA : Stanford University Press.
Edwards, D. P., Hassall, M., Sutherland, W. J. and Yu, D. W. 2006. Selection for protection in an ant-plant mutualism : Host sanctions, host modularity, and the principal-agent game. *Proceedings of the Royal Society B*, 273 : 595-602.
Egyed, K., Király, I. and Gergely, G. 2013. Communicating shared knowledge without language in infancy. *Psychological Science*. Advance online publication.
Farroni, T., Csibra, G., Simion, F. and Johnson, M. H. 2002. Eye contact in humans from birth. *Proceedings of the National Academy of Sciences of USA*, 99 : 9602-9605.
Fehr, E. and Fischbacher, U. 2004. Social norms and human cooperation. *Trends in Cognitive Sciences*, 8 : 185-190.
Fehr, E. and Gächter, S. 2002. Fairness and retaliation : The economics of reciprocity. *Journal of Economic Perspectives*, 14 : 159-181.
Feiring, C., Lewis, M. and Starr, M. D. 1984. Indirect effects and infants' reaction to strangers. *Developmental Psychology*, 20 : 485-491.
Felsenstein, J. 2003. *Inferring phylogenies*. New York : Sinauer Associates.
Fessler, D. M. T. and Navarrete, C. D. 2004. Third-party attitudes toward sibling incest evidence for Westermarck's hypotheses. *Evolution and Human Behavior*, 25 : 277-294.
Fodor, J. A. 1983. *The modularity of mind*. Cambridge, MA : The MIT Press.
—— . 2000. *The mind doesn't work that way : The scope and limits of computational psychology*. Cambridge, MA : The MIT Press.
Forster, P. and Renfrew, C. Eds. 2006. *Phylogenetic methods and the prehistory of languages*. Cambridge : The McDonald Institute for Archaeological Research.
Foster, K. R., Wenseleers, T. and Ratnieks, F. L. W. 2001. Spite : Hamilton's unproven theory. *Annales zoologici fennici*, 38 : 229-238.
Frankenhuis, W. E. and Ploeger, A. 2007. Evolutionary psychology versus Fodor : Arguments for and against the massive modularity hypothesis. *Philosophical Psychology*, 20 : 687-710.
Franks, N. R. and Richardson, T. 2006. Teaching in tandem-running ants. *Nature*, 439 : 153.
藤田耕司．2012．統語演算能力と言語能力の進化．藤田耕司・岡ノ谷一夫（編）『進化言語学の構築——新しい人間科学を目指して』東京：ひつじ書房，pp. 55-75.
von Fürer-Haimendorf, C. 1967. *Morals and merit : A study of values and social controls in South Asian societies*. London : Weidenfeld & Nicolson.
Fusaro, M. and Harris, P. L. 2008. Children assess informant reliability using bystanders' non-verbal cues. *Developmental Science*, 11 : 771-777.
Futó, J., Téglás, E., Csibra, G. and Gergely, G. 2010. Communicative function demonstration induces kind-based artifact representation in preverbal infants. *Cognition*, 117 : 1-8.

Gangestad, S. W. and Simpson, J. A. 1990. Toward an evolutionary history of female sociosexual variation. *Journal of Personality*, 58 : 69-96.
――. 2000. The evolution of human mating : Trade-offs and strategic pluralism. *Behavioral and Brain Sciences*, 20 : 573-644.
Garbarino, M. S. 1977. *Sociocultural theory in anthropology : A short history*. New York : Holt, Rinehart, and Winston. [『文化人類学の歴史』木山英明・大平裕司訳, 東京：新泉社, 1987年]
Gardner, A., Hardy, I. C. W., Taylor, P. D. and West, S. A. 2007. Spiteful soldiers and sex ratio conflict in polyembryonic parasitoid wasps. *The American Naturalist*, 169 : 519-533.
Gardner, A. and West, S. A. 2004a. Spite and the scale of competition. *Journal of Evolutionary Biology*, 17 : 1195-1203.
――. 2004b. Cooperation and punishment, especially in humans. *The American Naturalist*, 164 : 753-764.
Gelman, S., Ware, E. A., Manczak, E. M. and Graham, S. A. 2012. Children's sensitivity to the knowledge expressed in pedagogical and nonpedagogical contexts. *Developmental Psychology*. Advance online publication.
Gergely, G. 2008. Learning "about" versus learning "from" other minds. In P. Carruthers, S. Lawrence and S. Stich (eds.), *The innate mind : Foundations and the future*. New York : Oxford University Press, pp. 170-198.
Gergely, G., Bekkering, H. and Király, I. 2002. Rational imitation in preverbal infants : Babies may opt for a simpler way to turn on a light after watching an adult do it. *Nature*, 755 : 415.
Gergely, G. and Csibra, G. 2005. The social construction of the cultural mind : Imitative learning as a mechanism of human pedagogy. *Interaction Studies*, 6 : 463-481.
Gergely, G., Egyed, K. and Király, I. 2007. On pedagogy. *Developemental Science*, 10 : 139-146.
Gilbert, S. F. and Epel, D. 2009. *Ecological developmental biology*. New York : Sinauer Associates. [[『生態進化発生学――エコ・エボ・デボの夜明け』正木進三・竹田真木生・田中誠二訳, 秦野：東海大学出版会, 2011年]
Gilby, I. 2006. Meat sharing among the Gombe chimpanzees : Harassment and reciprocal exchange. *Animal Behaviour*, 71 : 953-963.
Gil-White, F. J. 2001. Are ethnic groups biological 'species' to the human brain. *Current Anthropology*, 42 : 515-554.
――. 2004. Common misunderstandings of memes (and genes): The promise and the limits of the genetic analogy to cultural transmission. In S. Hurley and N. Chater (eds.), *Perspectives on imitation : Vol. 2 Imitation, human development, and culture*. Cambridge, MA : The MIT Press, pp. 317-338.
Gintis, H., Smith, E. A. and Bowles, S. 2001. Costly signaling and cooperation. *Journal of Theoretical Biology*, 213 : 103-119.
Godfrey-Smith, P. 2001. Three kinds of adaptationism. In Orzack and Sober (2001), pp. 335-356.
――. 2009. *Darwinian populations and natural selection*. New York : Oxford University Press.
Goldman, A. 2006. *Simulating minds : The philosophy, psychology, and neuroscience of mindreading*. New York : Oxford University Press.

Gould, S. J. and Lewontin, R. C. 1979. The spandrels of San Marco and the Panglossian paradigm : A critique of the adaptationist programme. *Proceedings of the Royal Society of London B*, 205 : 581-598.

Grafen, A. 1984. Natural selection, kin selection and group selection. In Krebs and Davies (1984), pp. 62-84.

———. 1990. Biological signals as handicaps. *Journal of Theoretical Biology*, 144 : 517-546.

Grant, P. R. and Grant, B. R. 2007. *How and why species multiply : The radiation of Darwin's finches*. Princeton, NJ : Princeton University Press.

Gray, R. D. and Atkinson, Q. D. 2003. Language-tree divergence times support the Anatolian theory of Indo-European origins. *Nature*, 426 : 435-439.

Gray, R. D. and Jordan, F. M. 2000. Language trees support the express-train sequence of Austronesian expansion. *Nature*, 405 : 1008-1009.

Greenhill, S. J., Currie, T. E. and Gray, R. D. 2009. Does horizontal transmission invalidate cultural phylogenies? *Proceedings of the Royal Society B*, 276 : 2299-2306.

Greenhill, S. J. and Gray, R. D. 2005. Testing population dispersal hypotheses : Pacific settlement, phylogenetic trees and Austronesian languages. In Mace et al. (2005), pp. 31-52.

Gruter, M. and Masters, R. D. 1986. Ostracism as a social and biological phenomenon : An introduction. *Ethology and Sociobiology*, 7 : 149-158.

Guala, F. 2005. *The methodology of experimental economics*. New York : Cambridge University Press. [『科学哲学から見た実験経済学』川越敏司訳, 東京：日本経済評論社, 2013年]

———. 2012. Reciprocity : Weak or strong? What punishment experiments do (and do not) demonstrate. *Behavioral and Brain Sciences*, 35 : 1-15.

Gurven, M. 2004. To give or not to give : An evolutionary ecology of human food transfers. *Behavioral and Brain Sciences*, 27 : 543-583.

Hall, B. 1998. *Evolutionary developmental biology, 2nd edition*. New York : Springer. [『進化発生学——ボディプランと動物の起源』倉谷滋訳, 東京：工作舎, 2001年]

Hames, R. 2001. Human behavioral ecology. In N. J. Smelser and P. B. Baltes (eds.), *International Encyclopedia of the social and behavioral sciences*. Oxford : Pergamon, pp. 6946-6951.

Hames, R. and McCabe, C. 2007. Meal Sharing among the Ye'kwana. *Human Nature*, 18 : 1-22.

Hamilton, W. D. 1964. The genetical evolution of social behaviour 1 & 2. *Journal of Theoretical Biology*, 7 : 1-16, 17-52.

Hamilton, W. D. 1970. Selfish and spiteful behaviour in an evolutionary model. *Nature*, 228 : 1218-1220.

Hanson, S. J. and Bunzl, M. 2010. *Foundational issues in human brain mapping*. Cambridge, MA : The MIT Press.

Harman, G. 1978. Studying the chimpanzee's theory of mind. *Behavioral and Brain Sciences*, 4 : 31-52.

Harris, P. L. and Corriveau, K. H. 2011. Young children's selective trust in informants. *Philosophical Transactions of the Royal Society B*, 366 : 1179-1187.

Harris, P. L. and Koenig, M. A. 2006. Trust in testimony : How children learn about science and religion. *Child Development*, 77 : 505-524.

Harvey, P. H. and Pagel, M. 1991. *The comparative method in evolutionary biology*. New York : Oxford University Press. [『進化生物学における比較法』粕谷英一訳, 札幌：北海道大学図書刊行会, 1996 年]
Haun, D. B. M., Rekers, Y. and Tomasello, M. 2012. Majority-biased transmission in chimpanzees and human children, but not orangutans. *Current Biology*, 22 : 1-5.
Hauser, M. 1992. Costs of deception : Cheaters are punished in rhesus monkeys (*Macaca mulatta*). *Proceedings of the National Academy of Sciences of USA*, 89 : 12137-12139.
Hawkes, K. 2004. The grandmother effect. *Nature*, 428 : 128-129.
―. 2010. How grandmother effects plus individual variation in frailty shape fertility and mortality : Guidance from human-chimpanzee comparisons. *Proceeding of the National Academy of Sciences of USA*, 107 : 8977-8984.
Hawkes, K., O'Connell, J. F. and Blurton Jones, N. G. 2001. Hadza meet sharing. *Evolution and Human Behavior*, 22 : 113-142.
Hawkes, K., O' Connell, J. F., Blurton Jones, N. G., Alvarez, H. and Charnov, E. L. 1998. Grandmothering, menopause, and the evolution of human life histories. *Proceedings of the National Academy of Sciences of USA*, 95 : 1336-1339.
Henrich, J. 2004. Demography and cultural evolution : How adaptive cultural processes can produce maladaptive losses : The tasmanian case. *American Antiquity*, 69 : 197-214.
―. 2006. Understanding cultural evolutionary models : A replay to Read's critique. *American Antiquity*, 71 : 771-782.
Henrich, J. and Boyd, R. 1998. The evolution of conformist transmission and the emergence of between-group differences. *Evolution and Human Behavior*, 19 : 215-241.
―. 2001. Why people punish defectors : Weak conformist transmission can stabilize costly enforcement of norms in cooperative dilemmas. *Journal of Theoretical Biology*, 208 : 79-89.
―. 2002. On modeling cognition and culture. *Journal of Cognition and Culture*, 2 : 87-112.
Henrich, J., Boyd, R., Bowles, S., Camerer, C., Fehr, E. and Gintis, H. 2004. *Foundations of human sociality : Economic experiments and ethnographic evidence from fifteen small-scale societies*. New York : Oxford University Press.
Henrich, J., Boyd, R. and Richerson, P. 2008. Five misunderstandings about cultural evolution. *Human Nature*, 19 : 119-137.
Henrich, J. and Gil-White, F. 2001. The evolution of prestige : Freely conferred deference as a mechanism for enhancing the benefits of cultural transmission. *Evolution and Human Behavior*, 22 : 165-196.
Henrich, J., Heine, S. and Norenzayan, A. 2010. The weirdest people in the world? *Behavioral and Brain Sciences*, 33 : 62-135.
Henrich, J. and Henrich, N. 2007. *Why humans cooperate : A cultural and evolutionary explanation*. New York : Oxford University Press.
―. 2010. The evolution of cultural adaptations : Fijian food taboos protect against dangerous marine toxins. *Proceedings of the Royal Society B*, 277 : 3715-3724.
Henrich, J. and McElreath, R. 2003. The evolution of cultural evolution. *Evolutionary Anthropology*, 12 : 123-135.

Henrich, J., McElreath, R., Barr, A., Ensminger, J., Barrett, C., Bolyanatz, A., Cardenas, J. C., Gurven, M., Gwako, E., Henrich, N., Lesorogol, C., Marlowe, F., Tracer, D. and Ziker, J. 2006. Costly punishment across human societies. *Science*, 312 : 1767-1770.

Herrman, B., Thoni, C. and Gachter, S. 2008. Antisocial punishment across societies. *Science*, 319 : 1362-1367.

Hewlett, B., Fouts, H., Boyette, A. and Hewlett, B. 2011. Social learning among Congo Basin hunter-gatherers. *Philosophical Transactions of the Royal Society B*, 366 : 1168-1178.

Hirschfeld, L. 1996. *Race in making : Cognition, culture, and the child's construction of human kinds.* Cambridge, MA : The MIT Press.

Hirschfeld, L. and Gelman, S. Eds. 1994. *Mapping the mind : Domain specificity in cognition and culture.* New York : Cambridge University Press.

Hirshleifer, D. and Rasmusen, E. 1989. Cooperation in a repeated prisoners' dilemma with ostracism. *Journal of Economic Behavior and Organization*, 12 : 87-106.

Hoenigswald, H. M. and Wiener, L. F. Eds. 1987. *Biological metaphors and cladistic classification : An interdisciplinary perspectives.* Philadelphia, PA : University of Pennsylvania Press.

Holden, C. J. and Mace, R. 1999. Sexual simorphism in stature and women's work : A phylogenetic cross-cultural analysis. *American Journal of Physical Anthropology*, 110 : 27-45.

────. 2003. Spread of cattle led to the loss of matrilineal descent in Africa : A coevolutionary analysis. *Proceedings of the Royal Society of London B*, 270 : 2425-2433.

Hölldobler, B. and Wilson, E. 2008. *The superorganism : The beauty, elegance, and strangeness of insect societies.* New York : W. W. Norton & Company.

Horner, V., Proctor, D., Bonnie, K. E., Whiten, A. and de Waal, F. B. M. 2010. Prestige affects cultural learning in chimpanzees. *PlosOne*, 5 : e10625.

Hull, D. 1988. *Science as a process : An evolutionary account of the social and conceptual development of science.* Chicago, IL : The University of Chicago Press.

Hume, D. 1739-40/1978. *A treatise of human nature.* New York : Oxford University Press.

Hurt, T. D. and Rakita, G. Eds. 2001. *Style and function : Conceptual issues in evolutionary archaeology.* Westport, CT : Bergin and Garvey.

Hurtado, A. M. and Hill, K. 1996. *Ache life history : The ecology and demography of a foraging people.* Brunswick, NJ : Aldine Transaction.

Ingram, P. D. and Bering, J. M. 2010. Children's tattling : The reporting of everyday norm violations in preschool settings. *Child Development*, 81 : 945-957.

板倉昭二・中尾央．2012．文化の継承メカニズム──学ぶことと教えること．中尾央・三中信宏（編）『文化系統学への招待──文化の進化的パターンを探る』東京：勁草書房，pp. 119-143．【本書第 3・7 章】

Jablonka, E. and Lamb, M. J. 2005. *Evolution in four dimensions : Genetics, epigenetics, behavioral and symbolic variation in the history of life.* Cambridge, MA : The MIT Press.

Jackendoff, R. 2002. *Foundations of language : Brain, meaning, grammar, evolution.* New York : Oxford University Press. [『言語の基盤──脳・意味・文法・進化』郡司隆男訳，岩波書店，2006 年]

Jandér, K. C. and Herre, E. A. 2010. Host sanctions and pollinator cheating in the fig tree-fig wasp

mutualism. *Proceedings of the Royal Society B*, 277 : 1481-1488.
Jaswal, V. K. and Neely, L. A. 2006. Adults don't always know best : Preschoolers use past reliability over age when learning new words. *Psychological Science*, 17 : 757-758.
Jensen, K. 2010. Punishment and spite, the dark side of cooperation. *Philosophical Transactions of the Royal Society B*, 365 : 2635-2650.
Jensen, K., Call, J. and Tomasello, M. 2007a. Chimpanzees are rational maximizers in an ultimatum game. *Science*, 318 : 107-109.
——. 2007b. Chimpanzees are vengeful but not spiteful. *Proceedings of the National Academy of Sciences of USA*, 104 : 13046-13050.
Jordan, P. 2009. Linking pattern to process in cultural evolution : Investigating material culture diversity among the northern Khanty of northwest siberia. In Shennan (2009), pp. 61-83.
Jordan, P. and Shennan, S. 2003. Cultural transmission, language, and basketry traditions amongst the California Indians. *Journal of Anthropological Archaeology*, 22 : 42-74.
Jordan, P. and Zvelebil, M. 2010. *Ceramics before farming : The dispersal of pottery among prehistoric Eurasian hunter-gatherers*. Walnut Creek, CA : Left Coast Press.
Joyce, R. 2006. *The evolution of morality*. Cambridge, MA : Bradford Book.
Kacelnik, A. and Krebs, J. R. 1998. Yanomamo dreams and starling payloads : The logic of optimality. In L. Betzig (ed.), *Human nature : A critical reader*. New York : Oxford University Press, pp. 21-35.
Kameda, T. and Nakanishi, D. 2002. Cost-benefit analysis of social/cultural learning in a nonstationary uncertain environment : An evolutionary simulation and an experiment with human subjects. *Evolution and Human Behavior*, 23 : 373-393.
Kaplan, H. S. and Gangestad, S. W. 2005. Life history and evolutionary psychology. In Buss (2005b), pp. 68-95.
——. 2007. Optimality approaches and evolutionary psychology : A call for synthesis. In S. W. Gangestad and J. A. Simpson (eds.), *The evolution of mind : Fundamental questions and controversies*. New York : Guilford Press, pp. 121-129.
Keller, E. F. 2000. *The century of the gene*. New York : Harvard University Press. [『遺伝子の新世紀』長野敬・赤松真紀訳, 東京：青土社, 2001 年]
Kendal, R., Hopper, L. M., Whiten, A., Brosnan, S. F., Lambeth, S. P., Schapiro, S. J. and Hoppitt, W. 2015. Chimpanzees copy dominant and knowledgeable individuals: implications for cultural diversity. *Evolution and Human Behavior*, 36 : 65-72.
Kennedy, M., Holland, B. R., Gray, R. D. and Spencer, H. G. 2005. Untangling long branches : Identifying conflicting phylogenetic signals using spectral analysis, Neighbor-Net, and consensus networks. *Systematic Biology*, 54 : 620-633.
Kenrick, D. T., Dantchik, A. and MacFarlane, S. 1983. Personality, environment, and criminal behavior : An evolutionary perspective. In W. S. Laufer and J. M. Day (eds.), *Personality theory, moral development and criminal behavior*. Lexington, MA : D. C. Heath & Co.
Ketelaar, T. and Ellis, B. J. 2000. Are evolutionary explanations unfalsifiable? Evolutionary psychology and the Lakatosian philosophy of science. *Psychological Inquiry*, 11 : 1-21.
Kiers, E. T., Rousseau, R. A., West, S. A. and Denison, R. F. 2003. Host sanctions and the legume-

rhizobium mutualism. *Nature*, 425 : 78-81.
King, A. J., Johnson, D. D. P. and Van Vugt, M. 2009. The origins of evolution of leadership. *Current Biology*, 19 : R911-R916.
Kinzler, K. D., Corriveau, K. H. and Harris, P. L. 2011. Children's selective trust in native-accented speakers. *Developmental Science*, 14 : 106-111.
Király, I., Csibra, G. and Gergely, G. 2004. The role of communicative-referential cues in observational learning during the second year. Poster presented at the 14th Biennial International Conference on Infant Studies, May 2004, Chicago, IL, USA.
Kirby, S. 2002. Learning, bottlenecks and the evolution of recursive syntax. In T. Briscoe (ed.), *Linguistic evolution through language acquisition : Formal and computational models*. New York : Cambridge University Press, pp. 173-204.
Kirby, S., Smith, K. and Brighton, H. 2004. From US to universals : Linguistic adaptation through iterated learning. *Studies in Language*, 28 : 587-607.
Kitcher, P. 1985. *Vaulting ambitions : Sociobiology and the quest for human nature*. Cambridge, MA : The MIT Press.
――. 2000. Battling the undead : How (and how not) to resist genetic determinism. In R. S. Singh, C. B. Krimbas, D. B. Paul and J. Beatty (eds.), *Thinking about evolution : Evolution, historical, philosophical, and political perspectives*. New York : Oxford University Press, pp. 396-414.
――. 2011. *The ethical project*. Cambridge, MA : Harvard University Press.
Kline, M. A. and Boyd, R. 2010. Population size predicts technological complexity in Oceania. *Proceedings of the Royal Soceity B*, 277 : 2559-2564.
Klinnert, M. D. 1984. The regulation of infant behavior by maternal facial expression. *Infant Behavior and Development*, 7 : 447-465.
Kovacs, A. M., Teglas, E. and Endress, A. D. 2010. The social sense : Susceptibility to others' beliefs in human infants and adults. *Science*, 330 : 1830-1834.
Krebs, J. R. and Davies, N. B. Eds. 1984. *Behavioural ecology, 2nd edition*. Oxford : Blackwell.
Kurland, J. A. 1979. Paternity, mother's brother, and human sociality. In Chagnon and Irons (1979), pp. 145-180.
Kurzban, R. and Barrett, H. C. 2012. Origins of cumulative culture. *Science*, 335 : 1056-1057.
Kurzban, R., Tooby, J. and Cosmides, L. 2001. Can race be erased? Coalitional computation and social categorization. *Proceedings of the National Academy of Sciences of USA*, 98 : 15387-15392.
Lahdenperä, M., Lummaa, V., Helle, S., Tremblay, M. and Russell, A. F. 2004. Fitness benefits of prolonged post-reproductive lifespan in women. *Nature*, 428 : 178-181.
Lahdenperä, M., Russell, A. F. and Lummaa, V. 2007. Selection for long lifespan in men : Benefits of grandfathering? *Proceedings of the Royal Society B*, 274 : 2437-2444.
Lakatos, I. 1978. *The methodology of scientific research programmes : Philosophical papers, vol. 1*. Edited by J. Worrall and G. Currie. New York : Cambridge University Press. [『方法の擁護――科学的研究プログラムの方法論』村上陽一郎・小林傳司訳, 東京 : 新曜社, 1986 年]
Laland, K. N. and Brown, G. 2011. *Sense and nonsense: Evolutionary perspectives on human*. New York : Oxford University Press.
Laland, K. N. and Galef, B. G. 2009. *The question of animal culture*. Cambridge, MA : Harvard

University Press.
Laland, K. N. and Janik, V. M. 2006. The animal cultures debate. *Trends in Ecology and Evolution*, 21 : 542-547.
Lee, R. B. 1979. *The !Kung San : Men, women, and work in a foraging society.* Cambridge : Cambridge University Press.
Lee, S. and Hasegawa, T. 2011. Bayesian phylogenetic analysis supports an agricultural origin of Japonic languages. *Proceedings of the Royal Society B*, 278 : 3662-3669.
———. 2013. Evolution of the Ainu language in space and time. *PlosOne*, 8 : e62243.
Lehmann, L., Bargum, K. and Reuter, M. 2006. An evolutionary analysis of the relationship between spite and altruism. *Journal of Evolutionary Biology*, 19 : 1507-1516.
Leimar, O. and Hammerstein, P. 2001. Evolution of cooperation through indirect reciprocity. *Proceedings of the Royal Society B*, 268 : 745-753.
Lewontin, R. 1970. The units of selection. *Annual Review of Ecology and Systematics*, 1 : 1-18.
———. 1985. Adaptation. In R. Lewontin and R. Levins (eds.), *The dialectical biologist.* Cambridge, MA : Harvard University Press, pp. 65-84.
Li, N., Feldman, M. W. and Li, S. 2000. Cultural transmission in a demographic study of sex ratio at birth in china's future. *Theoretical Population Biology*, 58 : 161-172.
Lieberman, D. 2009. Rethinking the Taiwanese minor marriage data : Evidence the mind uses multiple kinship cues to regulate inbreeding avoidance. *Evolution and Human Behavior*, 30 : 153-160.
Lieberman, D., Tooby, J. and Cosmides, L. 2007. The architecture of human kin detection. *Nature*, 445 : 727-731.
Lieberman, E., Michel, J.-B., Jackson, J., Tang, T. and Nowak, M. 2007. Quantifying the evolutionary dynamics of language. *Nature*, 449 : 713-716.
Lipo, C. P., O' Brien, M. J., Collard, M. and Shennan, S. Eds. 2005. *Mapping our ancestors : Phylogenetic approaches in anthropology and prehistory.* New Brunswick, NJ : Transaction.
Lumsden, C. and Wilson, E. O. 1981. *Genes, mind, and culture : The coevolutionary process.* Cambridge, MA : Harvard University Press.
———. 1983. *Promethean fire : Reflections on the origin of the mind.* Cambridge, MA : Harvard University Press.［『精神の起源について』松本亮三訳，東京：思索社，1990年］
Lycett, S. J., Collard, M. and McGrew, W. C. 2007. Phylogenetic analyses of behavior support existence of culture among wild chimpanzees. *Proceedings of the National Academy of Sciences of USA*, 104: 17588-17592.
Lyons, D. E., Damrosch, D., Lin, J. K., Macris, D. M. and Keil, F. C. 2011. The scope and limits of overimitation in the transmission of artifact culture. *Philosophical Transactions of the Royal Society B*, 366 : 1158-1167.
Lyons, D. E., Young, A. G. and Keil, F. C. 2007. The hidden structure of overimitation. *Proceedings of the National Academy of Sciences of USA*, 104 : 19751-19756.
MacArthur, R. H. and Pianka, E. R. 1966. On the optimal use of a patchy environment. *The American Naturalist*, 100 : 603-669.
MacDonald, K. 2007. Cross-cultural comparison of learning in human hunting. *Human Nature*, 18 : 386-402.

Mace, R. and Holden, C. J. 2004. A phylogenetic approach to cultural evolution. *Trends in Ecology and Evolution*, 20 : 116-121.

Mace, R., Holden, C. J. and Shennan, S. Eds. 2005. *The evolution of cultural diversity : A phylogenetic approach.* Walnut Creek, CA : Left Coast Press.

Mace, R. and Pagel, M. 1994. The comparative method in anthropology. *Current Anthropology*, 35 : 549-564.

Machery, E. 2009. *Doing without concepts.* New York : Oxford University Press.

———. Forthcoming a. Discovery and confirmation in evolutionary psychology. In J. Prinz (ed.), *The oxford handbook of philosophy of psychology.* Oxford : Oxford University Press.

———. Forthcoming b. Developmental disorders and cognitive architecture. In A. De Block and P. Adriaens (eds.), *Darwin and psychiatry : Philosophical perspectives.* New York : Oxford University Press.

Machery, E. and Barrett, H. C. 2006. Essay review : Debunking *Adapting Minds. Philosophy of Science*, 73 : 232-246.

Machery, E. and Faucher, L. 2005. Social construction and the concept of race. *Philosophy of Science*, 72 : 1208-1219.

Mahdi, N. Q. 1986. Pukhtunwali : Ostracism and honor among the Pathan Hill tribes. *Ethology and Sociobiology*, 7 : 295-304.

Mameli, M. 2005. Review of Kate Distin *The selfish meme : A critical reassessment. Nortre Dame Philosophical Reviews.* http://ndpr.nd.edu/news/24865-the-selfish-meme-a-critical-reassessment/ Last accessed : 2014/03/31.

Marlowe, F. W. 2004. What explains Hadza food sharing? *Research in Economic Anthropology*, 23 : 69-88.

———. 2005. Hunter-gatherers and human evolution. *Evolutionary Anthropology*, 14 : 54-67.

———. 2007. Hunting and gathering : The human sexual division of foraging labor. *Cross-Cultural Research*, 41 : 170-194.

———. 2009. Hadza cooperation : Second-party punishment, yes ; Third-party punishment, no. *Human Nature*, 20 : 417-430.

Marlowe, F. W., Berbesquel, J. C., Barr, A., Barrett, C., Bolyanatz, A., Cardenas, J. C., Ensminger, J., Gurven, M., Gwako, E., Henrich, J., Henrich, N., Lesorogo, C., McElreath, R. and Tracer, D. 2008. More 'altruistic' punishment in larger societies. *Proceedings of the Royal Society B*, 275 : 587-592.

Marr, D. 1982. *Vision : A computational investigation into the human representation and processing of visual information.* Cambridge, MA : The MIT Press.

Maschner, H. D. G. Ed. 1996. *Darwinian archaeologies.* New York : Plenum Press.

Mathew, S. and Boyd, R. 2011. Punishment sustains large-scale cooperation in prestate warfare. *Proceedings of the National Academy of Sciences of USA*, 108 : 11375-11380.

松森智彦. 2013. 村落の文化系統学的研究——飛驒地方の明治初期物産誌『斐太後風土記』を対象に. 同志社大学大学院文化情報学研究科文化情報学専攻博士論文.

Maynard, A. E. 2002. Cultural teaching : The development of teaching skills in Maya sibling interactions. *Child Development*, 73 : 969-982.

Maynard-Smith, J. 1978. Optimization theory in evolution. *Annual Reviews of Ecology and Systematics*, 9 : 31-56.
――. 1982a. *Evolution and the theory of games.* Cambridge : Cambridge University Press. [『進化とゲーム理論――闘争の論理』寺本英・梯正之訳，東京：産業図書，1985 年]
――. 1982b. Introduction. In P. Bateson, (ed.), *Current problems in sociobiology.* Cambridge : Cambridge University Press, pp. 1-3.
Maynard-Smith, J., Burian, R., Kauffman, S., Alberch, P., Campbell, J., Goodwin, B., Land, R., Raup, D. and Wolpert, L. 1985. Developmental constraints and evolution. *The Quarterly Review of Biology*, 60 : 265-287.
Mayr, E. 1963. *Animal species and evolution.* Harvard : Belknap Press.
McComb, K., Shannon, G., Durant, S. M., Sayialel, K., Slotow, R., Poole, J. and Moss, C. 2011. Leadership in elephants : The adaptive value of age. *Proceedings of the Royal Society B*, 278 : 3270-3276.
Meltzoff, A. N. 1988. Infant imitation after a 1-week delay : Long-term memory for novel acts and multiple stimuli. *Developmental Psychology*, 24 : 470-476.
――. 1995. Understanding the intentions of others : Re-enactment of intended acts by 18-month-old children. *Developmental Psychology*, 31 : 838-850.
――. 1996. The human infant as imitative generalist : A 20-year progress report on infant imitation with implications for comparative psychology. In C. M. Heyes and B. G. Galef (eds.), *Social learning in animals : The roots of culture.* New York : Academic Press, pp. 347-370.
Meltzoff, A. N. and Moore, M. K. 1977. Imitation of facial and manual gestures by human neonates. *Science*, 198 : 75-78.
――. 1989. Imitation in newborn infants ; Exploring the range of gestures imitates and the underlying mechanisms. *Developmental Psychology*, 25 : 954-962.
――. 1997. Explaining facial imitation : Theoretical model. *Early Development and Parenting*, 6 : 179-192.
Mesoudi, A. 2011. *Cultural evolution : How Darwinian theory can explain human culture and synthesize the social sciences.* Chicago, IL : The University of Chicago Press.
Mills, S. C. and Côte, I. M. 2010. Crime and punishment in a roaming cleanerfish. *Proceedings of the Royal Society B*, 277 : 3671-3622.
三中信宏．1996．『生物系統学』東京：東京大学出版会．
――．2006．『系統樹思考の世界――すべてはツリーとともに』東京：講談社．
Mitchell, S. 2003. *Biological complexity and integrative pluralism.* New York : Cambridge University Press.
Mithen, S. 2006. *The singing neanderthals : The origins of music, language, mind, and body.* Cambridge, MA : Harvard University Press. [『歌うネアンデルタール――音楽と言語から見るヒトの進化』熊谷淳子訳，早川書房，2006 年]
Møller, A. P. and de Loper, F. 1994. Differential costs of a secondary sexual character : An experimental test of the handicap principle. *Evolution*, 45 : 1676-1683.
Monnin, T. and Ratnieks, F. L. W. 2001. Policing in queenless ponerine ants. *Behavioral Ecology and Sociobiology*, 50 : 97-108.

村上征勝. 2002年.『文化を計る――文化計量学序説』東京：朝倉書店.
Muscio, H. J. Ed. 2009. *Theoretical and methodological issues in evolutionary archaeology : Toward an unified Darwinian paradigm*. Oxford : Archaeopress.
Nagin, D. 1998. Deterrence and incapacitation. In M. Tonry (ed.), *The handbook of crime and punishment*, New York : Oxford University Press, pp. 345-368.
中村捷・金子義明・菊地朗. 2001.『生成文法の新展開――ミニマリスト・プログラム』東京：研究社.
中尾央. 2009. 心のモジュール説の新展開：その分析と二重継承説の両立可能性.『科学哲学科学史研究』, 3 : 21-38.【本書第1・3章】
――. 2010a. 人間行動の進化的研究――その構造と方法論. 松本俊吉（編）『進化論はなぜ哲学の問題となるのか』東京：勁草書房, pp. 163-183.【本書第3章】
――. 2010b. 人間行動生態学における最適化モデル. *Contemporary and Applied Philosophy*, 2 : 1-13.【本書第2章】
――. 2011a. 文化とその系譜――文化系統学の（再）興隆.『科学哲学科学史研究』, 5 : 51-70.【本書第5章】
――. 2011b. 文化進化における進化可能性. 横山輝雄（編）『ダーウィンと進化論の哲学』, 東京：勁草書房, pp. 237-253.【本書第3・5章】
――. 2012a. 文化の過去を復元すること――文化進化のパターンとプロセス. 中尾央・三中信宏（編）『文化系統学への招待――文化の進化的パターンを探る』東京：勁草書房, pp. 2-16.【本書第5章】
――. 2012b. 生物進化と文化進化におけるモジュール性.『科学基礎論研究』, 40 : 1-8.【本書第3章】
――. 2013. 進化心理学の擁護――批判の論駁を通じて.『科学哲学』, 46 : 1-16.【本書第1章】
――. 2014. 言語進化と複雑系アプローチ――言語進化研究の何が問題なのか.『計測と制御』, 53 : 835-840.【本書第4章2.2項】
Nakao, H. and Andrews, K. 2014. Ready to teach or ready to learn : An alternative to the natural pedagogy hypothesis. *Review of Philosophy and Psychology*, 5 : 465-483.【本書第7章】
Nakao, H. and Machery, E. 2012. The evolution of punishment. *Biology and Philosophy*, 27 : 833-850.【本書第6章】
――. in preparation. The evolution of punishment in the human lineage.【本章第6章】
Naroll, R. 1961. Two solutions to Galton's problem. *Philosophy of Science*, 528 : 15-29.
Nettle, D., Gibson, M. A., Lawson, D. W. and Sear, R. 2013. Human behavioral ecology : Current research and future prospects. *Behavioral Ecology*, 24 : 1031-1040.
Nichols, S. 2002. On the genealogy of norms : A case for the role of emotion in cultural evolution. *Philosophy of Science*, 69 : 234-255.
――. 2004. *Sentimental rules : On the natural foundations of moral judgment*. New York : Oxford University Press.
Nichols, S. and Stich, S. 2003. *Mindreading : An integrated account of pretence, self-awareness, and understanding other minds*. New York : Oxford University Press.
Nielsen, M. 2006. Copying actions and copying outcomes : Social learning through the second year.

Developmental Psychology, 42 : 555-565.
新美哲彦. 2008.『源氏物語の需要と生成』東京：武蔵野書院.
Nowak, M. and Highfield, R. 2010. *Super Cooperators : Altruism, evolution, and why we need each other to succeed.* New York : Free Press.
Nowak, M., Komarova, N. L. and Nijogi, P. 2001. Evolution of universal grammar. *Science*, 291 : 114-118.
Nowak, M. and Sigmund, K. 1998. Evolution of indirect reciprocity by image scoring. *Nature*, 393 : 573-577.
Nurmsoo, E. and Robinson, E. J. 2009. Identifying unreliable informants : do children excuse past inaccuracy? *Developmental Science*, 12 : 41-47.
O'Brien, M. J. Ed. 1996. *Evolutionary archaeology : Theory and application.* Salt Lake City, UT : University of Utah Press.
O' Brien, M. J., Darwent, J. and Lyman, R. L. 2001. Cladistics is useful for reconstructing archaeological phylogenies : Palaeoindian points from the southeastern United States. *Journal of Archaeological Science*, 28 : 1115-1136.
O' Brien, M. J. and Lyman, R. L. Eds. 2000. *Applying evolutionary archaeology : A systematic approach.* New York : Kluwer Academic/Plenum Publishers.
――. 2002. Evolutionary archeology : Current Status and future prospects. *Evolutionary Anthropology*, 11 : 26-36.
――. 2003a. *Cladistics and archaeology.* Salt Lake City, UT : University of Utah Press.
――. Eds. 2003b. *Style, function, transmission : Evolutionary archaeological perspectives.* Salt Lake City, UT : University of Utah Press.
O' Brien, M. J. and Shennan, S. Eds. 2009. *Innovation in cultural systems : Contributions from evolutionary anthropology.* Cambridge, MA : The MIT Press.
O'Hara, R. J. 1997. Population thinking and tree thinking in systematics. *Zoologica Scripta*, 26 : 323-329.
Ohtsuki, H. and Iwasa, Y. 2006. The leading eight : social norms that can maintain cooperation by indirect reciprocity. *Journal of Theoretical Biology*, 239 : 435-444.
Oliver, P. 1980. Rewards and punishments as selective incentives for collective action : theoretical investigations. *American Journal of Sociology*, 85 : 1356-1375.
Onishi, K. H. and Baillargeon, R. 2008. Do 15-month-old infants understand false beliefs? *Science*, 308 : 255-258.
Oosterbeek, H., Sloof, R. and van de Kuilen, G. 2004. Cultural differences in ultimatum game experiments : Evidence from a meta-analysis. *Experimental Economics*, 7 : 171-188.
Orzack, S. H. and Sober, E. Eds. 2001. *Adaptationism and optimality.* New York : Cambridge University Press.
Over, D. 2003. From massive modularity to metarepresentation : The evolution of higher cognition. In D. Over (ed.), *Evolution and the psychology of thinking : The debate.* New York : Psychology Press, pp. 121-144.
Oyama, S., Griffiths, P. E. and Gray, R. D. Eds. 2001. *Cycles of contingency : Developmental systems and evolution.* Cambridge, MA : The MIT Press.

Ozono, H. and Watabe, M. 2012. Reputational benefit of punishment : Comparison among the punisher, rewarder, and non-sanctioner. *Letters on Evolutionary Behavioral Sciences*, 3 : 21-24.

Pagel, M. 2000. Maximum-likelihood models for glottochronology and for constructing linguistic phylogenies. In C. Renfrew (ed.), *Time depth in historical linguistics (Vol. 1)*. London : The McDonald Institute for Archaeological Research, pp. 189-207.

Pagel, M., Atkinson, Q. D. and Meade, A. 2007. Frequency of word-use predicts rates of lexical evolution throughout Indo-European history. *Nature*, 449 : 717-720.

Palmquist, C. M., Burns, H. E. and Jaswal, V. K. 2012. Pointing disrupts preschoolers' ability to discriminate between knowledgeable and ignorant informants. *Cognitive Development*, 27 : 54-63.

Pannchanathan, K. and Boyd, R. 2004. Indirect reciprocity can stabilize cooperation without the second-order free rider problem. *Nature*, 432 : 499-502.

Pellmyr, O. and Huth, C. J. 1994. Evolutionary stability of mutualism between yuccas and yucca moths. *Nature*, 372 : 257-260.

Perry, S. 2009. Conformism in the food processing techniques of white-faced capuchin monkeys (*Cebus capucinus*). *Animal Cognition*, 12 : 705-716.

Peterson, M. B., Sell, A., Tooby, J. and Cosmides, L. 2012. To punish or repair? Evolutionary psychology and lay intuitions about modern criminal justice. *Evolution and Human Behavior*, 33 : 682-695.

Pinker, S. 1994. *The language instinct : How the mind creates the gift of language*. New York : William Morrow & Company. [『言語を生みだす本能』上・下, 椋田直子訳, 東京：NHK ブックス, 1995 年]

Pinker, S. and Bloom, P. 1990. Natural language and natural selection. *Behavioral and Brain Sciences*, 13 : 707-784.

Pinkham, A. M. and Jaswal, V. K. 2011. Watch and learn? Infants privilege efficiency over pedagogy during imitative learning. *Infancy*, 16 : 535-544.

Poulin-Dubois, D., Brooker, I. and Polonia, A. 2011. Infants prefer to imitate a reliable person. *Infant Behavior and Development*, 34 : 303-309.

Powell, A., Shennan, S. and Thomas, M. 2009. Late Pleistocene demography and the appearance of modern human behavior. *Science*, 324 : 1298-1301.

Prentiss, A. M., Kujit, I. and Chatters, J. C. Eds. 2009. *Macroevolution in human prehistory : Evolutionary theory and processual archaeology*. New York : Springer.

Prinz, J. 2007. Is morality innate? In W. Sinnott-Armstrong (ed.), *Moral psychology, vol. 1 : Evolution of morals*. Cambridge, MA : The MIT Press, pp. 367-406.

―――. 2008. *The emotional construction of morals*. New York : Oxford University Press.

Raihani, N. J. and Ridley, A. R. 2008. Experimental evidence for teaching in wild pied babblers. *Animal Behaviour*, 75 : 3-11.

Raihani, N. J., Thornton, A. and Bshary, R. 2012. Punishment and cooperation in nature. *Trends in Ecology and Evolution*, 27 : 288-295.

Rakoczy, H., Hamann, K., Warneken, F. and Tomasello, M. 2010. Bigger knows better : Young children selectively learn rule games from adults rather than from peers. *British Journal of*

Developmental Psychology, 28 : 785-798.
Ramsey, G. 2013. Culture in humans and other animals. *Biology and Philosophy*, 28 : 457-479.
Rand, D. G., Armao IV, J. J., Nakamaru, M. and Ohtsuki, H. 2010. Anti-social punishment can prevent the co-evolution of punishment and cooperation. *Journal of Theoretical Biology*, 265 : 624-632.
Rand, D. G., Dreber, A., Ellingsen, T., Fudenberg, D. and Nowak, M. A. 2009. Positive interactions promote public cooperation. *Science*, 325 : 1272-1275.
Ratnieks, F. L. W. and Wenseleers, T. 2008. Altruism in insect societies and beyond : Voluntary or enforced? *Trends in Ecology and Evolution*, 23 : 45-52.
Read, D. 2006. Tasmanian knowledge and skill : Maladaptive imitation or adequate technology? *American Antiquity*, 71 : 164-184.
Repacholi, B. M. and Gopnik, A. 1997. Early reasoning about desires : Evidence from 14- and 18-month-olds. *Developmental Psychology*, 33 : 12-21.
Richardson, R. C. 2007. *Evolutionary psychology as maladapted psychology*. Cambridge, MA : The MIT Press.
Richerson, P. and Boyd, R. 2005. *Not by genes alone : How culture transformed human evolution*. Chicago, IL : The University of Chicago Press.
Ridely, M. 2005. *Evolution*. Oxford : Wiley-Blackwell.
Rogers, E. M. 2003. *Diffusion of innovations. 5th edition*. New York : Free Press.
Ross, R. M., Greenhill, S. J. and Atkinson, Q. P. 2013. Population structure and cultural geography of a folktale in Europe. *Proceedings of the Royal Society B*, 280 : doi : 10.1098/rspb.2012.3065.
Runciman, W. G. 2009. *The theory of cultural and social selection*. New York : Cambridge University Press.
Sage, K. D. and Baldwin, D. 2011. Disentangling the social and the pedagogical in infants' learning about tool-use. *Social Development*, 20 : 825-844.
Sahlins, M. 1976. *The use and abuse of biology : An anthropological critique of sociobiology*. Ann Arbor, MI : University of Michigan Press.
Sahlins, M. and Service, E. Ed. 1960. *Evolution and culture*. Ann Arbor, MI : University of Michigan Press. [『進化と文化』山田隆治訳. 東京：新泉社, 1976年]
Saitou, N. and Nei, M. 1987. The neighbor-joining method : A new method for reconstructing phylogenetic trees. *Molecular Biology and Evolution*, 4 : 406-425.
坂口菊恵. 2009. 『ナンパを科学する——ヒトのふたつの性戦略』東京：東京書籍.
酒井邦嘉. 2002. 『言語の脳科学——脳はどのようにことばを生み出すか』東京：中公新書.
Samuels, R. 1998. Evolutionary psychology and the massive modularity hypothesis. *British Journal for the Philosophy of Science*, 49 : 575-602.
Saslis-Lagoudakis, C. H., Hawkins, J. A., Greenhill, S. J., Pendry, C. A., Watson, M. F., Tuladhar-Douglas, W., Baral, S. R. and Savolainen, V. 2014. The evolution of traditional knowledge : environment shapes medicinal plant use in Nepal. *Proceedings of the Royal Society B*, 281 : 20132768.
Schmidt, M. F. H., Rakoczy, H. and Tomasello, M. 2010. Young children attribute normativity to novel actions without pedagogy or normative language. *Developmental Science*, 14 : 1-10.
Schmitt, D. P. 2005. Sociosexuality from Argentina to Zimbabwe : A 48-nation study of sex, culture,

and strategies of human mating. *Behavioral and Brain Sciences*, 28 : 247-275.
Schlosser, G. and Wagner, G. Eds. 2004. *Modularity in development and evolution*. Chicago, IL : The University of Chicago Press.
Seinen, I. and Schram, A. 2006. Social status and group norms : Indirect reciprocity in a repeated helping experiment. *European Economic Review*, 50 : 581-602.
Senju, A. and Csibra, G. 2008. Gaze following in human infants depends on communicative signals. *Current Biology*, 18 : 668-671.
Shallice, T. 1988. *From neuropsychology to mental structure*. New York : Cambridge University Press.
Shennan, S. 2003. *Genes, memes and human history : Darwinian archaeology and cultural evolution*. London : Thames and Hudson.
――. Ed. 2009. *Pattern and process in cultural evolution*. Berkeley, CA : University of California Press.
Shepard, R. N. 1984. Ecological constraints on internal representation : Resonant kinematics of perceiving, imagining, thinking, and dreaming. *Psychological Review*, 91 : 417-447.
――. 1987. Evolution of a mesh between principles of the mind and regularities of the world. In J. Dupre (ed.), *The latest on the best*. Cambridge, MA : The MIT Press, pp. 251-275.
Shermer, M. 2004. *The science of good and evil : Why people cheat, gossip, care, share, and follow the golden rule*. New York : Times Books.
Shutts, K., Kinzler, K. D., McKee, C. B. and Spelke, E. S. 2009. Social information guides infants' selection of foods. *Journal of Cognition and Development*, 10 : 1-17.
Skinner, B. F. 1953. *Science and human behavior*. New York : Macmillan.［『科学と人間行動』河合伊六・長谷川芳典・高山巌・藤田継道・園田順一・平川忠敏・杉若弘子・藤本光孝・望月昭・大河内浩人・関口由香訳, 東京：二瓶社, 2003 年］
Smith, E. A. 1981. The application of optimal foraging theory to the analysis of hunter-gatherer group size. In Winterhalder and Smith (1981), pp. 36-66.
――. 1991. *Inujjuamiut foraging strategies : Evolutionary ecology of an arctic hunting economy*. Brunswick, NJ : Aldine de Gruyter.
――. 1992. Human behavioral ecology 1. *Evolutionary Anthropology*, 1 : 20-25.
――. 2000. Three styles in the evolutionary analysis of human behavior. In Cronk et al. (2000), pp. 27-67.
Smith, E. A. and Bliege Bird, R. 2000. Turtle hunting and tombstone openings : Generosity and costly signaling. *Evolution and Human Behavior*, 21 : 245-261.
Smith, E. A., Bliege Bird, R. and Bird, D. W. 2003. The benefits of costly signaling : Meriam turtle hunters. *Behavioral Ecology*, 14 : 116-126.
Smith, E. A. and Winterhalder, B. 1992. Natural selection and decision making : Some fundamental principles. In Winterhalder and Smith (1992), pp. 25-60.
――. 2003. Human behavioral ecology. In L. Nadel (ed.), *Encyclopedia of cognitive science, Volume 2*. London : Nature Publishing Group, pp. 377-385.
Smith, K. and Kirby, S. 2008. Cultural evolution : Implications for understanding the human language faculty and its evolution. *Philosophical Transactions of the Royal Society B*, 363 : 3591-3603.
Smolin, L. 2007. *The trouble with physics : The rise of string theory, the fall of a science, and what*

comes next. New York : Allen Lane. [『迷走する物理学——ストリング理論の栄光と挫折, 新たなる道を求めて』松浦俊輔訳, 東京：武田ランダムハウスジャパン, 2007 年]
Sober, E. 1988. *Reconstructing the past : Parsimony, evolution, and inference.* Cambridge, MA : The MIT Press. [『過去を復元する——最節約原理・進化論・推論』三中信宏訳, 東京：勁草書房, 2010 年]
———. 2000. *Philosophy of biology. 2nd edition.* Boulder, CO : Westview Press. [『進化論の射程——生物学の哲学入門』松本俊吉・網谷祐一・森元良太訳, 東京：春秋社, 2009 年]
Southgate, V., Senju, A. and Csibra, G. 2007. Action anticipation through attribution of false belief by 2-year-olds. *Psychological Science,* 18 : 587-592.
Spelke, E. S. 1985. Perefential looking methods as tools for the study of cognition in infancy. In G. Gottlieb and N. Krasnegor (eds.), *Measurement of audition and vision in the first year of postnatal life.* Norwood, NJ : Ablex, pp. 323-363.
Sperber, D. 1985. Anthropology and psychology : Towards an epidemiology of representations. *Man,* 20 : 73-89.
———. 1994. The modularity of thought and the epidemiology of representations. In Hirschfeld and Gelman (1994), pp. 39-67.
———. 1996. *Explaining culture : A naturalistic approach.* Oxford : Wiley-Blackwell. [『表象は感染する——文化への自然主義的アプローチ』菅野盾樹訳, 東京：新曜社, 2001 年]
Sperber, D. and Hirschfeld, L. 2006. Culture and modularity. In P. Carruthers, S. Laurence and S. Stich (eds.), *The innate mind volume 2 : Culture and cognition.* New York : Oxford University Press, pp. 149-164.
Stark, M. T., Bowser, B. J., Horne, L. and Longacre, W. A. Eds. 2008. *Cultural transmission and material culture : Breaking down boundaries.* Tucson, AZ : The University of Arizona Press.
Starratt, V. G. and Shackelford, T. K. 2009. The basic components of the human mind were solidified during the Pleistocene epoch. In F. J. Ayala and R. Arp (eds.), *Contemporary debates in philosophy of biology.* New York : Wiley-Blackwell, pp. 231-242.
Stearns, S. C. 1992. *The evolution of life histories.* New York : Oxford University Press.
Steels, L. 2011. Modeling the cultural evolution of language. *Physics of Life Reviews,* 8 : 339-356.
Sterelny, K. 2003. *Thought in a hostile world : The evolution of human cognition.* Oxford : Blackwell.
———. 2006a. The evolution and evolvability of culture. *Mind and Language,* 21 : 137-165.
———. 2006b. Memes revisited. *British Journal of Philosophy of Science,* 57 : 147-165.
———. 2007. Cognitive load and human decision, or, three ways of rolling the rock uphill. In P. Carruthers, S. Laurence and S. Stich (eds.), *The innate mind volume 2 : Culture and cognition.* New York : Oxford University Press, pp. 218-236.
———. 2012. *The evolved apprentice : How evolution made humans unique.* Cambridge, MA : The MIT Press. [『進化の弟子——ヒトは学んで人になった』田中泉吏・中尾央・源河亨・菅原裕輝訳, 東京：勁草書房, 2013 年]
Sterelny, K. and Griffiths, P. 1999. *Sex and death : An introduction to philosophy of biology.* Chicago, IL : The University of Chicago Press. [『セックス・アンド・デス——生物学の哲学への招待』太田紘史・大塚淳・中尾央・西村正秀・田中泉吏・藤川直也訳, 東京：春秋社, 2009 年]

Stevens, J. R. 2004. The selfish nature of generosity : Harassment and food sharing in primates. *Proceedings of the Royal Society of London B*, 271 : 451-456.

Stevens, J. R., Cushman, F. A. and Hauser, M. D. 2005. Evolving the psychological mechanisms for cooperation. *Annual Review of Ecology, Evolution, and Systematics*, 36 : 499-518.

Stevens, J. R. and Gilby, I. 2004. A conceptual framework for nonkin food sharing : Timing and currency of benefits. *Animal Behaviour*, 67 : 603-614.

Stevens, J. R. and Hauser, M. D. 2004. Why be nice? Psychological constraints on the evolution of cooperation. *Trends in Cognitive Sciences*, 8 : 60-65.

Steward, J. H. 1955. *Theory of cultural change : The methodology of multilinear evolution*. Champaign, IL : University of Illinois Press.

Stone, V. E., Cosmides, L., Tooby, J., Kroll, N. and Knight, T. 2002. Selective impairment of reasoning about social exchange in a patient with bilateral limbic system damage. *Proceedings of the National Academy of Sciences of USA*, 99 : 11531-11536.

Strassmann, J. E. 2004. Rank crime and punishment. *Nature*, 432 : 160-162.

Strauss, S., Ziv, M. and Stein, A. 2002. Teaching as a natural cognition and its relations to preschoolers' developing theory of mind. *Cognitive Development*, 17 : 1473-1478.

Sugiura, K. and Arita, T. 2010. Why we talk? : altruism and multilevel selection in the origin of language. *Artifical Life and Robotics*, 15 : 431-435.

Sugiyama, L., Tooby, J. and Cosmides, L. 2002. Cross-cultural evidence of cognitive adaptations for social exchange among the Shiwiar of Ecuadorian Amazonia. *Proceedings of the National Academy of Sciences of USA*, 99 : 11537-11542.

Sunstein, C., Kahneman, D. and Schkade, D. 1998. Assessing punitive damages (with notes on cognition and valuation in law). *Yale Law Review*, 107 : 2071-2153.

Sunstein, C., Schkade, D. and Kahneman, D. 2000. Do people want optimal deterrence? *Journal of Legal Studies*, 29 : 237-253.

Symons, D. 1987. If we're all Darwinians, what's the fuss about? In C. Crawford, M. Smith and D. Krebs (eds.), *Sociobiology and psychology : Ideas, issues and applications*. Hillsdale, NJ : Lawrence Erlbaum Associates Publishers, pp. 121-146.

――. 1989. A critique of Darwinian anthropology. *Ethology and Sociobiology*, 10 : 131-144.

――. 1990. Adaptiveness and adaptation. *Ethology and Sociobiology*, 11 : 427-444.

――. 1992. On the use and misuse of Darwinism in the study of human behavior. In Barkow et al. (1992), pp. 137-159.

Tamura, K. 2013. Homogamy for birthplaces and cultural diversity. *Letters on Evolutionary Behavioral Science*, 5 : 1-4.

Tehrani, J. J. and Collard, M. 2002. Investigating cultural evolution through biological phylogenetic analyses of turkmen textiles. *Journal of Anthropological Archaeology*, 21 : 443-463.

Tehrani, J. J. and Riede, F. 2008. Towards an archaeology of pedagogy : Learning, teaching and the generation of material culture traditions. *World Archaeology*, 40 : 316-331.

Telster, P. A. Ed. 1995. *Evolutionary archaeology : Methodological issues*. Tucson, AZ : The University of Arizona Press.

Temkin, I. and Eldredge, N. 2007. Phylogenetics and material cultural evolution. *Current*

Anthropology, 48 : 146-153.
Thorndike, E. L. 1901. Animal intelligence : An experimental study of the associative processes in animals. *Psychological Review Monograph Supplement*, 2 : 1-109.
Thornhill, R. and Thornhill, N. 1989. An evolutionary analysis of psychological pain following rape : I. The effects of victim's age and marital status. In L. Betzig (ed.), *Human nature : A critical reader*, New York : Oxford University Press, pp. 225-238.
Thornton, A. and McAuliffe, K. 2006. Teaching in wild meerkats. *Science*, 313 : 227-229.
Thornton, A. and Raihani, N. J. 2008. The evolution of teaching. *Animal Behaviour*, 75 : 1823-1836.
Tibbetts, E. A. and Dale, J. 2004. A socially enforced signal of quality in a paper wasp. *Nature*, 432 : 218-222.
Tomasello, M. 1999. *The cultural origins of human cognition*. Cambridge, MA : Harvard University Press. [『心とことばの起源を探る』大堀壽夫・中澤恒子・西村義樹・本多啓訳，東京：勁草書房，2006 年]
――. 2008. *Origins of human communication*. Cambirdge, MA : Bradford Book. [『コミュニケーションの起源を探る』松井智子・岩田彩志訳，東京：勁草書房，2013 年]
Tooby, J. and Cosmides, L. 1989. Evolutionary psychology and the generation of culture, Part I. Theoretical considerations. *Ethology and Sociobiology*, 10 : 29-49.
――. 1992. The psychological foundations of culture. In Barkow et al. (1992), pp. 19-136.
Tooby, J. and DeVore, I. 1987. The reconstruction of hominid behavioral evolution through strategic modeling. In W. G. Kinzey (ed.), *The evolution of human behavior : Primate models*. New York, Albany : SUNY Press, pp. 183-237.
Topál, J., Gergely, G., Miklóski, Á., Erdőhegyi, Á. and Csibra, G. 2008. Infant's perseverative search errors are induced by pragmatic misinterpretation. *Science*, 321 : 1831-1834.
Trivers, R. 1971. The evolution of reciprocal altruism. *The Quarterly Review of Biology*, 46 : 35-57.
――. 1974. Parent-offspring conflict. *American Zoologist*, 14 : 249-264.
――. 1985. *Social evolution*. New York : Benjamin-Cummings.
内井惣七．2006．『空間の謎・時間の謎――宇宙の始まりに迫る物理学と哲学』東京：中公新書．
Underhill, P. A., Shen, P., Lin, A. A., Jin, L., Passarino, G., Yang, W. H., Kauffman, E., Bonné-Tamir, B., Bertranpetit, J., Francalacci, P., Ibrahim, M., Jenkins, T., Kidd, J. R., Mehdi, S. O., Seielstad, M. T., Wells, R. S., Piazza, A., Davis, R. W., Feldman, M. W., Cavalli-Sforza, L. L. and Oefner, P. J. 2000. Y chromosome sequence variation and the history of human populations. *Nature Genetics*, 26 : 358-361.
Vaish, A., Carpenter, M. and Tomasello, M. 2010. Young children selectively avoid helping people with harmful intentions. *Child Development*, 81 : 1661-1669.
Vaish, A., Missan, M. and Tomasello, M. 2011. Three-year-old children intervene in third-party moral transgressions. *British Journal of Developmental Psychology*, 29 : 124-130.
van Leeuwen, E. J. C., Cronin, K. A., Schütte, S., Call, J. and Haun, D. B. M. 2013. Chimpanzees (*Pan troglodytes*) flexibly adjust their behaviour in order to maximize payoffs, not to conform to majorities. *PlosOne*, 8 : e80945.
van Leeuwen, E. J. C. and Haun, D. B. M. 2013. Conformity in nonhuman primates : fad or fact?

Evolution and Human Behavior, 34 : 1-7.
van Reenen, P., den Hollander, A. and Mulken, M. Eds. 2004. *Studies in stemmatology II.* Amsterdam : John Benjamins Publishing.
Vorms, M. 2012. A-not-B errors : Testing the limits of natural pedagogy. *Review of Philosophy and Psychology,* 3 : 525-545.
Wade, N. 2009. *The faith instinct : How religion evolved and why it endures.* New York : Penguin Press.［『宗教を生みだす本能──進化論からみたヒトと信仰』依田卓巳訳，東京：NTT出版，2011年］
Wadley, L. 2010. Compound-adhesive manufacture as a behavioural proxy for complex cognition in the Middle Stone Age. *Current Anthropology,* 51 : S111-S119.
Wagner, G. and Altenberg, L. 1996. Complex adaptations and the evolution of evolvability. *Evolution,* 50 : 967-976.
Walden, T. A. 1991. Infant social referencing. In J. Garber and K. A. Dodge (eds.), *The development of emotion regulation and dysregulation.* New York : Cambridge University Press, pp. 69-88.
Walden, T. A. and Ogan, T. A. 1988. The development of social referencing. *Child Development,* 59 : 1230-1240.
West, S. A., El Mouden, C. and Gardner, A. 2011. 16 common misconceptions about the evolution of cooperation in humans. *Evolution and Human Behavior,* 32 : 231-262.
West, S. A. and Gardner, A. 2010. Altruism, spite and greenbeards. *Science,* 327 : 1341-1344.
West, S. A., Griffin, A. S. and Gardner, A. 2007. Social semantics : Altruism, cooperation, mutualism, strong reciprocity and group selection. *Journal of Evolutionary Biology,* 20 : 415-432.
West-Eberhard, M. J. 1986. Dominance relations in *Polistes Canadensis* (L.), a tropical social wasp. *Monitore Zoologico Italiano (Nuova Serie),* 20 : 263-281.
Westermark, E. 1891 [1922]. *History of human marriage, Vol. 2,* New York : Allerton Book Co.
Whiten, A., Goodall, J., McGrew, W. C., Nishida, T., Reynolds, V., Sugiyama, Y., Tutin, C. E. G., Wrangham, R. W. and Boesch, C. 1999. Cultures in chimpanzees. *Nature,* 399 : 682-685.
Whiten, A., Horner, V. and de Waal, F. B. 2005. Conformity to cultural norms of tool use in chimpanzees. *Nature,* 437 : 737-740.
Wiessner, P. 2005. Norm enforcement among the Ju/'hoansi bushmen : A case of strong reciprocity? *Human Nature,* 16 : 115-145.
──. 2009. Experimental games and games of life among the Kalahari Bushmen. *Current Anthropology,* 50 : 133-138.
Williams, G. 1966. *Adaptation and natural selection.* Princeton, NJ : Princeton University Press.
Williams, K. D. 2007. Ostracism. *Annual Review of Psychology,* 58 : 425-452.
Wilson, E. O. 1975. *Sociobiology : The new synthesis.* Cambridge, MA : Belknap Press.［『社会生物学』坂上昭一・宮井俊一・前川幸恵・北村省一・松本忠夫・粕谷英一・松沢哲郎・伊藤嘉昭・郷采人・巌佐庸・羽田節子訳，東京：新思索社，1999年］
──. 1998. *Consilience : The unity of knowledge.* New York : Knopf.［『知の挑戦──科学的知性と文化的知性の統合』山下篤子訳，東京：角川書店，2002年］
Winterhalder, B. and Smith, E. A. Eds. 1981. *Hunter-gatherer foraging strategies : Ethnographic and archaeological analyses.* Chicago, IL : The University of Chicago Press.

―――. Eds. 1992. *Evolutionary ecology and human behavior*. Brunswick, NJ : Aldine Transaction.
―――. 2000. Analyzing adaptive strategies : Human behavioral ecology at twenty-five. *Evolutionary Anthropology*, 9 : 51-72.
Wirth, J. H., Sacco, D. F., Hugenberg, K. and Williams, K. D. 2010. Eye gaze as relational evaluation : Averted eye gaze leads to feelings of ostracism and relational devaluation. *Personality and Social Psychology Bulletin*, 36 : 869-882.
Wolf, A. P. 1966. Childhood association, sexual attraction and the incest taboo : A Chinese case. *American Anthropologist*, 68 : 883-898.
Wong, M. Y. L., Buston, P. M., Munday, P. L. and Jones, G. P. 2007. The threat of punishment enforces peaceful cooperation and stabilizes queues in a coral-reef fish. *Proceedings of the Royal Society B*, 274 : 1093-1099.
Woodburn, J. 1979. Minimal politics : The political organization of the Hadza of North Tanzania. In I. Schapera and P. S. Cohen (eds.), *Politics in leadership : A comparative perspective*. Oxford : Clarendon Press, pp. 244-266.
Woodward, J. and Cowie, F. 2003. The mind is not (just) a system of modules shaped (just) by natural selection. In C. Hitchcock (ed.), *Contemporary debates in philosophy of science*. Oxford : Blackwell, pp. 312-334.
Wrangham, R. W. and Peterson, D. 1996. *Demonic males : Apes and the origins of human violence*. Boston, MA : Houghton Mifflin.
Yamauchi, H. and Hashimoto, T. 2010. Relazation of selection, niche construction, and the Baldwin effect in language evolution. *Artificial Life*, 16 : 271-287.
矢野環. 2006. 文化系統学――歴史を復元する. 村上征勝（編）『文化情報学入門』東京：勉誠出版, pp. 36-48.
Yoon, J. M. D., Johnson, M. H. and Csibra, G. 2008. Communication-induced memory biases in preverbal infants. *Proceedings of the National Academy of Sciences of USA*, 105 : 13690-13695.
Young, A. J., Carlson, A. A., Monfort, S. L., Russell, A. F., Bennett, N. C. and Clutton-Brock, T. H. 2006. Stress and the suppression of subordinate reproduction in cooperatively breeding meerkats. *Proceedings of National Academy of Sciences of USA*, 103 : 12005-12010.
Zahavi, A. 1975. Mate selection : A selection for a handicap. *Journal of Theoretical Biology*, 53 : 205-214.
Zmyj, N., Buttelmann, D., Carpenter, M., and Daum, M. M. 2010. The reliability of a model influences 14-month-olds' imitation. *Journal of Experimental Child Psychology*, 106 : 208-220.

あとがき

　人間行動の進化に関心を持ち始めたのは，大学入学以前だったかもしれない．ただ，本格的に勉強してみようと思った最初のきっかけが内井惣七著『進化論と倫理』(世界思想社, 1996) であったことははっきり覚えている．浪人生だったとき，先に京都大学へ入学していた友人に買ってきてもらって読んだのである．浪人時代や学部一回生の頃には正直に言って難しくてわからないところも多かったが（というより，当時はほとんど理解できていなかったと思う），文系・理系の枠にこだわらない姿勢に強く共感を覚えた．その後，京都大学文学部科学哲学科学史専修へ進学し，内井先生の指導を受けるようになった．大変厳しい先生ではあったが，研究に対する彼の姿勢は，（後述するように）未だに私の基礎の一部になっている．

　修士・博士課程を通じ，人間行動進化学というテーマは私の研究の中心にあり続けたが，迷いがなかったわけではない．むしろ，逆だった．日本科学哲学会や科学基礎論学会で聞ける発表は，私のテーマとはかけ離れたものばかりだった．また，私の発表に対する「それは果たして哲学なのか」というコメント（あるいは揶揄）は耳にタコができるほど聞いたし，「進化なんて眉唾だ」と言われることも多かった（もちろん，こういう批判もある意味で非常に重要なのだが）．アメリカへ行く前はこのテーマを続けることにかなり嫌気がさして，できることならテーマを変えてしまおうとさえ思っていた．

　博士課程を単位取得退学した2010年に，アメリカ，それも科学哲学の本場と言われる University of Pittsburgh の Department of History and Philosophy of Science へ留学した．合計でおおよそ10ヶ月という1年に満たない時間だったが，Edouard Machery と共同で研究をすることができた．ここでいろいろと吹っ切れた．やりたいことをやりたいように，しかもそれを徹底して，堂々かつ大胆にやり切っている連中を見て，なるほど私はどうでもいいことに頭を悩ま

せていたのだとわかった．哲学だの歴史だのといった細かい枠にこだわらず，面白いと思ったことをやれ，という内井先生の言葉も改めて実感できた．Edouard には今でもとても感謝している．本書第 6 章は彼との共著論文が元になっているが，まさか自分が *Biology and Philosophy* などという，生物学の哲学で最も著名なジャーナルの一つに論文を発表できるなどとは夢にも思っていなかった．

このような挫折（？）と若干の立ち直りを経て，2013 年にようやく，本書の母体となる博士論文ができ上がった．元々の博士論文もそうだったが，本書はすでに発表されたいくつかの論文を含んでいる．詳細は文献表を参照してほしいが，本書に収録するにあたり大幅に加筆修正をほどこしている．

本書では，人間行動進化学については多少なりともまとまった考察を行なえたと思っているが，それでもやはり，本書を振り返るたび，「科学とは何か」という科学哲学の基本的問いに関して，本当に一面的にしか答えられていないという思いが強い（もちろん重要な一側面だからこそ，10 年近くもしつこく研究を続けてきたわけだが）．人間行動進化学のように，人間そのものに言及する研究は特にそうだが，ここまで考察してきた研究は，やはり社会との接点で生じうる問題を問われることが少なくない．そうした問題に関する（さまざまな角度からの）考察も同時に行なわなければ，結局社会の中での科学という営みの全貌を明らかにすること，そして「科学とは何か」という問いへ十分に答えることは不可能なはずである．また，「おわりに」でも少し触れた点だが，従来の人文・社会科学の研究に対する考察も不十分なままである．罰や教育についても，それこそこれまで蓄積されてきたさまざまな分野の議論を，さらに参照して考察を進める必要があるだろう．実際，こうした課題にもすでに着手しているので，いずれまたまとまったものを発表できればと思う（が，おそらく相当先の話になるだろう）．

ここで，お世話になった方々へごく簡単にお礼を述べておきたい．本書および博士論文は，さまざまな方からのフィードバックやコメントなくしては成立しえなかった．研究者に向いているとは思えないほどに怠け者かつ気分屋，短

気で粗雑な性格を考えれば考えるほど，周りからの助けで自分の研究が可能になっていることを思い知らされる．すべての方々の名前とお礼を書き連ねるとそれだけで一つの章が書けてしまうので，ここで挙げるのは一部の方々にとどめたい．内井惣七先生には修士一年までしかご指導いただいていないが，先述したように，彼がいなければこんな道に進んでいたはずもない．出来が悪い上に不真面目というどうしようもない学生で，きっとご心配をおかけすることくらいしかなかっただろうと思う．京都大学大学院文学研究科心理学研究室の板倉昭二先生には，修士課程から現在に至るまで実にいろいろと面倒を見ていただいた．修士一年の頃，私がいきなり送りつけたメールに親切に応えていただいたことが，すべての発端である．彼の親切な対応がなければ，実際に科学者の方々と議論したり共同で何か企画したりなど，それ以降の（どう見ても）無謀なことを考えられるようにはならなかっただろう．文化系統学関連では独立行政法人農業環境技術研究所・東京大学大学院農学生命科学研究科の三中信宏さんにお世話になった．文化系統学の企画をもちかけたのは博士課程一年のときだっただろうか．彼と勁草書房の鈴木クニエさんの後押しや辛抱強い協力がなければ，もちろん成立するわけもない無謀きわまりない企画であった．Edouard Macheryについてはすでに述べたが，彼がいなければ間違いなくもう科学哲学の研究をやめていただろう．研究の楽しさとやりがいを改めて教えてくれたのは彼である．カナダ留学時代の恩師である Kristin Andrews（York University, Department of Philosophy）も何かにつけ私を後押ししてくれ，本当にいろいろと助けてくれた．Edouardと Kristinのおかげで，（経験的な）心の哲学や心理学の哲学にもさらに関心を持つようになった．第7章はKristinとの共著論文に基づいている．さらに，網谷裕一，瀬戸口明久，田中泉吏といった出身研究室の先輩方，有賀暢迪，標葉隆馬といった京都大学時代の（ほぼ）同期，太田陽，大西勇喜謙，菅原裕輝，森田理仁，吉田善哉といった後輩や学生さんたちからの有益な示唆，鋭い批判，そして何よりも，研究を続けるための刺激に感謝したい．先輩方や同期の方々の活躍を見るたび，そして私よりもはるかに活動的・野心的で優秀な後輩たちを見るたび，私ももう少し研究を続けてみようかと元気づけられてきた．また，博士論文の指導教員であった伊勢田哲治

先生，太田陽，森田理仁，吉田善哉の各氏には（一部の方には何度も）草稿を読んでいただき，数々の有益なコメントを頂戴した．感謝したい．最後に，本書の企画を持ちかけてくれた名古屋大学出版会の橘宗吾さんにも感謝したい．博士論文を執筆し終わったときは，これを本として出版するなどとは夢にも思っておらず，当初は何を間違って私に連絡してくださったのだろうと思っていた．だが気が付けば，見事な管理能力で怠惰な私を管理してくださり，また適切なコメントをいくつもくださり，博士論文よりずっといいものができてしまったように思う．最後に念のために書いておくが，もちろん本書における議論の責任はすべて私にある．

　ここからは，少し個人的な謝辞を述べさせてほしい．まず，何の相談もなし（むしろ，おそらくは向こうから持ちかけられた相談を無視して，だろう）に修士・博士課程への進学を決め，それ以降もさっぱりわけの分からないことを好き勝手に続けている息子を支えてくれた両親，そして，起きてから家に帰って寝るまで（下手をすれば週末までも）ほぼずっと仕事にまみれている私に耐え続けてくれている妻に感謝とお詫びをしたい．今後は何とか仕事を減らして，せめて週末だけでも休めればと切に思っている．また，本書は一昨年と去年に亡くなった二人の祖父に捧げたい．もう少し早くこの本を仕上げられれば良かったのだが，それを言い出せばきりがないのだろう．

　最後になったが，本書をまとめるにあたっては，特別研究員として日本学術振興会（DC2：平成 21 年〜23 年，PD：平成 23 年〜25 年）からの支援，科学研究費新学術領域（No. 26118504「共感性の進化・神経基盤」）および「課題設定による先導的人文・社会科学研究事業」領域開拓プログラム（公募型研究テーマ：「歴史科学諸分野の連携・総合による文化進化学の構築」）の研究助成，そして出版にあたっては，平成 26 年度京都大学大学院文学研究科による「優秀な課程博士論文の出版助成」を受けた．関係各位に感謝申し上げる．

2014 年 12 月

著　者

図表一覧

図 1.1 三つのプログラムのそれぞれの重要文献の出版年代を比較したもの ……… 12
図 2.1 行動生態学で採用されていた表現型戦略を人間行動生態学でも導入したが，その内容と文脈は，元々のものとは異なっていた ……… 47
図 3.1 T_1 世代の文化 A の模倣が T_2 世代で失敗して A' が増えたとしても，同調バイアスによって補正され，結果的にかなり高い確率で T_1 世代の文化 A が上手く継承されることになる ……… 62
図 3.2 実線が T_1 世代の慣習の分布，破線が T_2 世代の慣習の分布を表している ……… 63
図 5.1 ネズミ，コウモリ，ツバメの類縁関係 ……… 112
図 5.2 形質 $α\sim γ$ に基づき最節約法で復元された生物 A〜C の系統樹 ……… 113
図 5.3 1万年前の南東アメリカにおける矢じりの一例 ……… 115
図 5.4 Yomut を外群とした最節約系統樹 ……… 121
図 5.5 NeighborNet を用いた Gray and Jordan (2000) のデータセットのネットワーク分析 ……… 128
図 6.1 瘤とその中に住むアリ ……… 148
図 6.2 ハチの模様 ……… 150
図 6.3 *Paragobiodon xanthosomus* ……… 153
図 6.4 カヨ・サンテイアゴ島のアカゲザル ……… 155
図 6.5 Seinen and Schram (2006) による実験結果 ……… 160
図 6.6 Herrman et al. (2008) の Figure 4 から一部の国での結果を抽出 ……… 170
図 7.1 シロクロヤブチメドリ ……… 179
図 7.2 過剰模倣の実験で使用される箱 ……… 197
図 7.3 Gergely et al. (2007) による実験 ……… 200

表 6.1 利他性，利己性，相互扶助，意地悪行動の区別 ……… 135

索　引

ア　行

裏切り者　138, 147-151, 154, 155
裏切り者検知モジュール　10, 19-22, 28, 52
おばあちゃん仮説　55
オペラント条件づけ　146, 152

カ　行

過剰模倣　194-198
間接的互恵性　91, 102
機能的特化　15, 17-19, 22
規範　69, 95-97, 99, 136, 175, 191
教育　6, 79, 107, 132, 177-183, 185-190, 202-204, 207
　　――の進化　132, 177, 178, 181
　　――の定義　178
　　促進的――　189-190
許容されるたかりモデル　51
協力　1, 19, 21, 66, 91, 95, 107, 132, 142, 154, 155, 160, 161, 165, 168, 172, 164, 166, 167, 169, 171, 174, 178, 188
近隣結合法　123
系統学，系統推定，系統樹　82-85, 88, 90, 99, 111-129, 187
系統比較法　85
血縁選択モデル・理論　37, 51, 182
研究プログラム　1, 3-5, 7, 8, 10, 23, 26, 34-36, 41, 58, 59, 78, 82, 83, 88, 103, 105, 106, 110, 116, 120, 132, 205, 208
言語進化　98-102
　　――の構成論的アプローチ　100-102
　　生成文法，ミニマリストプログラム　101, 102
公共財ゲーム　167-169
更新世　15, 19, 24, 25, 67, 70-72, 205
互恵的利他行動理論　19, 36, 37, 49, 51, 52
心の理論　6, 181, 182, 186
ゴシップ　159-161
コスト信号モデル　49-52

サ　行

最後通牒ゲーム　170-172
最節約法　113-115, 121, 122
最適化モデル，最適化　35-38, 40-42, 44, 46, 48, 50, 54, 57, 84, 88, 90, 104, 205
最適採餌戦略モデル　37, 38
最尤法　122
宗教（の進化）　94-96, 99
集団思考　13, 14
集団選択　61, 68, 168
進化　2, 27, 37, 40-42, 55, 84, 87, 109, 111, 118
　　協力の――　142
　　心理メカニズム・認知能力・モジュールの――　20, 21, 24, 28, 30, 33, 52
　　適応形質の――　22, 25, 26, 32, 75
　　人間行動の――　38, 68, 152
　　模倣バイアスの――　70-72
　　利他行動の――　61
進化心理学　3, 4, 10-14, 16, 17, 20, 23, 26, 28, 29, 34, 35, 40, 73, 77, 78, 93, 96, 102, 205
進化的適応環境　11, 14, 15, 21, 24-26, 39
進歩　87
信頼性バイアス　58, 73-77, 202
選択の三条件　59, 67, 68, 90
相利共生　147-149, 154, 163

タ　行

単系／多系進化　87, 88
適応課題　15, 18-20, 23-29, 32, 43
適応度　2, 37, 40, 43, 90, 105, 134, 135, 139, 143, 144, 148, 149, 151, 153, 155, 157, 159, 160, 173　→文化の適応度も参照
独裁者ゲーム　171
特殊／一般進化　88

ナ　行

内容バイアス　96
ナチュラル・ペダゴジー説　6, 21, 23, 177,

索引　243

　　183-198, 202, 203
　　——の定義　183
二重乖離　21, 22
二重継承説　3, 4 12, 35, 58, 60, 61, 69, 70, 77, 88, 102, 125, 205, 206
人間行動進化学　1-5, 7 10, 56-58, 78, 82, 85, 91, 105, 110, 125, 132, 207
人間行動生態学　3, 4 12, 35-38, 40, 41, 43-46, 48, 55, 78, 88, 103-105, 205
人間社会生物学　35-38, 40-43
(系統)ネットワーク　120, 123, 126-128

ハ 行

配偶者選択　1, 10, 11, 13, 14, 18, 20-22, 25, 28, 50
(進化の)パターン研究, 進化パターン　5, 82, 84, 111, 112, 125
罰　1, 6 79, 107, 125, 132-177, 183, 207
　　(脅威としての)罰　175-176
　　——の行動修正戦略　6, 132, 133, 140-142, 144-146, 152-156, 158, 159, 161-166, 169-173, 175
　　——の進化　56, 107, 132-134, 140, 142, 145-147, 151, 152, 156, 164, 173
　　——の損失削減戦略　6, 144, 145, 148, 149, 151, 154, 161, 162, 165, 173-175
　　——の損失負荷戦略　6, 143, 148, 149, 151, 155, 157, 158, 161, 162, 165, 173-175
　　——の定義　134
　　第三者への——　56, 138, 170
　　利他的な——　68, 168, 172
発見法　27, 28, 30, 49, 53, 54, 56, 105
表現型戦略　35, 44-47, 205
(進化の)プロセス研究, 進化プロセス　5, 58, 59, 82, 84, 91, 104, 106, 108, 110, 111, 114, 117, 124, 125
文化　3, 4 83-86, 98, 103, 104
　　——の疫学モデル　4, 13, 92-94, 96, 97, 105
　　——の継承　107, 175, 176, 203, 207
　　——の定義　83
　　——の適応度　68, 91, 92, 95-99, 106
　　——の突然変異率　60-64, 67, 92-94
　　——の浮動　108, 109
　　——の変異　107
　　——の変異の方向性　68

　　——の累積的進化　58, 60-64, 66-68, 70, 77, 78, 93, 96, 97, 105, 106, 205, 206
文化系統学　6, 115-118, 120-123, 125, 129
文化進化(研究)　5, 59, 60, 64, 67, 82, 83, 85, 86, 88-92, 97, 99, 103, 106, 109, 112, 119, 132, 177, 205-207
文脈バイアス　96, 106

マ 行

ミーム論　59, 86, 88, 97
明示的シグナル　184, 185, 188, 189, 191-194, 196, 198, 199, 201, 202
(心的)モジュール, モジュール性　11, 12, 14-19, 22, 24, 25, 28, 30-33, 76, 77, 85, 96, 205, 206
モジュール集合体仮説　14, 15, 18, 30, 32, 33
模倣バイアス(権威・同調)　58, 60-63, 65-67, 69-73, 76, 85, 97

ヤ・ラ行

四枚カード問題　10, 11, 19, 21, 22
領域特異性　11-17, 39
類型思考　13

A-Z

Alexander, Richard　35-41, 43, 45
Atran, Scott　13, 92
Barkow, Jerom　10
Boyd, Robert　60, 61
Boyer, Pascal　92, 94, 96
Buss, David　11, 13, 14
Cavalli-Sforza, Luigi Luca　60
Chagnon, Napoleon　35, 38
Chomsky, Noam　17
Cochrane, Andrew　118
Cosmides, Leda　10-12, 17, 19, 28, 52, 93
Darwin, Charles R.　1, 13, 17
Dawkins, Richard　59, 88
DeVore, Irven　11, 37
Dunnell, Robert　117, 118
Feldman, Marcus　60
Fodor, Jerry　16, 17
Gangestad, Steven　14, 49, 53
Grafen, Alan　46

Gurven, Michael 51
Irons, William 37
Jordan, Fiona 118
Kaplan, Hillard 49, 53
Kenrick, Douglas 13, 14
Kitcher, Philip 41–43, 45, 49, 56
Lewontin, Richard 59, 67, 68
Lyman, R. Lee 115, 118, 120
Mace, Ruth 115, 118, 119
Maynard-Smith, John 46
Mayr, Ernst 13

O'Brien, Michael 115, 118, 120
Pagel, Mark 118, 119
Richerson, Peter 60, 61
Shepard, Roger 11
Smith, Eric Alden 35, 38, 44, 45, 48, 49, 56
Sperber, Dan 13, 92, 94
Sterelny, Kim 41, 42, 56
Tooby, John 10–12, 17, 19, 28, 52, 93
Trivers, Robert 11
Wilson, E. O. 36
Winterhalder, Bruce 35, 38, 44, 48, 56

《著者紹介》

中尾 央（なかお ひさし）

1982 年生まれ
2010 年　京都大学大学院文学研究科単位取得退学
2013 年　博士（文学，京都大学大学院文学研究科）
現　在　総合研究大学院大学助教
著　書　『文化系統学への招待――文化の進化的パターンを探る』
　　　　（共編，勁草書房，2012）
　　　　『発達科学の最前線』（共著，ミネルヴァ書房，2014）他

人間進化の科学哲学

2015 年 3 月 31 日　初版第 1 刷発行

定価はカバーに
表示しています

著　者　中　尾　　央
発行者　石　井　三　記

発行所　一般財団法人　名古屋大学出版会
〒 464-0814　名古屋市千種区不老町 1 名古屋大学構内
電話（052）781-5027／FAX（052）781-0697

Ⓒ Hisashi NAKAO, 2015　　　　　　　　Printed in Japan
印刷・製本 ㈱太洋社　　　　　　ISBN978-4-8158-0803-7
乱丁・落丁はお取替えいたします．

R〈日本複製権センター委託出版物〉
本書の全部または一部を無断で複写複製（コピー）することは，著作権法上
での例外を除き，禁じられています．本書からの複写を希望される場合は，
必ず事前に日本複製権センター（03-3401-2382）の許諾を受けてください．

戸田山和久著
科学的実在論を擁護する A5・356頁 本体3,600円

伊勢田哲治/戸田山和久/調麻佐志/村上祐子編
科学技術をよく考える
―クリティカルシンキング練習帳― A5・306頁 本体2,800円

伊勢田哲治著
疑似科学と科学の哲学 A5・288頁 本体2,800円

伊勢田哲治著
動物からの倫理学入門 A5・370頁 本体2,800円

伊勢田哲治著
認識論を社会化する A5・364頁 本体5,500円

エリオット・ソーバー著　松王政浩訳
科学と証拠
―統計の哲学 入門― A5・256頁 本体4,600円

田中祐理子著
科学と表象
―「病原菌」の歴史― A5・332頁 本体5,400円

松永俊男著
ダーウィンの時代
―科学と宗教― 四六・416頁 本体3,800円

松永俊男著
ダーウィン前夜の進化論争 A5・292頁 本体4,200円

在来家畜研究会編
アジアの在来家畜
―家畜の起源と系統史― B5・494頁 本体9,500円